뉴노멀, 초연결, 플랫폼시대의

평생교육경영론

평생교육경영론

FOR
NEW NORMAL,
PLATFORM

LIFELONG EDUCATION MANAGEMENT

한국평생교육박사연구회

| 강혜정 · 이승주 · 정진구 · 차혜경 · 한영수 |

dm 동문사

추천의 글

앞으로 평생학습의 중요성이 그 어느 때보다도 중요해지고 있는 상황에서 평생교육의 이론과 실제를 총망라하고 있는 평생교육서의 발간은 매우 시의적절하다 생각합니다. 이번 평생교육서의 구성은 평생교육의 핵심적인 분야를 모두 다루고 있으며, 평생교육학 전공으로 박사학위를 취득한 전문가에 의해 집필되었다는 점에서 특별한 의미와 장점을 지니고 있습니다. 특히 예비 평생교육 전문가와 현장에서 일하고 있는 평생교육 실무자들뿐만 아니라 평생교육에 관심을 가지고 있는 일반인들에게도 훌륭하고 유익한 지침서가 될 것입니다.

숭실대학교 평생교육학과 교수 유기웅

희망과 두려움을 동시에 안고 우리 곁에 다가온 4차 산업혁명시대가 벌써 몇 해 지났습니다. 이제는 하루를 배우지 않으면 그 다음 날을 살아가기 버거울 정도로 평생교육은 그렇게 일상처럼 우리의 삶에 깊이 파고들어와 있습니다. 그러나 온갖 기술의 발전이 우리의 삶을 대신 살아줄지라도 배움의 길은 그 누구도 대신 걸어줄 수 없습니다.

숭실대학교 평생교육학과가 창설된지 어언 사반세기를 목전에 두고 이곳에서 수학한 뛰어난 동문 학자들이 정성스럽게 옥고를 다듬어 평생교육사 필수 5과목의 교재를 여러분 앞에 내놓습니다. 평생교육과 산업교육현장 그리고 학계에서 전문성과 명성을 쌓은 25인의 평생교육 전문가가 심혈을 기울여 집필한 본 교재는 평생교육의 이론과 실제에 관한 지식과 정보를 그 어느 교재보다 체계적으로 전달해 줄 것입니다.

숭실대학교 평생교육학과 교수 이기성

우리 인류의 삶에서 그 어느 한때도 끊임없이 배우지 않으면 안 되는 시기는 없었지만, 오늘날과 같이 그토록 치열했던 시기는 없었습니다. 이러한 시대적 배경 아래에 평생교육의 실천 담론을 확장하는 옥저의 출간을 진심으로 축하합니다. 특히 이 저서는 오랜 기간 평생교육 현장에서 몸으로 체화된 저자들의 지혜가 담겨있다는 점에서 이 저서가 평생학습 사회의 확장에 일익을 담당할 수 있기를 기대합니다.

숭실대학교 평생교육학과 교수 전주성

인간은 '되어가는 존재'로서, 끊임없이 '나를 나로' 만들어나가기 위해 학습합니다. 평생학습은 나를 나로 만드는 중대한 기제입니다. 시의적절하게 평생교육의 이론과 실천의 확장을 도모하는 저서가 출간된 것을 축하합니다. 아무쪼록 이 저서가 우리 사회의 집단적 평생학습역량을 향상시키는 데 도움이 되길 기대합니다.

숭실대학교 평생교육학과 교수 이경화

평생교육 전문가로서 뜨거운 열정과 평생학습자들을 위해 정성으로 빚어낸 5권의 멋진 작품에 힘찬 박수와 큰 감사를 드립니다. 평생교육사 자격의 수준을 업그레이드시키는 절묘하고 확실한 제안으로 5권의 역작을 출판하게 된 것을 열렬히 지지하고 또 환영합니다. 숭실대학교 교육학박사(평생교육전공)들을 대표해서 바쁜 일정과 어려운 시국 상황을 잘 견뎌내며 훌륭한 저작활동을 해내신 25분의 박사님들 한 분 한 분에게 다시 한 번 큰 포옹과 박수를 보냅니다. 이 책들이 우리 사회가 좀 더 행복한 평생학습 사회로 발전하기 위한 선진개척자로서 큰 역할을 수행할 것이라 굳게 믿습니다.

숭실대학교 평생교육학과 교수 최성우

지금의 교육은 받을 수 있는 기본 권리에서 평생에 걸쳐 학습할 권리인 평생학습권을 강조하고 있습니다. 평생학습은 누구도 소외됨 없이 양질의 학습 권리를 보장받아야 하는 보편적 정당성을 갖는 기본적 인권으로 강조되고 있습니다. 평생교육은 기본적으로 사회의 변화와 함께 하며 우리의 삶과 밀착되어 변화에 적응하고 성장할 수 있도록 지원합니다. 본 교재는 평생교육을 통해 삶의 역동적 변화와 성장을 체험한 실천현장 전문가들이 각각의 전문분야를 중심으로 기술한 교재입니다. 이론과 실제 그리고 현장에서 직접 활용할 수 있는 내용으로 예비 평생교육인들의 성장과 역량 향상에 도움을 줄 것입니다.

숭실대학교 교육대학원 평생교육, HRD전공 교수 김남숙

머리말

교육은 최소한의 복지다. 세상은 엄청난 속도로 변화하고 있으며, 기존에 가지고 있었던 안목만으로 살아가기는 점점 불가능해졌다. 변화가 상수인 오늘날, 교육받지 않고 학습하지 않는다면 그 어느 누구도 살아남을 수 없는 세상이 되었다. 세상의 변화에 적응해야 하는 사람들에게 자신의 지도를 업데이트할 수 있는 최소한의 교육기회도 없다면 이들은 일종의 사형선고를 받은 것과 같다.

오늘날 우리가 맞이하고 있는 초연결사회는 사람과 사람, 사람과 사물, 사물과 사물이 서로 연결되어 서로 간의 거래가 기록된다. 연결된 모든 것에서 데이터를 수집하고 필요시에는 공인된 방식으로 공개된다. 예전처럼 은밀하게 의사결정을 내리는 방식은 불가능한 사회가 되었고, 모든 거래에 대한 정보가 기록되고 검증되는 것이 가능한 분산신뢰의 사회가 된 것이다. 한편 데이터는 빅데이터로 축적되어 분석되고 최적의 목표를 달성하는 의사결정이 인공지능에게 넘어가고 있다. 관리자와 경영자는 목표에 필요한 변수만 제공하면 인공지능이 데이터를 분석해서 최적의 의사결정을 쉽게 제공해준다. 즉, 경영자들의 핵심적 역할이 점점 사라지게 되었다. 이처럼 목표를 달성하는 의사결정과 기술에 대한 소싱이 편리해지며, 기업은 더 이상 관리자나 뛰어난 기술에 의존해서 경쟁력을 유지할 수 없는 시대가 되었다. 가격경쟁력과 품질경쟁력을 위한 시대가 종말을 고하게 되었다. 시대적 요청에 따라 새로운 경쟁력을 유지하는 관건으로 떠오른 것이 바로 목적 경영이다. 이제는 품질과 가격은 물론 고객에게 고유한 체험을 제공할 수 있어야 한다. 이러한 체험의 원천은 기업이 가지고 있는 철학과 목적이라는 연구결과가 속속 등장하고 있다. 결국 초연결, 초지능 플랫폼시대에 기업의 성공을 위해서는 자신의 제품과 서비스에 철학과 목적적 스토리가 이입되어 있는 체험을 팔 수 있어야 한다. 미국의 자본주의 규범을 설정하는 BRT(Business Round Table)가 2019년 8월 19일, 기업의 정의를 신자유주의에 기반한 시장경쟁의 이익을 주주에게 되돌려주는 임무에서 자신들이 존재하는 목적에 대한 이유를 각성하고, 그 이유를 실현시켜 이윤을 따라오게 하는 주체로 재정의한 것이다.

본서는 평생교육이론과 평생교육현장에서 경험으로 무장한 평생교육학박사 5명이 저술에 참여하여, 기존의 평생교육경영론과는 달리 초연결 플랫폼시대에 알맞은 내용으로 구성하였다. 1장에서는 경영의 일반적인 의미, 평생교육경영의 본질, 2장에서는 교육 패러다임의 변화에 따른 평생교육경영에서의 학습권 보장의 핵심 원리, 3장에서는 평생교육진흥을 위한 평생교육 법규체계 및 평생교육기관의 법적 기반을 고찰하였다. 4장에서는 평생교육을 지원하는 중앙정부와 지방정부의 평생교육정책과 중앙–광역–기초 수준의 평생교육 추진체제를 비교·분석하는 과정을 통해 공공과 민간이 연계·협력하는 체제를 구축하였고, 5장에서는 평생교육체제의 이해를 위하여 평생교육기관의 개념과 역할 및 주요한 평생교육기관의 종류에 관하여 고찰하였다. 6장에서는 초연결 플랫폼사회에 적합한 평생교육기관의 목적 중심 경영론, 7장에서는 평생교육기관의 존재 이유에 관한 목적 중심 조직론, 8장에서는 평생교육기관의 조직 특성, 조직의 구성요소와 평생교육조직의 효과적인 경영전략을 설명하였고, 9장에서는 평생교육기관 리더십의 특성과 평생교육기관의 리더 자질과 역할에 관하여 고찰하였다. 10장에서는 일반적인 경영에 있어서 경영전략의 개념과 유형, 평생교육에 있어서 경영전략 모델, 11장에서는 일반적인 마케팅의 개념과 발전과정, 평생교육기관에 있어서 마케팅의 개념과 모형, 접근방법, 12장에서는 평생교육기관의 정체성에 부합하는 교육 서비스의 총체적인 품질관리를 통한 고객만족 개념, 13장에서는 조직의 지속적인 성장이 개인에게 주는 의미와 조직관리의 개인적 측면, 관계적 측면, 조직혁신에 대해서 고찰하였다. 마지막 14장에서는 지역사회와 평생교육을 연결하기 위한 학습공동체와 네트워크 그리고 주민 참여의 개념과 방법 등에 대하여 고찰하였다.

지금 우리는 포스트 코로나와 함께 신자유주의를 대체하는 거대한 목적 경영의 쓰나미 속에 놓여있다. 글로벌 선진경제와 글로벌 선진교육을 꿈꾸며 평생교육을 전공하는 사람들에게 지금 우리 시대에 알맞은 시기적절한 양서를 세상에 내놓게 되어서 매우 기쁘게 생각하며 출판을 허락하신 동문사 이중수 대표님께 머리 숙여 감사를 드린다.

2021년 7월

저자 일동

차례

CHAPTER 01

평생교육경영의 본질

학습목표

일반적인 경영의 의미와 구성요소 및 경영에 대한 이해, 경영이론의 과거와 현재에 대하여 고찰하고, 평생교육에 있어서 경영의 개념과 경영의 원리, 평생교육기관의 성격, 경영의 필요성, 경영의 과업, 효과적인 실행방안 등에 대하여 고찰한다.

제1절 평생교육기관의 변화

지난 10여년에 걸쳐 한국의 평생학습시스템의 메커니즘은 매우 복잡해졌다. 이러한 배경에는 1990년대 말 아시아 외환위기를 비롯한 경제적 국제화 등 국내외 정치·경제적 변화가 그 원인으로 작용하였다(박인섭, 2007, 2009; Brown, Lauder & Ashton, 2011). 이로 인해 노동시장이 유연해지면서 평생직장에서 평생직업으로 고용문화가 바뀌고 있으며, 이로 인해 평생학습에 대한 관심이 더욱 커지게 되었다.

즉, 평생교육의 중요성을 더욱 강조하기에 이르렀으며, 교육과 훈련에 대한 개인의 책임이 증가하게 되었다. 개인들은 각자의 필요에 따라 평생학습에 적극적으로 참여하게 되었고, 이로 인해 평생교육에 대한 수요는 증가하기에 이르렀다. 이와 같은 상황 속에서 국가경쟁력을 확보하기 위해 인적자원을 효과적으로 개발하기 위한 교육의 역할이 막중해지면서 국가적인 차원에서 평생교육이 더욱 중요해지게 되었다.

따라서 정부는 1999년 평생교육법을 개정한 이래 지속적으로 국가차원에서 평생교육 인프라를 구축하고, 평생교육기관의 적극적인 시설 및 프로그램 관리를 강조하고 있다. 또한, 지방자치단체, 시, 군, 구뿐만 아니라, 학교, 일반기업, 백화점, 언론사, 시민, 종교단체 등 다양한 주체가 각자의 목적을 가지고 평생학습 시장에 진입하였다.

곧 평생교육시스템에서 공급기능이 급속히 확대되었다. 일반적으로 평생교육기관으로 인지하는 비형식 평생교육시설의 기관 수 및 학습자 증가추이만 살펴보아도, 얼마나 급속하게 평생교육 시장이 팽창해 왔는지 알 수 있다. 이러한 평생교육 시장에서 수요와 공급의 변화로, 평생교육기관의 경영 관점에서 새로운 변화는 크게 두 가지로 요약된다.

첫째, 평생교육기관 간의 심화된 경쟁의 결과로서, 평생교육기관의 교육 내실화와 경영에 대한 관심과 중요성의 증가이다. 이로 인하여 영리기관이든 비영리기관이든 평생교육에 대한 경제 개념이 침투하게 되었다. 이러한 경제 논리로 인해, 평생교육기관의 역할을 침해할 위험에 놓이게 되었다. 이에 따라 평생교육기관의 교육이념과 가치를 효과적으로 실현하기 위한 전략이 필요해졌다.

둘째, 학습 선택 혹은 결정권과 관련된 힘의 이동이다. 평생교육기관의 증가는 기관 간의 경쟁을 심화시켰다. 더불어 TV, 인터넷 매체 등에 의한 원격교육은 교육과 학습방식에서도 큰 변화를 가져왔으며 결과적으로 학습자 선택의 폭을 넓혀주게 되었다. 결과적으로 고객으로서의 학습자들의 요구에 맞는 교육 콘텐츠를 개발하고 서비스를 제공함으로써 평생교육기관의 경쟁력을 확보해야만 하게 되었다. 이러한 학습자의 요구를 충족시키지 못하는 경우 프로그램 등록생수가 줄어들고, 결과적으로 그 특정 프로그램은 폐강되는 경우가 많아지고 있다. 즉, 과거 공급자인 교육기관에 주어졌던 주도권이 이제는 교육의 수요자인 학습자에게로 넘어가게 되었다.

정리하면, 경쟁의 심화로 공급자(평생교육기관) 중심에서 수요자(학습자) 중심으로의 접근이 불가피해지면서 평생교육기관은 학습자의 요구를 적극적으로 반영하면서도, 교육기관의 이념과 가치(사회적 역할)를 고려해야 하는 딜레마에 빠지게 되었다. 따라서 이러한 상황 모두를 효과적으로 실현하기 위한 전략이 필요하게 되었다.

그 결과 평생교육에 대한 경영의 본질적 관점에 대한 중요성이 대두되었다. 왜냐하면 평생교육기관경영을 어떠한 관점에서 접근하느냐에 따라 학습자를 바라보는 관점에 대한 틀이 달라지며, 최종적으로 어떠한 경영본질을 구현하느냐가 결정되기 때문이다. 이것은 크게 인적 자본론(Human Capital Theory)과 사회적 자본(Social Capital Theory)의 두 가지 관점에서 논의되고 있다. 즉, 일반적으로 평생학습사회를 건설해 나가는 데 있어서 인적자원개발이 강조되고 있고, 이와 관련된 이론으로 인적 자본론 관점이 현 학계에서 우세하다. 이 인적 자본론은 교육을 받고자 하는 개인과 공급기관 상호 간의 수요와 공급의 시장원리에 의해 작동하는 자율기능이 그 개념의 근간을 이루고 있다. 즉, 경제적 관점에서 교육을 도구적 관점으로 다루고 있다는 것이 핵심이다. 그러나 이러한 인적 자본론의 경제적 영역에서의 시장원리의 강조는 학습자의 학습동기와 관련된 의사결정의 사회적, 혹은 사회 철학적 영역에 대한 공백을 키워왔다(Garethet al., 2006). 학습자가 오직 경제적인 이유에 의해서만 학습에 대한 참여하는 행동을 결정한다고 보기는 어렵다. 학습자의 행동을 결정하는 의사결정 구조에는 경제적 영역 이외의 요소들이 관련되어 있기 때문이다.

사회적 자본 관점에서는 개인의 행위에 있어서 단순히 물질적 동기에 의해 유발된 경제적 행위가 아닌, 보다 넓은 사회적 네트워크와 조직 사이의 연속성, 즉 사회적 관계 시스템을 통해서 행위가 일어남을 말하고 있다. 이러한 이유로 한국의 평생교육이 삶의 질에 초점을 둔 전인적인 성장과 학습자 상호작용의 중요성에 초점을 둔 공동체성 확보를 지향하는 사회적 자본 관점에서도 접근할 필요성이 제기되고 있다(이경아, 2008).

이러한 배경에서 평생교육경영의 본질에 대한 명확한 개념 정립을 통해 평생교육기관이 경쟁력 확보를 추구하면서, 동시에 공동체사회를 구현하기 위한 사회적 역할을 수행하는 전략으로서의 가능성에 대한 탐색을 시도하고 있다.

제2절 경영이란 무엇인가?

1. 경영이란

경영이란 사람, 자본, 정보 등을 조직의 목적을 이룰 수 있도록 효율적이면서 효과적으로 계획, 실행하고 이를 평가하는 것을 말한다. 경영을 구체적으로 이해하기 위해 경영의 구성요소를 살펴보면 경영대상으로서의 조직, 경영내용으로서의 전략, 관리, 운영, 경영주체로서의 경영자가 있다.

경영이란 인간에 관한 것으로 경영의 과업은 서로 다른 기술과 지식을 가진 사람들이 공동의 성과를 올릴 수 있도록 하는 것이며, 각자의 장점이 공동의 목표 달성에 활용되고 각자의 약점이 목표 달성에 장애가 되지 않도록 하는 것이다.

즉, 경영은 목표달성을 위해 사람들을 통합하는 것으로 기업문화와 깊은 관련이 있으며, 경영자가 수행하는 과업은 어디서나 똑같다고 할 수 있으나 과업을 어떻게 수행하는가는 나라마다 다르다. 따라서 경영자는 자신들의 독자적인 전통과 역사 그리고 문화를 찾아내어 경영의 기본 원칙으로 삼는 것이 필요하다. 경영의 과제는 공동의 비전과 목표, 가치관을 제시하는 것으로 공동의 목표가 없는 기업은 단지 사람들의 집합일 뿐이다.

경영은 조직과 구성원이 성장하고 발전할 수 있도록 하며, 기업은 배우는 기관이자 가르치는 기관으로서 훈련과 개발은 모든 경영계층에게 제공되어야 하기 때문에 훈련과 개발은 중단되어서는 안 된다.

한편, 기업은 소통과 개인의 책임을 바탕으로 조직되어야 한다. 기업은 다양한 기술과 지식을 가진 사람들로 구성되어 있어 모든 구성원은 기업을 위해 자신의 목표가 무엇인지 알아야 하며 과업을 위해 어떤 공헌을 해야 하는지도 알아야 한다.

경영의 본질을 보다 충실히 구현하기 위해서는 경영과 기업에 대한 적절한 성과지표가 필요한데, 이는 곧 기업의 성과 및 생존을 위해서는 시장 점유율, 혁신, 생산성, 인적자원개발, 품질, 재무 상태 등 모든 것이 중요함을 뜻한다. 이에 대한 성과를 평가하기 위한 다양한 측정지표가 대두됨에 따라 경영본질에 대한 평가지표는 구체화되어야 하고, 성과를 객관적·합리적으로 측정해야만 한다.

경영이란 경영의 과업을 통해서 정의되어야 하고, 기업을 비롯한 여러 조직들은 사회의 기관이며, 조직은 자신을 위해 존재하는 것이 아니라 특수한 사회적 목적을 달성하고, 사회와 개인의 구체적 목적을 충족시키기 위한 존재로 경영은 조직의 기관이다. 경영은 조직의 사명을 달성하는 것으로 기업의 사명은 경제적 성과를 달성하는 것이며, 기업의 모든 의사결정과정에서 경제적 성과를 고려해야 한다. 따라서 경영의 존재 의의와 권한은 경제적 성과에 의해서만 정당화될 수 있기 때문에 경제적 성과를 달성하지 못한 기업은 실패한 것이다.

경영은 조직의 생산성을 높이는 활동으로 조직이 수행하는 작업의 생산성을 높이기 위해 작업을 자체의 논리에 따라 조직 하며 구성원들이 성취감을 느끼도록 해주는 것이 중요하다. 또한, 경영은 조직의 사회적 책임을 이행하는 것이다. 경영의 과업은 조직이 사회에 미치는 영향과 사회적 책임을 파악하고 적절한 조치를 취하는 것으로 기업은 사회의 한 기관이고, 사회를 위해 존재한다. 따라서 기업은 경제적 재화와 용역을 생산하는 과정에서 사람들과 지역사회 그리고 사회에 영향을 미친다(긍정적 영향과 부정적 영향).

2. 경영의 구성요소

경영의 구성요소는 경영대상으로서의 조직, 경영내용으로서의 전략, 관리 운영, 경영주체로서의 경영자로 구분할 수 있다.

1) 경영대상으로서의 조직

경영대상에서의 조직이란 어떤 그룹의 특정한 목적을 달성하기 위해 함께 일하는 사람들의 모임이다. 기업은 열 명이 모여 십이 아니라 백, 천, 만, 아니 백만 이상의 힘을 발휘할 수 있는 조직이어야 한다. 따라서, 조직의 형태는 조직의 이익 추구 여부에 따라 영리조직과 비영리조직으로 나눌 수 있고, 제조회사와 서비스회사 및 개인회사와 같은 사조직과 공익을 위해 일하는 공공단체 등으로 구분이 가능하다. 조직의 목적은 영리기업이 추구하는 목적에는 수익성, 안정성, 성장성이 대표적이다.

2) 경영내용

경영으로서의 전략, 관리, 운영에서 경영의 내용으로서의 전략(strategy), 관리(management), 운영(operation) 등 세 가지 활동이 있다. 첫째, 전략이란 조직체의 사회적 역할에 따라 목적을 설정하고 그 목적을 달성하기 위하여 외부환경으로부터 주어지는 기회를 포착하는 의사결정활동이다. 둘째, 관리란 결정된 전략을 실행하는 데 투입되는 자원을 최소화하거나 주어진 자원을 이용하여 추구하는 목표의 달성정도를 최대화하는 활동 또는 이 두 가지를 동시에 추구하는 활동이다. 셋째, 운영이란 관리활동을 사전적으로 정해진 방식과 체계에 따라 수행하는 것이다. 즉, 경영내용에 의한 구분은 논리적으로는 전략, 관리, 운영이라는 세 가지 개념으로 볼 수 있지만, 실제로는 그 구별이 어렵거나 조직의 상대적 위치에 따라 분류가 바뀔 필요가 생긴다.

3) 경영주체

경영주체로서의 경영자란 조직체의 전략, 관리 및 운영활동을 능동적으로 주관하는 사람으로 조직체의 수직적 체계에서 놓여진 위치에 따라 최고경영자, 중간경영자 및 하부경영자로 나누어진다.

3. 경영에 대한 이해

경영의 개념은 기능적, 정태적 관점(역할로서의 기능)과 과정적, 동태적 관점(흐름으로서의 경영)으로 구분할 수 있다.

기능적, 정태적 관점(역할로서의 기능)에서의 기업경영 관점은 생산관리, 재무관리, 인사관리, 마케팅관리 등 4대 기능에 중점을 두고 있다. 즉, 생산관리란 재화나 서비스를 만들어 내는 과정으로써 자원을 조달하고 결합, 변형시키는 과정을 말한다. 재무관리란 기업 활동인, 생산, 인사, 판매 등에 필요한 자본을 조달하고 관리, 운영하는 과정을 말한다. 인사관리란 기업 활동에 필요한 인력을 채용, 교육, 배치하고 개발, 보상, 유지하는 인적자원의 운영과 관리과정을 말한다. 마케팅관리란 기업이 생산할 혹은 생산한 제품과 서비스의 구성, 가격, 유통, 촉진 등에 관련된 활동을 말한다.

과정적, 동태적 관점(흐름으로서의 경영)에서는 경영자가 경영목표를 설정하고 경영자원을 조달, 배분하여 경영활동을 수행하고 이러한 것들을 통제하는 일련의 '과정'으로 이해할 수 있다(PDS순환).

계획(Plan)은 조직의 미래 상황을 설정하고, 이를 이루기 위한 대안들을 분석하며, 분석을 통해 가장 좋은 실행방안들을 선택하는 것이다.

실행(Doing)은 조직의 목적을 달성하기 위해 조직구성원들을 동기부여시키는 과정이다. 경영자는 조직의 목적을 이해하고 이를 성취하도록 해야 하며, 이와 함께 조직구성원들의 행동을 지휘하고 구성원들 간의 갈등을 해결할 수 있도록 도와주어야 한다.

평가(See)란 작업표준을 설정하고 그 진척도를 파악하며 조직의 목적을 유지하기 위해 필요한 수정을 하는 곳이다.

기업경영이란 기업에서만 이루어지는 것이 아니라 조직의 목적을 효율적으로 달성하기 위해 계획을 세우고 실행하여 그 결과를 평가하는 과정을 거치는 모든 분야에서 이루어진다고 할 수 있다. 그러나 경영학의 주된 연구 대상은 사적 이윤을 추구하는 사기업이다. 기업경영이라는 것은 환경(기회 및 위협)으로부터 기업이 자원을 활용, 관리, 창출하여 성과를 도출하는 것인데, 그 내용으로는 종래 기능적 경영관리가 경영의 중심으로 이해되어 왔으나 오늘날은 환경변화의 중요성에 따라 경영전략이 강조되고 있다.

4. 경영이론의 과거와 현재

경영이론은 고대의 경영학적 사고, 고전적 경영기법, 행동과학적 관점, 계량적 접근방법, 현대의 경영이론으로 구분할 수 있다.

1) 고대의 경영학적 사고

경영이론이 체계적으로 등장한 것은 19세기 말 무렵이지만, 그 이전인 고대에도 경영학적 사고는 존재하였다.

2) 고전적 경영기법

19세기 말에 이르러 기술의 진보와 산업확장의 속도는 더욱 빨라졌지만, 상대적으로 낮은 생산성을 높이기 위한 방안들이 연구되었는데 이것이 고전적 경영기법이다.

첫째, 과학적 관리(scientific management)란 종업원의 생산성을 향상시키기 위해 작업에 대한 객관적이고도 과학적인 연구를 강조하는 고전적 경영기법의 하나이다. 1911년 테일러(Frederick W. Taylor)는 「과학적 관리원칙」이라는 책을 출판하면서 "경영의 중요한 목적은 종업원을 최대한 활용할 수 있도록 하는 것"이라고 하였다. 또한, 시간개념을 도입한 보상제도, 동작연구라 불리는 관찰을 통해 작업의 과학화, 능력 있는 종업원의 활용, 종업원에 대한 지원을 강조했다.

둘째, 관리적 원칙(administrative principles)이란 계획, 조직화, 명령, 조정, 통제 등을 통해 조직과 경영의 기능적인 측면을 강조하는 접근방법이다. 헨리 파욜(Henri Fayol)은 경영의 원칙이 모든 종류의 조직에 적용될 수 있다고 생각하면서 경영의 보편성에 대한 믿음을 가졌다. 그의 연구는 관리적 원칙으로 알려져 있는데, 이는 조직구조의 기능적인 측면을 강조하는 것이다. 그는 경영을 계획, 조직화, 명령, 조정, 통제의 다섯 가지 기능으로 파악했는데, 이것이 오늘날 경영과정의 시초라고 할 수 있다.

셋째, 관료제 조직(bureaucratic organization)으로 이는 논리와 질서 및 입법적 권위를 바탕으로 의도적으로 조정된 이성적이고 효율적인 형태의 조직이다. 베버(Max Weber)는 사람들이 작업과 관련된 능력 때문이 아니라 사회적 지위로 인해 권위가 결정된다는 데 관심을 가졌다. 그는 이성적이고 효율적인 형태의 조직으로 관료제 조직을 고안했다. 관료제 조직은 과대한 서류와 문제 해결에 있어서 기민성 부족, 변화에 대한 저항, 고객지향성 결여, 종업원에 대한 무관심 등 많은 문제점을 나타내고 있다.

한편, 고전적 경영기법에 대한 평가에서 경영학 연구에 있어 과학적인 기반을 형성하였으며 많은 시사점을 주었다. 그러나 조직을 기계의 집합체로 다루었고, 개개인을 인격체로 인정하기보다는 기계의 부품으로 간주하는 경향이 있고 세밀한 면이 부족하여 경영활동에 대한 구체적인 아이디어를 제공하지 못한다. 또 조직의 외부환경을 고려하지 않았다는 지적을 받는다.

3) 행동과학적 관점

행동학적 관점은 20세기 초반에 등장해 개개인에 대한 새로운 관점과 작업장에 있어서의 인간행동에 관한 연구이다. 고전적 경영기법과는 달리 인간 그 자체와 조직 속에서의 그룹행동에 대해서 많은 관심을 가졌다.

첫째, 호손실험(The Hawthorne Studies)은 1924년에 조명의 변화가 생산성에 어떠한 영향을 미치는지를 연구하기 위해 시작되었다. 그러나 조명의 밝기를 낮추었음에도 불구하고 생산성은 양쪽에서 모두 향상되었다. 1927년에 메이오(E. Mayo)교수는 종업원의 피로와 산출물 간의 관계에 대해 계속 연구하여 실험실 안의 종업원들에 생긴 새로운 '사회적인 환경'이 생산성을 증가시킨다고 결론지었다. 즉, 호손실험의 결과는 경영자의 관심을 사회적, 인간적인 요소로 돌리는 데 결정적인 역할을 했다는 점에서 의의를 찾을 수 있다.

둘째, 인간관계 운동으로 좋은 인간관계를 유지하고 인간적인 배려를 해주는 경영자들이 높은 생산성을 얻을 수 있다는 생각을 바탕으로 한다.

① 매슬로우(Maslow)의 욕구 5단계설에서의 욕구란 인간의 신체적, 심리적 욕망이 결핍되어 있는 상태인 것이다. 인간의 욕구는 생리적 욕구, 안전욕구, 소속욕구, 존경욕구, 자아실현욕구 등 5단계로 구분된다. 사람들은 다섯 가지 욕구를 순차적으로 만족시키려고 한다고 보았다. 따라서 높은 생산성을 유지하기 위해서 종업원들의 욕구를 만족시켜주어야 한다는 점을 제시했다. 인간의 욕구를 단계적으로 인식하도록 하는 데 도움을 주었다.

② 맥그리거(McGregor)의 X이론과 Y이론으로, 맥그리거는 작업장에서의 사회적 욕구 및 자아실현욕구에 대해 더 많은 관심을 가져야 한다고 주장하였다. X이론에서는 사람은 게으르고 야망이 없으며 수동적이고 책임감이 없다고 본다. 따라서 경영자는 그들에게 적당한 과업을 부과하며 성과를

통제하게 된다. Y이론은 사람들이 일하기 좋아하며 책임감이 있고 혁신에 대한 의욕이 있으며 문제해결을 위해 노력하는 적극적인 자세를 가지고 있다고 본다. 따라서 경영자는 외부의 압력에 의한 통제보다는 개개인의 과업을 스스로 통제하여 성과를 이루어 내려고 한다. 한편 행동과학적 관점에 대한 평가에서 행동과학적 관점에서는 개인과 집단의 중요성을 강조하였다. 또한 경영자와 종업원의 개인적인 역할에 대하여 중요한 단서들을 제공하였다.

4) 계량적 접근방법(quantitative approach)

계량적 접근방법이란 수학적 기술들이 문제해결과 의사결정 향상을 위해 사용될 수 있다는 가정에 기초한다.

첫째, 경영과학(management science)으로 경영문제의 분석과 결정을 위하여 과학적이고 합리적인 방법론(수학적이고 통계적인 모델)을 적용하는 분야이다.

둘째, 운영경영(operation management)으로 제품이나 서비스의 생산에 있어 효율성과 생산성을 증가시키기 위해 수학적 모델을 사용하는 접근방식이다.

셋째, 경영정보시스템(management information system)으로 경영자가 사용할 정보를 제공하기 위하여 컴퓨터에 기초한 정보시스템을 설계하고 실행하는 것을 다루는 경영학의 한 분야이다. 한편, 계량적 접근방법에 대한 평가에서는 행동과학적 접근법과는 달리 하드웨어적인 측면과 이성적인 측면 그리고 공식적인 측면을 강조하고 있다. 또한, 경영자들이 계획을 수립하고 의사결정을 내리며 성과를 통제하는 유용한 도구들을 얻을 수 있으나, 경영활동을 분석하는 데 필요한 폭넓은 시야를 제공하지는 못한다.

5) 현대의 경영이론

첫째, 시스템이론(system theory)으로 시스템의 공통적 특징은 일정한 목적하에 운영되는 전체가 있고, 그 전체를 구성하는 하위 구성부분이 있으며, 이러한 전체는 환경과 끊임없이 상호작용하며 또한 구성부분들로 상호작용을 지속함으로써 전체와 구성인자가 통일적으로 목적을 추구하고 유지된다는 것이다. 즉, 복잡한 경영현상을 체계적으로 분류하여 인식할 수 있다는 이점이 있다.

둘째, 상황이론(contingency theory)으로 기업경영에 있어 다양한 이론과 접근방법이 존재하고 있으며, 이들이 다양한 경영환경변화에 상시 적용가능하거나 동일한 결과를 나타내지 않는다는 전제로 경영진이 경영환경에 적합한 최적의 대응을 선택하여 최고의 성과를 나타낸다는 점을 강조한 이론이다. 상황이론을 연구하는 학자들은 환경 및 조직에서 사용되고 있는 기술 등에 따라서 경영활동이 달라져야 한다고 주장한다.

셋째, Z이론으로 미국식 경영과 일본식 경영의 장·단점을 상호 비교하여 양자의 좋은 점을 선택한 후 미국기업의 경영에 접목시키기 위한 수정적인 접근방법이다. 즉, Z이론의 주요 내용은 종업원의 고용의 안정성을 보장하고, 그들을 의사결정에 참여시키며, 그룹의 책임을 강조하며, 작업의 질을 강조하고, 비공식적 통제를 강화하며, 다양한 경력관리제를 도입하고, 작업자의 작업과 비업무적 복지에 높은 관심을 표명하고, 서서히 승진시키는 것 등이다.

제3절 평생교육경영의 본질

1. 평생교육경영의 개념

평생교육경영이란 평생교육기관을 효율적으로 운영할 수 있도록 기관의 외형적, 내재적 특색, 구조적 측면, 경제적 측면 등을 연구하는 것이다. 평생교육경영의 개념은 평생교육기관이 '경영'에 강조점을 두는 경우와 '평생교육원리'를 조직경영에 적용하는 경우 두 가지다.

평생교육이란 삶의 전 생애에서 행해지는 가르침과 배움의 과정으로 가정, 학교, 사회를 포함한 전 영역에서 행해지는 모태에서 죽을 때까지의 교육과정을 모두 포함한다. 평생교육은 삶의 전 생애에서 수직적·수평적 통합을 통해 자아실현과 학습사회 건설을 최대로 지향하는 총체적 과정이다. 즉, 모든 조직의 경영에 있어 평생학습, 자아실현, 조직학습 등의 평생교육 원리를 적용시키는 것을 의미한다. 경영이란 조직의 목적을 달성하기 위해 인적, 물적, 환경적 자원을 효율적이며 효과적으로 활용하여 결과를 극대화해 나가는 순환과정으로 효과성과 효율성을 강조한다. 즉, 평생교육기관이 목적 달성을 위해 기관의 인적·물적·재정적 자원을 효율적으로 활용하는 과정이다.

따라서 평생교육과 경영이란 이들의 두 개념을 연결 및 통합한 것으로 평생교육경영이란 '평생교육을 실시하는 기관의 운영목표를 달성하기 위해 주어진 다양한 경영자원을 효율적·효과적으로 활용하기 위한 개발, 관리, 전략 등을 수립하고 실행해 가는 종합적인 행위 과정'이라 할 수 있다. 따라서 평생교육경영은 위해서는 21세기 경영의 구루인 피터 드러커(Peter Drucker)가 규정한 경영에 관한 규정내용을 인지할 필요가 있다. 즉, 경영은 인간에 관한 것이다. 경영은 공동의 목표를 위해 사람들을 통합하는 것이다. 모든 기관은 구성원들이 공동의 목표와 가치관을 가질 것을 요구한다. 모든 기관은 구성원들이 새로운 요구와 기회, 변화에 맞추어 성장하고 발전할 수 있도록 해 주어야 한다. 모든 기관은 커뮤니케이션과 개인의 책임을 바탕으로 조직되지 않으면 안 된다. 시장점유율, 혁신, 생산성, 인적자원개발, 서비스의 품질, 재무상태 등의 모든 것이 기관의 성과와 기관의 생존에 결정적인 영향을 미친다. 가장 중요한 것은 경영의 결과가 언제나 기관의 외부에 나타난다. 즉, 평생교육경영은 평생교육기관의 경영을 의미하는 것으로 유아교육기관, 청소년교육기관, 성인교육기관, 노인교육기관, 공공 주도형, 민간 비영리 주도형, 종교단체 주도형, 기업 주도형, 강사, 프로그램, 학습자로 구성되었다.

2. 평생교육경영의 원리

평생교육경영의 원리는 기관을 경영하는 데 있어 행정면이나 운영면에서 실제적으로 나타나는 문제를 해결하는 데 지침이 되는 원칙이나 준거를 의미한다. 구체적인 원리를 살펴보면 다음과 같다.

① **법제 면에서의 기본원리**: 법치 경영의 원리, 기회균등의 원리, 자주성 존중의 원리, 적도집권의 원리이다.

② **운영 면에서의 기본원리**: 민주성의 원리, 능률성의 원리, 타당성의 원리, 안정성의 원리, 균형성의 원리, 적응성의 원리를 지니고 있다. 또한 평생교육경영의 주요 특성원리는 다음과 같다. 첫째, 평생교육의 핵심활동인 교수 학습활동을 지원하고 촉진한다. 둘째, 교수-학습활동이 효과적이고, 효율적으로 이루어질 수 있도록 계획, 의사결정, 리더십, 관리 및 실행, 평가하는 활동으로 이루어진다. 셋째, 여러 사람들의 노력과 자원이 함께

결합되는 집단적 과정이다. 넷째, 평생교육시설이나 단체의 교육활동을 지원하고 조장하는 활동이기 때문에 평생교육기관의 특성과 밀접한 관련을 맺고 있다. 다섯째, 평생교육활동의 효과성, 효율성을 제고함으로써 학습자 및 사회에 대한 사회적 책무를 수행하는 데 그 근본이 있다.

3. 평생교육기관의 성격

평생교육경영이 효과적으로 이루어지기 위해서는 기관의 성격에 대한 이해가 선행되어야 한다. 평생교육기관의 성격은 평생학습자의 성격과 맥이 닿아 있는데, 구체적인 기관의 성격은 다음과 같다.

첫째, 평생교육은 모든 연령층에 개방되어 있다. 둘째, 평생교육은 교육과정이나 교육기간이 학교교육에 비교하여 탄력적이다. 셋째, 평생교육의 교육내용은 국민 개개인의 실생활과 밀접하다. 넷째, 평생교육의 교육기간은 학교교육에 비해 단기이다. 다섯째, 평생교육기관의 경영은 탄력적이고 융통성이 많다. 여섯째, 평생교육기관이 다루는 교육내용은 매우 광범위하고 다양하다. 일곱째, 많은 평생교육기관들이 재정적으로 매우 열악하다.

한편, 평생교육기관의 성격을 기반으로 평생교육경영을 위한 세 가지 과업은 조직의 특수한 목적과 사명을 달성하고 조직이 수행하는 작업과 인적자원의 생산성을 높이며, 조직이 사회에 미치는 영향과 책임을 파악하고 관리하는 것이다.

또한 평생교육경영의 구성요인은 경영 대상으로서의 조직으로 정부(공공성), 공공기관(공익추구), 영리기관(수익률 극대화), 비영리 기관(특정 목적, 정부 등으로부터 재원조달, 공공재의 효율적 조달, 분배), 가계(수입 지출의 균형, 장기적 안정과 성장을 위한 저축의 요인)으로 나타낼 수 있다. 평생교육경영 내용으로는 평생교육기관의 목적달성을 위하여 기회를 포착하는 의사결정활동인 전략과 결정된 전략을 실행하는 데 투입되는 자원을 최소화하고 목표 달성도를 최대화하는 활동의 관리 및 관리활동을 사전에 정해진 방식과 체계에 따라 수행하는 운영이 필요하다.

특히, 평생교육경영의 조직체 전략, 관리 및 운영활동을 능동적으로 주관하는 핵심주체인 경영자의 경영에 대한 기본적 이념과 철학과 함께 평생교육기관 경영자에게 필요한 능력은 절대적으로 중요한 요인으로 작용한다. 즉, 평생교육기관은 일반 기업과 달리 평생교육을 목적으로 하는 조직이므로, 조직의 목적을 위해 평생교육기관의 경영자는 교육적인 사고와 경영적 사고를 함께 가지고 있어야 한다.

첫째, 특정 분야의 전문지식과 필요한 지식을 보유하고 있어야 한다.

둘째, 기능으로서 상황을 신속, 정확하게 포착하고 환경변화와 조직의 SWOT을 분석할 수 있는 능력인 분석적 기능과 기관의 목표를 달성하기 위한 경영활동을 지속적으로 관리·통제하는 능력인 관리적 기능을 보유하고 실천해야 한다.

셋째, 경영자의 태도에 관한 것으로서, 실용적이고 결과지향적이며 실제적인 태도가 요구되며, 현실 유지보다는 능동적인 지도력을 통해 변화에 적응하고 경영환경을 창조하고, 실패하더라도 굴하지 않고 재기의 기반으로 생각하는 긍정적 태도를 지니고 있어야 한다.

4. 평생교육경영의 필요성

평생교육경영은 사람, 돈, 물자, 정보의 자원을 기반으로 사람을 대상으로 하는 인적관리, 돈을 대상으로 하는 재무관리, 프로그램의 관리, 마케팅관리, 정보관리를 바탕으로 경영목표 설정(계획) → 경영자원의 조달과 배분(실행) → 통제(평가)의 순환과정을 통해 경영의 본질을 구현하여야 한다.

이를 위해 기획 계산, 조직과 충원, 통제와 문제해결이란 관리활동과 비전과 전략의 개발을 통한 방향성 설정, 비전과 전략을 구현하기 위한 인적자원의 집중화, 동기부여와 사기진작과 같은 역량발휘를 위한 다양한 경영활동이 요구된다.

평생교육경영의 원리는 법제측면에서는 경영은 법률적 실체이며, 경영의 범위는 법률적으로 규정된다는 피터 드러커(Peter Drucker)의 주장과 같이 헌법 → 교육기본법 → 평생교육법으로 법치경영의 본질을 구현하여야 한다. 또한, 교육기본법 제3조: 모든 국민은 평생에 걸쳐 학습하고, 능력과 적성에 따라 교육받을 권리를 가진다(아동, 청소년, 성인, 노인, 남성, 여성, 노동자, 농민 모두 포함). 즉, 학습권은 "자유권적 기본권", "사회권적 기본권"을 포함하는 학습권 보장의 본질을 실천하여야 한다. 한편, 교육이 개개인의 사회적 배치기능을 수행할 뿐만 아니라 개개인의 인적, 문화적, 사회적 자본형성에 있어서 필수적인 것으로 간주되는 것으로 헌법 제31조 제1항, 교육기본법 제4조, 평생교육법 제4조의 기회

균등의 원리를 구현하여야 한다.

5. 평생교육경영의 과업

평생교육기관에서 구현되고 있는 평생교육기관의 경영과정은 다음과 같이 나타낼 수 있다.

첫째, 평생교육 프로그램 개발 및 운영으로서 평생교육기관의 궁극적 목적은 프로그램 개발 및 운영에 있기 때문에 평생교육 프로그램행정은 평생교육행정의 가장 중심이 되는 영역으로 프로그램 목적의 수립, 프로그램 내용의 선정과 조직, 프로그램 운영 및 평가의 전 평생학습활동의 과정을 지도하고 지원하는 일련의 경영활동을 의미한다.

둘째, 인사행정활동으로 평생교육조직에서의 인사관리 또는 인사행정은 교육주체인 교·강사뿐만 아니라 교육활동에 대한 지원업무를 담당하는 평생교육사 및 평생교육담당자를 포함하는 평생교육기관의 직원을 확보하고 관리하는 제반 경영활동을 의미한다. 즉, 인사행정활동은 평생교육기관의 직원을 모집, 선발, 임용, 근무, 승진, 징계, 신분보장, 능력 발전 등 광범위한 활동을 포함한다.

셋째, 학습자 행정활동으로 평생교육기관은 성인 학습자의 등록에서부터 수료에 이르기까지 그의 신분에 관한 사항을 관장하며 학습자들이 편리하고 유익한 학습활동을 할 수 있도록 각종 행정적 지원을 해야 한다. 구체적으로는 학습자의 등록, 진급, 수료, 휴학 등의 학습자의 상담 및 복지에 관한 사항을 포함한다.

넷째, 재무행정활동으로 평생교육기관에서 프로그램을 개발하고 운영하기 위해서는 그에 필요한 재원을 마련하여야 하며, 그것을 합리적으로 배분하고 사용해야 한다. 이와 같이 돈과 관계되는 업무활동을 재무행정이라 하며, 예산의 편성, 심의, 집행, 결산, 감사 등을 포함한다.

다섯째, 시설행정활동으로 평생교육시설은 평생교육활동에 필요한 건물, 공작물, 설비, 교지 등을 말하며, 평생교육시설행정은 시설의 설치, 유지, 관리, 운영을 포함하는 개념이다.

여섯째, 사무관리활동으로 사무관리는 문서의 작성, 활용 및 보존과 같은 문서업무, 사무분장, 사무실관리, 사무업무의 합리화를 포함하는 활동이다. 즉, 사무관리는 사무를 평생교육담당자의 역할이나 활동과 연결시켜 줄 뿐만 아니라 필요한 정보의 생산과 배포의 기능을 수행하기 때문에 이에 대한 관리가 중요하다.

일곱째, 지역사회 관계행정활동으로 평생교육기관은 지역사회에 존재하며 지역사회와 서로 영향을 주고받는 관계에 있기 때문에 지역사회와의 관계를 잘 유지하는 일은 평생교육행정에서 중요하다. 즉, 지역사회의 관계 행정활동은 지역사회의 주민 및 지도자, 이해관계 기관과의 상호존중과 이해 및 협력관계 형성, 지역사회 내 다양한 교육 필요점 인식과 제공·충족, 지역사회의 문제해결을 위한 개선방안의 프로그램 제공, 지역사회 개선을 위한 봉사활동이나 프로그램 제공, 지역사회에 대한 홍보 등을 통하여 지역주민이 평생교육기관에 대해 좋은 태도를 갖도록 하는 일과 같은 행정활동이다.

여덟째, 홍보 및 마케팅활동으로 학습자의 욕구와 기관의 목표를 모두 만족시키기 위한 재화와 용역을 교환하는 활동이다.

6. 평생교육경영 본질의 효과적인 실행방안

평생교육경영 본질을 구현하여 평생교육기관의 지속가능경영체계 고도화를 위한 평생교육경영 본질의 실천 방안은 다음과 같이 나타낼 수 있다.

첫째, 평생교육경영자의 철학과 사명으로 평생교육기관이 추구하는 기본적인 가치, 개념, 신념 기관의 사명은 평생교육 프로그램의 목적과 과업으로 구체화되어 나타나야 한다.

둘째, 평생교육 목적과 목표로서 기관의 철학과 사명을 개발하고, 공유한 다음 기관의 목적을 설정하고, 목적 실현을 위한 구체적인 목표를 세워야 한다.

셋째, 기획(planning)으로 평생교육기관의 목표를 설정하고, 이를 달성하기 위한 합리적인 수단과 방법을 마련하는 과정을 확립해야 한다.

넷째, 조직과 구조로 조직과정을 통하여 과업이 분담, 배분되며, 통합된 운영체계를 만들기 위하여 조절되어야 한다.

다섯째, 리더십을 과거에는 지휘, 지시 등의 용어로 사용했으나, 현대에는 지도(leading), 자극(stimulating), 영향(influencing)이란 용어를 선호함에 따라 시대의 변화에 부합된 리더십 발휘를 통해 조직의 성공과 생존을 이끌어 내야 한다.

여섯째, 인사로 적격한 평생교육담당자를 선발, 훈련시키고, 좋은 근무조건을 조성하여야 한다.

일곱째, 예산으로 평생교육 프로그램 개발과 운영, 업무추진을 하는 데 있어서, 직·간접적인 예산 및 회계 관리가 필요하며, 적절한 예산편성과 회계처리가 필요하다.

여덟째, 마케팅 및 홍보로서 평생교육기관 수의 증가, 규모 확장으로 인하여, 경쟁관계가 형성되므로 홍보 전략의 수립과 마케팅 전략을 수립과 실천이 되어야 한다.

아홉째, 평가(evaluation)로서 교수-학습, 행정활동의 평가를 통한 관계자에 대한 피드백을 통해 조직구성원의 지속적인 역량향상을 실천하여야 한다.

연구문제

1. 평생교육기관의 경영 관점에서 새로운 변화의 두 가지 요인은 무엇인지 설명해 봅시다.

2. 평생교육경영의 본질은 인적 자본론(Human Capital Theory)과 사회적 자본(Social Capital Theory)의 두 가지 관점으로 구분할 수 있다. 두 가지 관점의 주요 내용은 무엇인지 설명해 봅시다.

3. 경영의 구성요소는 경영대상과 경영내용, 경영주체로 구분할 수 있다. 이에 대한 주요 내용은 무엇인지 설명해 봅시다.

4. 평생교육경영이란 무엇인지 설명해 봅시다.

5. 평생교육경영 본질을 구현하여 평생교육기관의 지속가능경영체계 고도화를 위한 평생교육경영 본질의 실천방안은 무엇인지 설명해 봅시다.

CHAPTER 02

학습권 보장과 평생교육경영의 원리

학습목표

교육 패러다임 변화에 따라 현대사회의 학습권이 중시되는 이유를 살펴보고, 평생교육경영에서 학습권 보장의 핵심원리는 어떠한 것이 있는지 고찰한다.

제1절 교육 패러다임의 변화

1. 학교교육시대의 교육주의

정보기술의 발달과 이에 따른 지식사회에서 교육의 변화는 교육주의 패러다임에 대한 반성에서 학습주의 패러다임에 대해 본격적으로 논의되기 시작하였다. 교육학은 학교에 초점을 맞춘 학교교육학이며, 교수활동을 중심으로 하는 교수패러다임이라고 부를 수 있다. 교육주의 패러다임의 특징은 다음과 같다(김신일, 2005).

① 예비국민인 남녀 모든 아동이 대상이며, 일정 기간은 취학을 의무화한다.
② 성인기를 위한 준비이다.
③ 기성사회의 핵심문화를 가르친다.
④ 학교설립과 교사 자격은 국가가 통제한다.
⑤ 교육의 목표, 내용, 방법의 결정권은 국가, 학교, 교사에게 있다.
⑥ 교육의 실천은 학교에서 교수활동을 통해서 이루어진다.
⑦ 학생은 지도의 대상이므로 객체적 존재, 수동적 존재로 규정한다.

교육주의는 인간을 가르쳐야만 학습하는 존재라고 믿고, 교육하지 않으면 학습도 없다고 주장한다. 그러므로 학습은 교육에 의해서 이루어지며, 교육에 의하지 않은 학습이 가능하다 하더라도 그것은 가치롭지 않다고 믿는다. 또한 교육의 목적은 인류의 지적 성취로서 학문을 앞 세대가 후 세대에게 전수하는 것으로, 학습자에게 무언가 의미 있는 내용을 가르쳐 깨닫도록 한다는 의미가 담겨 있다(임해규, 2011).

산업화 시절에 교육현장을 지배해 온 교육주의는 국가가 국민에게 기본적인 공교육을 제공하는 것에 중요한 의미를 갖고 있었다. 이와 함께 학부모는 국가로부터 자신의 아이들을 교육시킬 의무가 부여되었다. 따라서 교육의 주체는 국가와 교사였고, 학습자는 그 대상이라는 인식이 자연스럽게 뿌리를 내렸다. 당연히 당시의 교육권은 학교교육에 관한 권리의 범위를 벗어날 수 없었다.

이러한 공교육 시스템에서 학생들은 스스로 학습을 영위하는 능동적 학습자가 아니라 학교의 가르침을 열심히 추종하는 수동적 학습자의 역할을 하였다.

즉, 학교나 교사가 가르치는 것을 의심하거나 저항하지 않고 열심히 받아들인 학생은 모범생이 되고, 기존 지식에 회의를 품고 독자적으로 사고하며 학교조직에 순응하지 않는 학생은 열등 학생이나 문제 학생이 되었다.

헌법 제31조 제1항에서는 "모든 국민은 능력에 따라 균등하게 교육을 받을 권리를 가진다"고 표현하고 있다. 교육을 받을 권리는 교육권이라는 용어로 사용되어 오다가 학습권으로 해석해야 한다는 관점으로 변화되고 있다. 일반적으로 교육을 받을 권리는 학습권 또는 수학권이라 하며 교육권의 기본이자 핵심이다. 왜냐하면 학생의 학습권 보장을 전제로 친권자–교사–설립자 및 국가의 교육권이 모두 발생하기 때문이다(조태원, 2013).

그러나 최근 과학기술의 발달로 4차 산업혁명이 진행되면서 교육을 둘러싼 주변 환경이 변화되고, 학습사회에 걸맞은 교육제도의 변신을 요구받고 있다. 이러한 변화의 주요 흐름 중에 하나는 자기주도학습의 확대이다. 오늘날에는 학생들이 학교 밖의 학원 등과 같은 사교육기관에서의 학습이 점점 늘고, 재택교육 청소년들이 증가했다. 또한 학점은행제와 같은 학습인증제가 확대되고, 사내대학, 사이버 대학교, 원격교육기관 등이 활성화되면서 교육적 위상이 바뀌고 있다(임해규, 2018). 즉, 누구나 마음만 먹는다면 언제나 어디서나 배울 수 있고, 쉽게 자료를 찾을 수 있는 인터넷 환경과 방송강의 등이 널려있어 자발적으로 참여하는 학습활동이 급속히 증가하고 있다.

결국 우리 교육현실은 4차 산업혁명과 함께 학교교육시대에서 평생학습시대로 급속히 변화하고, 새로운 차원에서 학습자의 권리를 실현하기 위한 본격적인 학습권의 한 축이 설정되기 시작했다. 사람들은 점점 교육권에 대한 생각보다 학습권에 대한 인식이 고양되기 시작했다. 이러한 시대적 변화를 주도할 배후의 패러다임으로 학습주의가 주목을 받기 시작한 것이다.

2. 평생학습시대의 학습주의

교육패러다임의 변화는 획일화되고 표준화된 교육에서 개별화·맞춤화된 교육으로의 변화라고 할 수 있다. 또한 학교라는 단일의 교육기관에서 학교 밖의 지역사회 등 다양한 교육기관으로의 변화를 의미한다.

UNESCO는 제4차 성인교육회의(1985)에서 학습권(the right to learn)은 보편적 정당성을 갖는 기본적인 인권으로서 특정한 집단에 한정되지 않아야 한다고 선언하고, 현실적으로 그 효력을 발휘하기 위하여 모든 국가에서 적극적으로 대응할 것을 권고하였다. 또한 파리 선언에서는 "학습할 권리를 읽고 쓸 권리, 질문하고 분석할 권리, 상상하고 창조할 권리, 자신의 세계를 살피고 역사를 이어갈 권리, 교육의 수단을 얻을 권리, 개인과 집단의 역량을 발달시킬 권리"로 규정하고 있다.

그 이후 학습권이 더 강조된 계기는 1997년 제5차 성인교육회의 함부르크 성인학습 선언에서 찾을 수 있다. 이 선언에서는 "생애에 걸쳐 교육받을 권리와 학습할 권리가 더욱 강조되어야 한다"고 밝히고, 평생학습은 능동적 시민정신의 결과인 동시에 사회생활에 완전한 참여를 위한 조건이다. 즉, 평생학습은 생태적으로 지속적인 발달, 민주주의·정의·남녀평등 및 과학·사회·경제 발전의 증진, 정의에 기초한 평화 문화의 정착과 대화에 의한 갈등이 해소된 세계를 건설하기 위하여 요구되는 개념(UNESCO, 1997)이라고 하였다.

또한 OECD(1996)에서는 "모든 사람을 위한 평생학습"을 목표로 선정하고, 요람에서 무덤까지 학습활동에 참여하고자 하는 모든 개인이 지식과 능력의 향상을 목적으로 하는 모든 의도적 학습활동을 기초교육부터 성인교육까지 생애에 걸친 학습을 지향하였다. 이에 국제사회에서의 학습권은 인권과 동동하게 강조되고 있음을 알 수 있다.

21세기의 교육을 받을 권리는 국민의 교육의 자유와 권리로 해석되어야 하고, 국민의 인격형성 및 성장·발달을 목적으로 교육주체가 교수자 중심에서 학습자 중심으로의 변화뿐만 아니라 교육기관, 교육형태, 교육방법, 교육내용 등을 자유롭게 선택하고 받을 수 있는 권리이다(정순원, 2019).

21세기의 학교교육 제도의 위기는 일시적 현상도 아니고 국지적 현상도 아니며 시대적 현상의 하나로서 학습주의 패러다임으로 변화하게 되었다. 학습시대의 특징은 다음과 같다(김신일, 2005).

① 과거에는 아동 및 청소년기에 학교 중심의 교육으로 전 생애 초기에 핵심적 학습이 완성되었으나, 이제는 성인기뿐만 아니라 노년기까지도 학습해야 하는 평생학습이 일반화되고 있다.

② 학교와 대학이 사회적으로 인정받는 교육기관의 전부였으나, 이제는 새로운 교육기관이 무성하게 생겨나고 있다.

③ 과거에는 공부를 하기 위해 학교와 같은 교육기관에 취학해야 했으나, 이제는 학습활동을 스스로 관리하는 개인과 집단이 급속하게 증가하고

있다.

④ 과거에는 학교가 학생을 관리하였으나 오늘날에는 교육기관들이 학습자의 학습요구에 적응해야 하는 현상이 확대되고 있다.

학습은 새로운 지식, 사고방식, 규범, 기능, 감성 등을 습득하는 의도적 활동을 의미한다. 학습주의는 인간의 학습능력과 학습 자발성을 신뢰하고 존중하며, 주체적 학습활동을 정당화한다. 또한 학습주의는 인간은 강한 학습욕구와 학습능력을 지니고 있는 "학습동물"로서, 학습활동을 통제하거나 억압하지 않으면 학습활동을 지속할 수 있다는 점을 강조한다. 인간의 학습활동은 앞선 학습자에 의해 촉진되거나 학습자 자신의 적극적 학습활동에 의하여 학습이 이루어지는 것이지, 교사가 가르친다고 언제나 학습이 이루어지는 것은 아니다. 즉, 교육은 학습을 위한 보조활동일 뿐이다. 훌륭한 학습자가 유능한 학습보조자, 즉 교육자가 될 수 있으며, 무능한 학습자는 유능한 교육자가 될 수 없다. 따라서 학습주의는 가르치는 활동보다 배우는 활동이 더 중요하다고 믿는다(김신일·박부권 편, 2005).

학습권은 단순히 학습할 권리의 기능적 측면만을 강조한 것이 아니라 개인의 성장·발달을 전제로 하는 자유권적 기본권의 성격이라는 점을 고려해야 한다. 이와 관련된 국가인권위원회의 결정문은 그 의미를 명확히 제시하고 있다.

> 학습권은 인간이 태어나면서부터 학습을 통해 인격을 형성하고 인간의 존엄과 가치를 실현하며 인간적으로 성장·발달하여 갈 권리로서 국가 권력이나 제 3자로부터 학습의 권리를 방해받지 아니할 학습의 자유를 그 본질로 하는 자유권적 기본권으로서의 성격을 지닌 교육 인권이라고 할 수 있고…(중략)… 이러한 인격권으로서 학습권을 보장하기 위해서는 교육의 내용이나 방법을 국민 자신이 형성하고 결정하는 국민의 교육권과 그에 대하여 국가로부터 간섭받지 않고 개입당하지 않는 '교육의 자유'가 필수적이다(국가인권위원회, 2005).

즉, 학습권은 인간적인 성장·발달권으로서 교육인권 또는 교육기본권의 핵심이 된다. 인간이 태어나면서부터 학습을 통해 인격을 형성하고 인간의 존엄과 가치를 실현하며 인간적으로 성장·발달하여 갈 권리로서 국가 권력이나 제

3자로부터 학습의 권리를 방해받지 아니할 학습의 자유를 그 본질로 한다(정현승, 2004).

이러한 학습권은 복합적인 성격과 다원적인 헌법상의 의의를 함께 가지고 있어, 한마디로 정의하기가 쉽지 않다. 학습권의 법적 성격은 다음과 같이 세 가지로 정리할 수 있다(조태원, 2012).

① 자유권적 성격이다. 학습권의 자유권적 측면은 주로 학습의 자유를 의미한다. 이는 소극적으로 교육을 받는 것을 국가로부터 방해당하지 않고 국민 자신에게 필요한 교육을 자유롭게 받을 수 있고, 나아가 적극적으로 자신의 교육에 대한 주체적인 결정, 자유로운 결정을 내릴 수 있는 것을 말한다(황준성, 1998).

② 생존권적 성격이다. 생존권적 기본권은 국민이 그 인간다운 생활을 확보하기 위하여 필요한 일정한 급부와 배려를 국가에 요구할 수 있는 권리이다(이수광, 2000). 학생의 학습권이 실질적으로 보장받기 위해서는 이러한 생존권적 기본권이 중요한 의미를 갖는다. 현대의 공교육 체제하에서 학생은 자신의 학습권을 보장받기 위해 교육 상황의 개선을 국가에 요구할 수 있어야 하기 때문이다.

③ 총체적 권리의 성격이다. 오늘날에 이르러서는 학습권을 자유권 또는 사회권(생존권)만으로 파악하는 경우는 거의 없고, 대부분 자유권과 사회권의 성격을 공유하고 있는 것으로 보고 있다.

요약하면, 학습권은 자유권 및 생존권적 측면을 포괄하며 인간다운 생활을 위한 기본권의 핵심이라 할 수 있다. 학습을 제한받으면 인간으로서의 가능성을 실현할 수 없으며 인간답게 살아갈 수 없기 때문에, 학습권은 침해받아서는 안 될 천부인권(天賦人權)의 성격도 함께 가지고 있다(김신일, 1999). 따라서 천부인권 사상에 근거하여 학습권을 보는 시각을 기반으로 학습권의 법적 근거를 찾아볼 필요가 있다.

학습권의 내용에는 다양한 견해가 있으나, 교육을 받을 권리는 헌법 제31조 제1항을 소극적으로 해석한 자유롭게 교육을 받을 권리와 적극적으로 해석한 균등하게 교육을 받을 권리로 정리할 수 있다(조태원, 2013).

먼저, 자유롭게 교육을 받을 권리는 국가의 개입이나 방해 없이 자유롭게 교육을 받을 권리를 말한다. 최근 교육의 다양성을 강조하고 시장 경제의 원리를 교육에 적용하려는 신자유주의 교육사조와 더불어 교육의 자유권적 성격의 중요성이 더욱 강조되고 있다. 이에 대한 헌법적 근거는 제10조 인간 존엄과 행복 추구권, 제21조 학문의 자유, 제31조 교육을 받을 권리를 들 수 있다.

다음으로, 균등하게 교육을 받을 권리는 교육을 받을 수 있도록 국가의 적극적인 지원을 요구할 수 있는 권리를 말한다. 적극적인 지원이란 교육에 필요한 재정, 시설, 제도의 정비 등 외적 조건에 대하여 국가가 관여하는 것을 말한다. 즉, 균등하게 교육을 받을 권리는 모든 국민이 저마다의 능력에 따라 교육이 가능하도록 그에 필요한 설비와 제도를 마련하고 지원해야 할 국가의 과제와 사회적·경제적 약자도 능력에 따라 실질적 평등교육을 받을 수 있도록 적극적인 정책을 구현해야 할 국가의 의무로 해석할 수 있다.

또한 교육기본법 제3조(학습권)에 따르면 "모든 국민은 평생에 걸쳐 학습하고, 능력과 적성에 따라 교육받을 권리를 가진다"고 명시하였다. 이는 헌법의 교육받을 권리 선언의 내용과 국가의 평생교육 진흥 의무를 교육기본법에서 구체화하고 평생학습의 권리를 규정하여, 교육을 학교교육은 물론이고 모든 교육을 포함하는 것으로 이해할 수 있다.

제2절 학습권 보장과 교육권

1. 학습권의 보장

1) 학생의 학습권

법적 개념으로서의 학생의 학습권은 "교육에 관한 일정한 이익을 보호하기 위하여 법이 학생에게 주는 그 의사를 우선적으로 주장하고 남을 지배할 수 있는 힘", 즉 법에 의하여 보장된 학생의 교육에 관한 권리라고 할 수 있다(조태원, 2013). 헌법 제31조 제1항의 "모든 국민은 능력에 따라 균등하게 교육을 받을 권리를 가진다"는 내용을 해석한 것이 바로 학습권으로 통용된다.

학생의 학습권은 헌법이 보장하는 기본적인 인권이라고 할 수 있으며, 사회권적 측면에서 의무교육이라는 이름으로 아동 및 청소년이나 보호자의 의사와 관계없이 행정권의 지배 형식으로 운영되기도 한다. 이는 아동 및 청소년이 생활과 생존을 위하여 인간적인 성장과 발달에 필요한 기본적인 지식과 기술을 배운다는 점에서, 국가에 학생 스스로 청구할 수 있는 적극적인 권리를 의미한다(조태원, 2012).

학습권은 본래 모든 인간의 기본적 인권으로서 아동, 학생, 성인, 주민, 국민이 그 주체가 되는 것이지만 인간적인 성장발달권이라는 측면에서는 "학생의 학습권"이 가장 의미가 있다. 학생의 학습권에는 학생자신의 학습의 자유, 교육선택권 뿐만 아니라 부모와 교사의 교육권에 대한 교육내용 요구권과 교육행정에 대한 교육조건정비 요구권이 포함된다. 그리고 교육내용 요구권에는 인간적인 "성장" 및 인간적인 능력의 "발달"을 위한 교육요구권이 있으며, 교육조건정비 요구권에는 학교제도의 정비 요구조건 및 물적 교육조건의 정비 요구권이 있다(노기호, 2008).

학습의 자유는 특히 아동의 인간적인 성장·발달을 보장하기 위한 자유롭고 창조적인 교육실현의 핵심적인 자유로써 교육기본권의 중심을 이룬다는 것 뿐만 아니라, 장차 학생이 성인이 되어 행사할 그 밖의 모든 문화적·정치적·경제적인 권리의 대전제가 된다는 점에도 의의가 있다. 따라서 학습의 자유는 국민 개개인이 자신의 인격을 완성하고 인간의 존엄성을 실현할 수 있는 자유권으로서, 학생에게는 인간적인 성장·발달의 가능성으로서 성인에게는 자기 충족적인 권리로서 존재하는 것이다. 이에 따라 학생의 학습의 자유는 보호자의 교육의 자유에 의해, 성인의 학습의 자유는 사회교육의 자유에 의해 실현된다고 할 수 있다(노기호, 2008).

2) 시민의 학습권

오늘날의 정보사회에서는 지배집단에 의한 대중조작으로 진실이 은폐되고 허위가 날조되어 민중은 눈 뜬 장님이 되어 버리는 경우가 허다하다. 이와 같은 상황에서 정치의 주인이 되어야 할 국민인 시민은 도리어 지배집단에 종속되고 지배당하는 객체에 지나지 않게 된다는 것을 알 수 있다.

여기에는 미국의 사회학자 밀즈(Mills)가 지적한 대로 대중 민주주의에서 지배권력의 강화를 위해 대중이 "진실로부터의 소외"되도록 조작되고, 국민들이 그러한 것들을 알아차리지 못하도록 비밀리에 여론을 몰아가는 대중조작을 지배의 특징으로 하고 있다(권두승·최운실, 2009).

이와 같은 상황에서 시민이 진실을 알 권리(학습의 권리)는 국민주권의 참다운 실현과 직결되어 있다는 자각이 싹터 왔으며, 이에 따라 그를 보장받고자 하는 주장이 대두되고 헌법적 권리로서 확립하고자 하는 움직임이 전개되어 왔다.

시민의 어원은 라틴어로 부르가리우스(burgarius)라고 하는데, 이는 "성(城) 안에 사는 사람"이라는 의미를 갖는다. 어원적 의미는 단순한 공간적 의미를 넘어서, 정치·경제·사회·문화적인 차이를 뜻하기도 한다(이관춘, 2011).

시민의 개념은 역사 속의 정치공동체가 어떻게 시민을 규정하느냐에 따라 변해왔다(이은미·진성미, 2014). 고대 그리스 로마시대에서는 의사결정에 직접 참여하며 외적으로부터 도시를 방어할 권리와 의무를 지닌 사람을 시민이라 칭했고, 근대 시민사회 성립 과정에서 시민은 국가의 부당한 권력에 대항하여 인간의 기본권으로서 자유권과 참정권을 확보한 사람을 의미했다(Heater, 2007). 현대적 의미의 시민은 근대 시민계급이 실현시킨 시민권(즉, 자유, 평등, 사유재산, 생명, 참정권 등 시민으로서의 제반의 권리)을 공유하는 모든 사람을 가리킨다. 즉, 모든 인간이 인간으로서의 보편적 권리와 의무를 자각할 수 있는 주체적 의식을 가진 존재이자 정치공동체의 유지, 발전의 주체적 구성원임을 의미하는 것이다(이관춘, 2011).

시민을 정의하는 시각 역시 다양하지만 시민이란 "소속감을 지닌 공동체의 구성원으로서, 법적·정치적·사회적 측면에서 권리와 의무를 가지며, 정체성·주체성·도덕성에 대한 의식과 자질을 교육을 통해 함양할 수 있는 주체"이다(이은미·진성미, 2014). 이에 시민의 지위에 요구되는 의식 및 자질이 시민성이며, 시민성 함양을 위한 교육이 시민교육이다.

시민성(citizenship)이란 시민사회의 구성원인 시민으로서의 소속(belonging)과 지위(status)를 의미한다(김창엽, 2005). 과거의 근대적 시민성의 정의가 국민국가(nation-state)의 개념 속에서의 단일한 지위와 동일한 권리 및 의무를 의미하는 물리적 영역의 범주 내로 한정되었다면(설규주, 2001), 오늘날의 시민성은 물리적 지역 경계로서의 국경을 넘어선 탈국가적 시민성으로 '같은 국민'이라는 의식보다는 '같은 인간'이라는 전인적 속성이 강조된다(Soysal, 1998). 이는 시민성이 독립된 개인의 측면에서 고려되는 것이 아니라, 관계로 형성된 인간의 측면에서 고려되고 있다는 것이다(김왕근, 1995).

능동적 시민성 함양을 위한 교육은 내포적 시민성을 학습(learning for inclusive

citizenship), 다원적 시민성을 위한 학습(learning for pluralistic citizenship), 반성적 시민성을 위한 학습(learning for reflexive citizenship), 능동적 시민성을 위한 학습(learning for active citizenship)의 네 가지 접근으로(Johnston, 2006) 시민성을 위한 학습을 제시할 수 있다(전현심, 2004).

① 내포적 시민성을 위한 학습은 경제적 및 사회적 배제의 심화, 소외, 박탈에 따른 교육 접근에서의 차이와 이러한 차이의 심화에 대응하여 교육적 균형을 잡으려 시도한다. 내포적 시민성을 위한 학습은 사회적 결속과 같은 것을 기치로 내걸고 있는, 전체 사회에서 모두를 위한 학습을 강조한다. 학습의 초점은 개인학습과 집단학습 모두에 있다. 이는 유럽사회기금(The European Social Fund)의 저소득층 집단들에 대한 교육과 훈련의 지원, 영국 블레어정부가 빈곤층에게 우선적으로 적극적인 보조를 지원하려는 개인학습계좌에 대한 주창이다. 그리고 모두를 위한 학습 사례에는 모든 수준에 있는 노동자들 간의, 고용된 사람과 실직자들 간의 상호연계를 강조하고 연대를 고양하는 학습들에서 나타난다.

② 다원적 시민성을 위한 학습은 기본적인 보편적 인권의 실제를 인정하면서도 다양성과 문화적 다원주의를 포용한다. 다원적 시민성을 위한 학습은 좌우 간의 구분과 그에 대한 전통적인 이해를 초월하는 데 도움을 준다. 그리고 세계시민성 혹은 지역시민성에 초점을 두는 세계화, 국가정부의 쇠퇴와 생태학적 위기에 관심을 갖는다. 또한 개인화의 영향, 생활정치에 대한 관심 그리고 공적인 영역과 사적인 영역의 상호 연관에 반응하는 잠재력을 지닌다. 학습의 초점은 공통된 흥미와 공통된 문화에 대한 탐색과 더불어 정체성과 차이의 정치를 연관시키는 '다양성 속에서의 연대'를 위한 학습을 검토하고, 촉진하고 개발하는 데 있다.

③ 반성적 시민성을 위한 학습은 대중에게 더 큰 반성이 요구되는 시민성의 맥락에서 시민의 권리와 책임, 그 상호연관성을 해석하고 검토하는 일을 포함하며, 자기비판적이고 역동적이다. 반성적 시민성을 위한 학습은 지식의 전통적인 개념을 넘어서 교육과 학습의 서로 다른 사회적 역할의 학습형태들을 위계적이고 보수적으로 바라보지 않으며, 양자 모두를 모든 사람들의 잠재능력을 인정하는 수평적 관계에서 본다. 이 접근은 광범위한 다양한 사회집단들 가운데에서 개인적 장점, 출발점, 흥미와 능력에 따라 학습이 일어날 수 있는 가능성을 제공하며, 시민의 서로 다른 권리와

책임을 위한 양자에 대한 반성적 학습을 강조한다. 일과 고용의 맥락에서 적극적인 정책으로의 이동을 위한 학습, 즉 사회에 참여하는 시민 지불이 곧 시민 수입(a citizen's income-payment)이라는(Alheit, 1996; 전현심, 2004 재인용) 관점은 새로운 학습접근의 전망을 제공한다.

④ 능동적 시민성을 위한 학습은 내포적, 다원적, 반성적 접근을 통합하는 넓은 스펙트럼을 이루는 행동에 의한 학습을 포함한다. 능동적인 시민성은 국가 또는 경제적인 영향과는 상당히 거리가 있으며, 대안적인 정치적 대표 및 참여 형태들에 대한 전망을 제공하는 시민사회에서 이루어진다. 이미 다양한 범위의 성인학습이 일어나고 있는 시민사회에서는 경제적 필요에 의해 지배되는 평생학습과는 반대되며, 사회운동과 학습이 연계되는 시민성을 위한 능동적 학습을 형성하고 개발하기 위한 상당한 잠재력이 존재한다. 학습의 초점은 집단에서부터 학습써클, 자원 조직, 서로 다른 유형의 공동체집단에 이르기까지 모두가 학습과 실천행동에 관여해 있으며, 각각 서로 다른 방식으로 개별적인 혹은 집단적인 목소리를 촉진시키고 개발한다. 1997년 엘스던(Elsdon)의 연구결과에서는 자원조직에 참여한 멤버십이 정치적 능동성으로 전환되었으며, 학습 프로젝트를 넘어서 사회운동으로 인식되는 호주 원주민과의 조화를 위한 학습써클의 사례를 보고하고 있다.

이와 같은 네 가지 유형의 시민성은 명확히 경계를 구분하기 어려운 시민성의 연속선상의 특징들로 볼 수 있다. 그러므로 능동적 시민성 향상을 지향하는 교육은 내포적 시민성, 다원적 시민성, 반성적 시민성 그리고 능동적 시민성 모두를 포괄하는 것이 된다.

능동적 시민성은 시민으로서 능동적으로 행동하려는 의지와 역량의 표출이며, 시민사회에서 학습된다. 그리고 능동적 시민성을 위한 교육은 사회운동과 관련되어 실현된다. 따라서 사회운동을 통한 교육의 맥락과 관련하여, 교육자들은 무엇보다도 사회를 더 나은 곳으로 만드는 사회변화의 대행자, 사회적 사명의 기획자로서의 역할을 수행할 것이 요구된다(전현심, 2004).

이와 함께 시민사회의 학습자들은 가정, 학교, 직장, 마을, 교회, 공공기관, 군대 등 그 어떤 일상생활 안에서든 학습자가 자신이 직면한 구체적인 일상의 삶에서 시민성을 바탕으로 비판적으로 상찰하고, 실천적 참여를 통해 자신의 시민성을 성장시켜 나가는 시민성 학습의 일상화를 꾸준히 진전시켜야 할 것이다(김민호, 2016). 요컨대 시민교육 대신 학습의 관점에서 "시민성 학습의 일상화"가 우리 사회에 자리 잡을 때, 시민사회의 공간 역시 보다 더 확장될 것이다.

3) 주민의 학습권

1987년 민주화 운동 이후 절차적 민주화가 진전됨에 따라 사람들의 관심은 민주화나 사회구조보다는 개인의 삶으로 옮겨갔으며, 1997년 IMF 외환위기는 사람들의 관심을 사회·정치적인 문제보다 경제적 삶의 문제로 옮겨가게 하였다(이은미·진성미, 2014). 그러나 2000년대에 지방자치가 정착되고 지역 생활과 관련된 문제들에 대하여 지역 주민들의 관심이 높아지면서 지역 차원의 시민교육에 관심을 갖게 되었다. 지역을 토대로 다양한 시민들의 모임이 생겼으며, 시민사회들은 지역사회에 기반을 두고 종래의 저항과 비판의 담론을 넘어 대안과 참여의 맥락에서 지역시민성을 함양하기 위한 시민교육에 많은 관심을 갖는다(이은미·진성미, 2014).

지역사회는 지역의 특성을 고려한 지리적 영역(geographic area)과 지역사회 구성원 간의 관계성을 중시하는 사회적 상호작용(social interaction), 공동체에서의 공동의 연대(common ties)로 규정짓는 세 가지 특성이 있다(Poplin, 1979). 전통적으로 지역은 교육 및 학습과 관련하여 다양한 의미를 가지며, 정지웅 외(2005)는 지역과 관련하여 여섯 가지 의미를 제시하고 있다.

① 지역은 개별 학습자의 자아실현의 장이 될 수 있다.
② 지역은 지역 고유의 문화를 전수할 수 있는 장이다.
③ 지역은 교육을 통한 사회화의 장으로 기능한다.
④ 지역은 공동체 정신을 구현할 수 있는 장이다.
⑤ 지역은 관계 형성의 상호작용의 장이다.
⑥ 지역은 교육적 자원이 된다. 이런 지역을 하나의 공동체이자 사회로 보는 개념이 바로 지역사회이다.

지역사회기반 시민교육은 탈국가 시민성인 지역시민성 함양을 위한 지역공동체 평생교육으로, 지역사회의 발전을 위해 지역사회에 적극 참여하는 시민 양성을 목적으로 한다(이은미·진성미, 2014). 이러한 지역사회기반 시민교육은 지역공동체에 거주하는 모든 주민을 대상으로 하며, 교육 공간은 국가를 벗어나 지역공동체에 초점을 맞추고, 교육 내용은 지역의 특수성 및 일상생활 영역을 반영하며, 지역자원을 활용한 개방적이고 다양한 시민교육방법을 가능하게 한다.

지역시민성이란 "자신의 삶의 터전인 지역공동체의 유지와 발전을 위해서, 지역공동체 사람들과 소통하는 가운데, 지역사회 문제를 스스로 찾아 해결하고자 하는 과정에 적극적이고 능동적으로 참여하여, 지역 발전에 기여할 수 있는 시민성"을 의미한다(김민호, 2011). 지역주민이 갖추어야 지역시민성의 속성으로 설규주(2001)는 '지역 및 공동체에 대한 자발적 참여'와 '정체성 획득'을 제시하였다. 여기에 김민호(2011)는 보편적 자질인 '주체성'과 '연대성'을 추가하고, 다음과 같이 구분하였다.

표 2-1 지역주민의 자질

구 분	대외적 자질	대내적 자질
특수한 자질	지역지식, 다중정체성	역사의식, 지역사회 참여
보편적 자질	주체성	연대성

출처: 김민호(2011). p. 207.

먼저, 지역주민의 지역 지식(local knowledge)은 개인이나 지역사회에 의해 조성되어 실제 생활에 영향력을 행사하는 역동적인 지식이다. 또한 지역 지식은 지역에 배태된 지식(embedded knowledge)이자 국지적으로 타당한 지식이기 때문에 암묵적으로 전파되며, 다른 지역으로 쉽게 이전되거나 동일한 실천을 반복하기 어렵다. 이에 지역에 대한 지식을 아는 것은 지역주민으로서의 정체성을 확립하는 일이자, 다른 지역사회와 구별되는 그 지역만의 고유한 문화를 습득하는 것으로, 다중정체성이라 할 수 있다. 더불어 지역사회의 자율성을 훼손할 수 있는 외부의 간섭이나 개입에도 지역사회의 주체성이 흔들리지 않도록 지역주민들의 주체적 역량을 기르는 것이 필요하다(이은미·진성미, 2014).

다음으로, 지역주민의 연대성은 사회통합을 의미한다고 볼 수 있다. 지역사회 안에 존재하는 다양한 이해집단들 사이에서 발생하는 많은 갈등은 사회통합을 이루기 위해 조정해야 하며, 공공 영역에서 공동선을 추구하고자 하는 연대성을 지닌 시민을 길러내는 것이 지역사회기반 시민교육의 목적이다(이은미·진성미, 2014). 이는 지역주민들이 정직성, 정의감, 협동심 같은 덕목을 학습함으로써 지역사회 내 사회적 자본을 형성하도록 하는 것을 의미한다(설규주, 2008).

지역주민이 지역의식, 다중 정체성, 주체성 및 연대성을 지녔다 하더라도 행동이 따르지 않는다면 시민으로서 책임을 다했다고 볼 수 없다. 지역사회에의 참여는 존슨(Johnston, 2006)의 행동적 시민성과 연결될 수 있다. 시민적 행동은 참여를 특징으로 하며, 참여에는 다음의 여섯 형태가 존재한다(Longo, 2007).

① 공적 가치를 지닌 프로젝트에 참여하기(public work)

② 지역사회 내 집단의 구성원이 되어 지역사회에 봉사하기(community involvement)

③ 유세하기, 반대하기, 권력관계 형성하기 등을 통해 지역사회를 조직하기(community organizing)

④ 정부의 정책과정을 이해하고, 공적인 참여를 위해 시민으로서의 지식을 갖추기(civic knowledge)

⑤ 투표, 캠페인, 입법을 위한 주장하기 등 전통적 의미의 정치적 행위하기(conventional political action)

⑥ 공적 이슈에 대해 의도적, 공적으로 대화하기(public dialogue) 등

또한, 역사의식은 반성적이고, 자기 비판적이며, 역동적인 지역사회 시민이 가질 수 있는 자질이다. 이 역사의식은 지역사회의 역사적 맥락에 대한 인식을 요구하며, 현재 지역사회가 당면한 현실을 지역사회 고유의 구체적인 역사적 전개과정 속에서 성찰하는 것이다(이은미·진성미, 2014).

지역사회기반 시민교육 사례로는 경기도 시흥시와 서울시 은평구를 살펴보고자 한다. 먼저, 시흥시는 지역주민들을 대상으로 그 지역사회가 가진 자연 자원을 활용한 환경교육을 통해 서로 관계를 형성하고 있을 뿐만 아니라 자신들이 살고 있는 지역에 대한 다양한 지식들을 얻고 있다. 이를 통해 지역사회시민으로서의 소속감과 주체성을 가지게 된 주민들은 지역사회 문제를 성찰하고 해결하는 데 적극적이고 능동적으로 참여하게 될 것이다. 또한 시흥시는 마을만들기 사업을 통해 생활의 기반인 지역사회 내에서 주민들 간에 협력적인 생활 태도와 연대감을 형성해가고 있을 뿐만 아니라, 주민들의 자발적인 참여를 통해 높은 자치능력으로 지역사회의 진흥을 도모하고 있다(양병찬, 2012).

다음으로, 은평구는 지역 의제를 중심으로 구성된 평생교육 프로그램에 참여한 주민들이 단지 수동적인 수강생이 아니라 프로젝트 실행의 동반자로서 역할

을 할 수 있음을 깨닫게 되었다고 한다. 이러한 성찰을 토대로 은평구는 지역사회의 고유한 특성과 지역 주민들의 실제 욕구를 포착하여 프로그램을 기획하고, 지역사회 내 다양한 자원을 개발하고 엮어내어 지역사회의 자생력과 창의력을 길러내는 것을 원칙으로 하는 은평시민대학을 운영하고 있다(이은미·진성미, 2014). 시민대학은 지역사회를 둘러싼 사회변화를 통찰하고 담아낼 수 있는 학습을 추구하며, 시민대학 과정을 수료한 지역시민들이 지역사회 내 전문가가 될 수 있도록 지원하는 것을 원칙으로 한다(김미윤, 2012). 이와 같이 지역주민들이 지역사회기반 시민교육을 통해 지역사회에 적극적으로 참여하게 된다면, 지역공동체의 발전과 그를 통한 민주주의의 실현에 기여할 수 있을 것이다.

4) 노동자의 학습권

노동자의 학습 및 교육과 관련된 기존의 접근은 크게 두 가지가 있다. 첫째는 기업의 생산성을 높이려고 노동자들에게 기술훈련적 교육을 실시하는 '기업교육'의 접근이며, 둘째는 노동조합의 세를 늘리려고 선전·선동하는 '노동조합교육'이다. 이러한 두 가지 교육의 실시 주체는 서로 다르지만, 노동자를 훈련시키고 학습시킨다는 점에서는 같다고 할 수 있다. 이러한 측면은 노동자들의 배움 그 자체를 소중히 여기지만, 그것을 제도로서 보장하는 일련의 권리적 측면인 노동자의 학습권에 대해서는 둘 다 큰 관심을 쏟지 못했다(노일경, 2002).

우리나라 일터에서는 최근에 학습조직론이나 지식경영론 등에서 학습과정 그 자체에 대해 중요성을 인식하고 있다는 의견을 제기하기도 한다. 하지만 노동자들의 학습과정 자체를 인내심을 가지고 지켜보기보다는 단시간의 훈련과 학습을 통해 당장 써먹을 결과를 내는 것에 더 주력했다. 이러한 우리의 일터 상황은 노동 현장에서의 "생생한" 학습, 체계적인 교육과정 그리고 학습을 통해 새로운 방향을 찾고자 하는 고심이 부족한 결과로 아쉬움이 남는다.

역사적으로 국민교육의 전통이 깊은 스웨덴과 덴마크는 민중고등학교(folk high school)를 설립하여 농민과 노동자들에게 널리 배움의 기회를 제공하고, 현재의 노동교육에서도 소수의 노조 리더를 위한 교육이 아니라 다수의 노동자를 위한 교육을 베풀고 있다(인수범, 2000). 19세기 말 스웨덴 노동자들은 노동계급에 대한 교육과 사회적 지원의 결핍을 극복할 수단으로 스터디서클 형태의 학습공동체를 운영하였다. 스터디서클활동을 하는 노동자들은 알고 싶어하는 의

지와 이를 통한 진정한 학습소모임 참여를 통해 능동적인 대화방식을 익히고, 이 가운데 서로의 의견을 조율하고, 갈등을 해소하며, 합의를 이루는 방법을 터득하였다. 또한 구성원들은 서로 배우고 대화하여 얻은 것을 기반으로 문제해결을 위해 함께 행동하였으며, 스터디서클은 배움과 실천이 유기적으로 상호교환하는 프락시스(Praxis)의 정신을 발현하는 대표적인 마당의 구실을 했다(노일경, 2002).

OECD(2003)는 미래학교 보고서를 통해 학교변화의 가장 급진적인 형태로 학습 네트워크를 제시하였다. 노동교육 역시 새로운 학습형태를 고민하고 교육이 가지고 있는 고유의 생명력을 살리려는 노력이 필요하다. 즉 노동자들이 자신의 삶에서 어떠한 학습이 요청될 때, 무엇인가 배우고 싶을 때, 자유롭게 연결하여 다른 노동자들의 학습경험을 공유하고 또 가르치고자 하는 사람과 만날 수 있는 기회가 촘촘히 보장되는 공생적 학습망을 구축하고 활성화할 수 있을 것이다(최선주, 2006).

또한 학습휴가나 학습비 지원, 사내대학, 학점은행제, 평생학습계좌제 등 평생교육법에서 언급된 평생학습제도들을 노동자들이 유용하게 현실화시키는 학습의 주체로 서는 데 관심과 노력이 필요하다. 더불어 사회의 여러 곳에 산재해 있는 교육자원을 어떻게 노동교육과 연계시키고, 노동자들의 경험과 지식을 어떻게 서로 공유하며 새로운 지식과 비전을 창출할 것인가도 적극적으로 고민해야 한다. 이를 통해 평생학습사회에서 노동자의 학습권을 제대로 정립해가는 것이 중요하다.

2. 교육권의 역할

1) 국가의 교육권

오늘날의 공교육제도는 헌법에 의하여 학생의 학습권을 보장할 의무가 있으며, 이러한 의무를 이행하기 위하여 교육정책을 적극적으로 실현하고 있다. 헌법 제31조 제6항은 "학교교육 및 평생교육을 포함한 교육제도와 그 운영, 교육재정 및 교원의 지위에 관한 기본적인 사항은 법률로 정한다"고 명시함으로써 학교교육에 관한 국가의 권한과 책임을 규정하고 있다. 이 조항에 의해 학교제도를 통한 교육을 시행하도록 위임받은 국가는 학교제도에 관한 포괄적인 규율

권한과 학교교육의 책임을 부여받은 것으로서, 모든 학교제도의 조직, 계획, 운영, 감독에 관한 포괄적인 권한, 즉 학교제도에 관한 전반적인 형성권과 규율권한을 부여받은 것이다(이종근, 2012).

현재 우리나라는 교육에 관한 국가의 권한의 범위를 교육의 외적 조성뿐만 아니라 교육내용에 대한 결정권까지 포함시키는 다수의 견해가 존재한다. 그러나 국가의 교육권한과 관련하여 교육의 외적 조건보다도 교육내용에 대한 국가의 지배·개입을 전면적으로 인정하는 것은 문제가 있다. 과거 권위주의적 교육체제하에서 국가에 의한 교육내용의 지배와 개입은 특정 정당이나 국가의 이념과 정책을 옹호하고 지지하는 일방적 교육의 강요로 나타났으며, 그로 인한 교육의 자주성과 전문성 침해는 교육현장의 주체인 교사와 학생의 교육권과 학습권이 무시되는 결과를 낳았다(노기호, 2008). 결국 교육의 민주화는 무엇보다도 교육내용에 대한 국가의 무제한적인 지배와 개입으로부터 침해받지 않아야 교사의 교육권과 학생의 학습권이 제 역할을 하게 될 것이다.

공교육제도 하에서 국가는 교육의 모든 외적 조건을 정비해야만 하지만, 교육내용에 대해서는 학생의 학습권 보장을 위하여 교사의 교육활동의 자유와 독립을 보장하는, 필요최소한의 제한된 범위의 사항에만 관여하는 것이 타당할 것이다. 즉, 교육내용과 교육방법에 대한 행정권의 관여가 법적으로 허용될 것인가의 여부는 그 개입이 '지도와 조언'의 효력만 갖는가 또는 그 이상의 '감독적이고 권력적인' 효력을 갖는가의 여부에 따라 결정될 수 있다(노기호, 2008). 그 결과 국가기관에 의한 교육내용에 대한 개입의 범위를 지도·조언으로 설정하여 국가의 강제적이고 권력적인 국가의 개입을 배제하고, 교육의 외적 사항, 즉 교육조건의 정비에 대한 국가의 책무에 권한을 한정시키는 것이 바람직하다.

2) 교사의 교육권

교사의 교육권은 법적으로 기본권으로서의 성격과 직무권한으로서의 성격을 함께 갖는다. 먼저, 교사의 교육권은 학생과의 관계에서 직무권한으로서의 성격을 가지며, 학생과 학부모와의 관계에서는 공교육기관의 사회적 직책으로부터 직무권한이 인정된다(이종근, 2012). 교육전문가인 교사는 국가나 학부모의 부당한 간섭을 받지 않고 학생들의 발달단계에 적합한 교육내용과 교육방법을 자유롭게 구성하여 가르칠 수 있어야 한다. 그러므로 교육의 자주성·전문성·정치적 중립성을 규정한 헌법 제31조 제4항은 교사의 교육권, 즉 교사 자율적인의 직무권한을 설명하는 근거가가 된다고 할 수 있다(오승호, 2011).

그러나 교사의 지위에서 생겨나는 직무권한인 수업권이 헌법상의 기본권인가에 대하여, 헌법재판소는 "설사 헌법상 보장되고 있는 학문의 자유 또는 교육을 받을 권리의 규정에서 교사의 수업권이 파생되는 것으로 해석하여 기본권에 준하는 것으로 간주하더라도 수업권을 내세워 수학권(修學權)을 침해할 수는 없으며 국민의 수학권의 보장을 위하여 교사의 수업권은 일정범위 내에서 제약을 받을 수밖에 없는 것"이라고 함으로써 교사의 교육권인 수업권의 헌법적 기본권성을 분명하게 인정하지는 않았다(이종근, 2012). 그 후 "진리탐구의 과정과는 무관하게 단순히 기존의 지식을 전달하거나 인격을 형성하는 것을 목적으로 하는 교육은 학문의 자유의 보호영역이 아니라 교육에 관한 기본권(헌법 제31조)의 보호영역에 속한다고 할 것"이라고 하여 교사의 교육권의 근거를 헌법 제31조에서 교사의 수업권이 헌법상의 권리라는 사실을 분명히 명시하고 있다(이시우·노기호, 2007 재인용).

헌법재판소는 학교교육에 있어서 교사의 가르치는 권리를 수업권이라고 하며, 수업권은 "자연법적으로는 학부모에게 속하는 자녀에 대한 교육권을 신탁받은 것이고, 실정법상으로는 공교육의 책임이 있는 국가의 위임에 의한 것"이라고 한다. 또한 수업권은 "교사의 지위에서 생기는 학생에 대한 일차적인 교육상의 직무권한이지만, 학생의 수학권(修學權)의 실현을 위하여 인정되는 것으로서 양자는 상호협력관계에 있다"고 하였다(권용석, 2015). 따라서 학생의 "수학권은 헌법상 보장된 기본권의 하나로서 보다 존중되어야 하며, 그것이 왜곡되지 않고 올바로 행사될 수 있는 범위 내에서는 수업권도 어느 정도의 범위 내에서 제약을 받지 않으면 안 될 것"이라는 전제하에, 교권과 조화를 이룰 수 있는 교육적 차원의 대응방안 마련이 절실하다(이종근, 2012).

3) 부모의 교육권

부모의 교육권은 자녀의 교육을 어떻게 수행할 것인가에 관하여 자유롭게 결정할 수 있는 권리로서 교육의 목표와 방법에 관한 결정권을 의미한다. 즉, 자녀의 교육에 관하여 전반적인 계획을 세우고 자신의 인생관·사회관·교육관에 따라 자녀의 교육을 자유롭게 구성하는 부모의 권리가 자녀교육권이다(이종근,

2012). 따라서 부모는 자녀의 인격을 어떠한 방향으로 형성할 것인가에 관한 목표를 설정하고, 자녀의 개인적 성향·능력·정신적·신체적 발달상황 등을 고려하여 교육목적을 달성하기에 적합한 교육수단을 선택하게 된다.

자녀의 교육에 관한 부모의 권리와 의무는 서로 불가분의 관계에 있으며, 부모의 자녀교육권은 자녀교육에 대한 부모의 책임으로도 표현될 수 있다. 부모의 자녀교육권은 자녀교육권의 본질적 구성요소로서, 일차적으로 부모 자신의 자유행사나 인격발현을 위해서가 아니라 자녀의 행복이란 관점에서 보장되는 것이며, 자녀의 행복이 부모의 교육에 있어서 그 방향을 결정하는 지침이 된다(이종근, 2012).

그런데 자녀의 양육과 교육은 부모의 천부적인 권리인 동시에 부모에게 부과된 의무이기도 한 바, 부모의 교육권은 본질적으로 자녀의 이익을 위한 권리, 즉 자녀의 복리를 위하여 행사되어야 한다는 의미에서 의무로서의 성격이 강한 기본권이다(한수웅, 2008). 부모의 자녀교육권의 내용으로서 문제가 되는 것으로는 자녀를 교육시킬 학교를 선택할 권리, 학부모의 교육참여권, 과외를 시킬 권리 또는 학원에서 수강시킬 권리 등이 있으며, 주요 내용은 다음과 같다(이종근, 2012).

① 헌법재판소는 부모의 중등학교선택권을 제한한 것과 관련하여 "부모는 아직 성숙하지 못하고 인격을 닦고 있는 초·중·고등학생인 자녀를 교육시킬 교육권을 가지고 있으며, 그 교육권의 내용 중 하나로서 자녀를 교육시킬 학교선택권을 인정된다"고 판시함으로써 부모의 학교선택권을 포함하는 것으로 보았다.

② 일반적으로는 부모의 자녀교육권이 바로 학부모의 학교참여권(참가권)을 도출하기는 어렵겠지만, 학부모가 미성년자인 학생의 교육과정에 참여할 당위성은 부정할 수 없다. 미성년자인 학생에 대한 교육의 목표는 미성숙의 인격체를 성숙한 인격체로 형성해 내는 것으로서, 이는 학부모와 학교 측의 공동과제이며 그 실현에는 양 교육주체의 효율적인 협력관계가 요청된다. 이에 국가가 주도하는 교육과정에 학부모가 어떤 형태로든 참여해야 할 당위성을 인정하는 이유가 바로 여기에 있다."

③ 부모의 자녀교육권의 한 내용에는 원칙적으로 과외를 시킬 수 있는 권리가 인정된다. 헌법재판소는 원칙적으로 과외를 금지하고 대학생과외 또는 학원수강 등의 예외적인 경우에만 과외를 허용하는 학원의 설립·운영에

관한 법률 제3조는 침해의 최소성과 법익의 균형성을 갖추지 못하고 비례의 원칙에 위반되어 국민의 기본권을 과도하게 침해하는 것이므로 국민의 자녀교육권을 침해하는 것으로 위헌이라고 보았다.

제3절 평생교육경영에서의 학습권 보장

1. 학습자 중시

국가 및 지방자차단체는 모든 국민에게 평생교육의 기회가 부여되도록 노력해야 한다. 이것은 평생교육법에 명시되어 있는 모든 사항이 구체적으로 모든 지역주민의 평생교육 기회 제공으로 수렴되는 것을 의미한다.

지역주민은 교육적 필요를 가지고 있는 존재로서, 평생교육의 관점에서 일차적으로 학습자이다. 학습자는 어떤 지위에 있든지 관계없이 자신의 교육적 필요를 가지고 있다고 할 수 있다. 평생교육법에는 그 교육적 필요를 충족시킬 수 있는 기회의 제공이 국가 및 지방자치단체 그리고 평생교육기관 설치자의 책무로 되어 있다.

근대 이후 평생교육에 관한 논의가 학교교육의 경직성 또는 비탄력성에 대한 문제 제기에서 시작되었다는 점에서 이러한 변화는 결코 사소한 것이 아니다. 학교교육의 경직성은 교과과정 운영의 경직성으로 대변되며, 교과과정의 운영의 경직성은 교수자 또는 교육 프로그램 제공자 중심의 인식틀에서 비롯된 것이다. 그 결과는 교육과 교수가 동일한 의미를 갖게 되었고, 교육에 관한 논의에서 학습자는 상대적으로 소외될 수밖에 없었다. 평생교육이 평생학습으로 전환되는 시대적 흐름에는 학습자의 소외에 대한 인본주의적 비판의식이 있으며, 다른 한편으로는 학습에 대한 학습자 당사자의 책임을 중시하는 인식도 있음을 알 수 있다.

훌(Houle, 1961)은 성인학습자의 학습참여 동기를 3가지로 유형화하였다.

① 목표지향성(goal-oriented) 동기로서, 분명한 목표를 성취하기 위한 수단으로 학습 활동에 참여하는 유형

② 활동지향성(activityoriented) 동기로서, 특정한 목표를 획득하거나 내용을 배

우고 익히는 것과 상관없이 별개의 이유로 교육 활동에 참여하는 유형
③ 학습지향성(learning-oriented) 동기로서, 지식 자체의 학습을 습관적으로 지속하며 자기 성장을 하는 유형

또한 몰스테인과 스마트(Morstain & Smart, 1974)는 성인학습자의 학습참여 동기를 6가지로 구체화하였다.

① 외부적 기대(external expectations)로서, 교육활동 참여에 대한 외부의 지시, 추천, 기대 등에 순응하는 것이다.
② 전문성 향상(professional advancement)으로, 직업과 관련하여 유용한 지식과 학위, 직무관련 기술을 습득하여 과업수행 및 지위향상, 경쟁력을 제고하는 것이다.
③ 사회적 복지(social welfare)로서, 타인이나 공동체, 인류에 봉사할 수 있는 능력 향상과 준비 그리고 공동체와의 작업에 참여이다.
④ 사회적 관계(social relationships)로서, 타인과의 관계를 계발하고 개선하여 사회적인 기능을 개선하는 것이다.
⑤ 도피/자극(escape/stimulation)으로, 일상적인 루틴함, 지루함, 좌절 상황에서 탈피하고 지적 자극을 통해 학습참여를 유도하는 것이다.
⑥ 지적 흥미(cognitive interest)로서, 자신을 위해서 단지 지식 그 자체를 추구하는 것과 알고 싶어 하는 욕구를 통한 학습자체를 추구하는 것이다.

이와 같이 성인학습자가 학습에 참여하는 동기는 학령기 학생들처럼 획일적이지 않다. 따라서 평생학습 프로그램의 목표와 내용, 교육방법, 강사, 시설 등을 학습자 중심으로 고려하여 운영의 목적을 달리한 다양한 교육이 진행되어야 할 것이다.

평생교육법 제29조에서는 평생교육의 운영을 '수요자 관점'으로 교육과정과 방법을 개발·시행하도록 언급하고 있다. 이는 평생교육을 제공하는 공급자가 수요자의 수요를 읽어 그 수요를 충족시킬 수 있도록 교육 프로그램을 개발·운영할 것을 명시한 것이다. 이를 위하여 학습자 간, 학습자와 교수자 간 혹은 학습자와 교육기관 운영자 간 상호작용이 가능한 공론장을 만들고, 평생교육에 대한 개개인과 집단의 요구를 청취하는 장으로서 평생교육의 출발점을 제공해야 한다(양흥권, 2012). 수요자는 학습자로 대치될 수 있으며, 학습자의 자발적인

학습참여 동기를 중시하고 이를 충족시키는 학습권 보장의 기회를 마련하는 것이 평생교육경영의 일차적 원리가 된다.

2. 학습기회의 확대

인터넷의 폭넓은 확산과 활용, 세계 무역의 자유화, 글로벌 지식기반경제의 심화는 지식과 기술에 대한 근본적인 논쟁의 새로운 맥락을 창출하였으며, 그것들을 어떻게 전달하고 학습할 것인가에 대한 새로운 논쟁의 터전을 마련하였다(이희수, 2009). 더불어 교육에 대한 사회적 수요의 꾸준한 증가와 학교 밖의 학습기회에 대한 수요 증가는 평생학습을 중요한 수단으로 간주하였다.

OECD(1996)는 'Lifelong Learning for all' 보고서를 발표하고, 만인을 위한 평생학습을 지향하는 목적을 채택하였다. 특징으로는 평생학습을 사회적 이동, 삶의 기회 균등, 사회적 결속, 적극적 시민정신을 위한 중요한 수단으로 보는 사회적 목표를 근거로 한다. 또한 평생학습을 남녀노소를 불문하고 모든 사람들이 변화하는 직업과 노동시장에 적응하는 데 필요한 기술, 노하우와 기질을 습득하고 유지하는 것을 보장하기 위한 경제적 필요를 중요한 수단으로 간주하였다.

결국 평생학습은 어린 시절부터 성인에 이르기까지 평생에 걸쳐서 학교교육뿐만 아니라 학교 밖의 여러 기관에서 이루어지는 교육과 훈련 그리고 비형식 학습 등을 포함하는 학습기회의 확대가 실현되어야 한다.

먼저, 유아교육, 초등단계의 기초학력교육, 청소년의 중등교육, 고등교육, 직장인의 계속교육, 중고령자교육 등 모든 국민에 대한 전생애에 걸친 평생학습지원이 이루어져야 한다(임채원, 2006). 다음으로, 학교교육체제와 긴밀한 연계구조를 구축하는 새로운 열린평생학습체제를 구축하는 것이 필요하다(양흥권, 2012). 즉, 형식교육, 비형식교육, 무형식학습이 긴밀하게 연결되고, 기존의 학교교육체제와는 다르게 학교와 직장이 연계되는 새로운 평생교육체제가 구축되어야 한다. 이를 위하여 형식교육, 비형식교육, 무형식학습의 담을 허물고 학습자 개개인의 학습을 지원하는 데 필요한 새로운 교육체제의 새판짜기가 필요하다(한숭희, 2010).

이와 같은 새로운 형태의 열린 평생학습시스템은 학교와 직장, 교육자와 학습자, 형식교육과 비형식교육, 무형식학습을 통한 학습자의 고용력 제고와 자아실현을 위해 전생애에 걸쳐 지원하는 학습기회의 확대를 중요한 원리로 받아들여야 할 것이다.

3. 학습지원의 공공성 강화

초기 평생교육은 모든 이를 위한 학습권 보장과 소외계층의 학습기회 제공을 통해 교육 평등이념 실현을 위해 노력해왔다. 그런데 오늘날의 평생교육은 소외계층의 교육기회를 확대하기보다는 고학력자, 고소득자, 전문직 종사자 등 교육 기득권층에게 교육기회를 더 많이 제공하게 되어 사회경제적 불평등구조를 재생산하게 되었다. 이처럼 평생교육은 초기에 지향한 교육평등화 장치에서 벗어나 교육불평등 심화와 사회불평등 구조를 재생산하는 장치로 작동하고 있다(양흥권, 2012). 이에 초기 평생교육이 지향하는 더불어 사는 사회건설과 시민공동체 형성이라는 평생교육의 세계관과 지향점을 복원하는 것이 필요하다.

먼저, 이와 관련하여 학습지원 공공성을 강화하기 위한 사회적 소외계층의 평생학습에 대한 지원과 투자가 강화되어야 한다(권대봉, 1995). 오늘날 한국사회는 저소득자, 저학력자, 비문해자, 노인 등과 같은 기존의 사회적 소외계층과 더불어 새터민, 이주여성, 다문화가정, 외국인 노동자 등 신소외계층의 양산을 초래하고 있다. 이와 같은 신소외계층에 대한 국가적 사업은 평생교육진흥기본계획에 의해 2008년부터 시행되고 있으며, 사업대상으로는 저소득층, 장애인, 다문화가정, 새터민, 신소외계층, 비문해자 등 다양한 소외계층을 포함하고 있다(교육과학기술부, 2008).

그러나 소외계층을 위한 평생교육사업이 한시적으로 이루어지고 있고, 체계적인 연구와 전문기관의 설치 및 전문가 양성을 통한 내실 있는 사업추진이 이루어지지 못하고 있다. 따라서 사회적 소외계층을 지원하는 평생교육사업의 체계화와 내실화가 이루어져야 하며, 세계화로 인한 신소외계층의 사회참여 기회에 대한 투자와 예방적 투자를 통하여 사회적 배재를 사전에 예방하는 정책이 중요하다(양흥권, 2012).

다음은 학습공동체를 기반으로 더불어 함께 살아가는 공동체를 형성하는 지역사회공동체 운동을 전개하여야 한다. 세계화에 대응하는 평생교육은 교육에만 머물지 않고 지역사회의 다양한 문제를 개선하는 지역공동체운동으로 승화하는 것이 필요하다. 이를 위한 단계를 살펴보면 주민들이 주체로 참여하는 지역사회교육이 전개되어 지역평생학습공동체를 형성하고, 지역사회운동을 실천하여야 한다. 신자유주의적 세계화가 위로부터의 세계화라고 한다면 지역사회운동은 풀뿌리 민주주의에 기초한 아래로부터의 대안세계화인 것이다(임현진, 2011).

이와 함께 마을단위의 주민센터(행정복지센터)를 활용하여 평생학습기초시설로 정비하고, 평생교육사를 배치하여 국가 평생교육의 풀뿌리 기반을 강화해야 한다(양흥권, 2012). 또한, 지역주민의 필요가 존재할 시에는 공공시설을 통해 그 필요를 우선적으로 충족할 수 있도록 지원하여야 한다. 공공시설의 개방은 평생교육을 위한 공공시설의 활용도를 높이는 차원에서도 의미가 있다. 이것은 학습자의 자발적 학습을 지원하도록 하는 공공성을 강화하는 방향으로 평생교육을 경영해야 함을 의미한다.

4. 교육의 질 제고

평생교육법이 시행된 지 20년이 지난 현 시점은 많은 기관들이 평생교육에 참여하기를 희망하는 흐름 속에서 양적인 팽창으로 평생교육의 토대를 마련하였다. 그러나 어느 정도 양적인 팽창이 이루어지면 질적인 수준을 추구하게 되므로, 질적 수준의 문제는 피할 수 없는 상황이다. 평생학습이 화두가 되고 국가적 차원에서 전면적으로 확대되는 추세에서 질적 수준의 문제는 평생교육기관의 경영에서 반드시 유념해야 할 것이다.

평생교육법 제29조에서는 평생교육의 이념에 따라 교육과정과 방법을 수요자 관점으로 개발·시행하도록 명시하고, 제17조에서는 "국가 및 지방자치단체는 평생교육기관의 요청이 있는 때에는 그 기관의 평생교육활동을 지도 또는 지원할 수 있다"고 하여, 그 기관에서 평생교육활동에 종사하는 자의 능력 향상에 필요한 연수를 실시할 수 있다고 하였다.

이러한 조항들은 평생교육기관의 교육 프로그램뿐만 아니라 교육활동 전반의 질적 수준 제고로 이어져야 한다. 더 나아가 평생교육기관의 교육력을 평가할 수 있는 지표 개발이 요구되며, 교육 수준을 평가함으로써 교육 경쟁력을 가늠할 수 있는 타당한 근거를 마련해야 한다. 여기에서 교육력은 교수자의 교수력과 학습자의 학습력, 경영자의 교육지원력의 총합에 의해 드러나게 된다.

흔히 교육 프로그램을 제공하는 기관의 종사자는 학습의 주체로 인식되지 않은 경향이 있다. 이것은 학교의 교사를 학습자로 인식하지 않고 교수자로만 인식하는 것에서 나타나는 현상으로서, 배움이 없이는 가르침도 어려운 것임을 인지하지 못하고 있음을 의미한다. 결국 교육 프로그램 제공자, 교수자, 공무원은 본인이 하고 있는 일을 좀 더 잘하기 위해서 충족시켜야 할 교육적 필요가 있으며, 이 필요는 지속적으로 생겨나는 것이다.

결국 교육의 질 제고를 위해서는 평생교육사의 교육자로서의 정체성과 의식형성이 중요하다. 평생교육사에게는 타 영역에 종사하는 교육자와는 차별되는 역량이 필요하다. 그것은 바로 학습자들이 세계를 비판적으로 인식하게 하고, 학습자들의 의식전환학습을 통하여 그들의 세계관을 성숙시키고 사회개선에 참여할 수 있도록 조력하는 역량이다(Holst, 2006).

평생교육은 평생교육사의 세계관과 지향점에 따라 세계화의 경제 구조에 이끌려가는 도구가 될 수도 있고, 이를 극복하고 새로운 사회를 여는 열쇠가 될 수도 있다. 평생교육사는 교육전문가로서의 기술적 역량을 넘어 자신이 수행하는 교육활동의 역사적, 정치사회적 의미에 대한 인식과 학습자들의 관점전환학습을 조력하는 역량을 길러야 할 것이다(양흥권, 2012). 이를 위해서는 평생교육사에 대한 재교육과 학습을 권장하고 제도화하여, 교육의 질적 수준과 행정의 질적 수준의 향상을 꾀하도록 하는 것이 필요하다. 따라서 평생교육경영 차원에서 내부자의 교육기회 확대를 중요한 원리로 받아들여야 할 것이다.

연구문제

1. 학교교육에서 평생학습으로 패러다임이 변화된 학습사회는 어떤 사회를 말하는 것인지 그리고 학습사회의 특징에 대해 설명해 봅시다.

2. 학습권이 현대사회에서 중시되는 이유는 무엇인지 생각해 봅시다.

3. 학습권과 교육권 사이에 전개되고 있는 이슈 또는 갈등 사례를 살펴보고, 이를 해결하기 위해 필요한 것이 무엇인지를 학습권 보장과 관련하여 탐구해 봅시다.

4. 지역사회기반 주민의 학습권에 대해 생각해 보고, 평생교육을 통해 확장된 지역 주민의 학습 및 활동 사례를 살펴봅시다.

5. COVID-19 상황에서 특별히 학습권이 보장되어야 할 대상에 대해 살펴보고, 그에 따른 개선방안을 제시해 봅시다.

CHAPTER 03

평생교육기관의 법적 기반

학습목표

평생교육진흥을 위한 평생교육법, 평생교육법 시행령, 평생교육법 시행규칙, 시·도 평생교육의 조례와 평생교육 관련 법령을 살펴보고 평생교육기관경영의 법적 기반을 고찰한다.

제1절 평생교육의 법규

1. 교육 관련 법규 체계

1) 법규의 위계와 적용

평생교육의 법규 체계는 교육과 관련된 법규의 체계와 구조를 개관하기에 앞서 법의 위계와 적용 원칙을 살펴보는 것이 필요하다. 일반적으로 법규는 제정권자의 상하 관계에 따라 그 위계가 성립되며, 국가수준의 법규와 지방자치단체 수준의 법규로 구분된다.

국가수준의 법규는 헌법, 헌법에서 말하는 법률, 국회의 의결에 의하지 않고 행정기관이 제정한 대통령령(시행령), 국무총리령, 부령(장관이 제정, 규정) 등의 순이다. 지방수준의 자치법규는 지방자치단체가 법령의 범위에서 지역 사무에 관해 제정한 조례(지방의회), 시·도지사 또는 시·구청장 등의 자치단체의 장이 법령 또는 조례가 위임한 범위에서 그 소관 사무에 관하여 규정한 규칙(시·도지사, 시·구청장) 또는 교육규칙(교육감) 등의 순으로 위계가 성립된다.

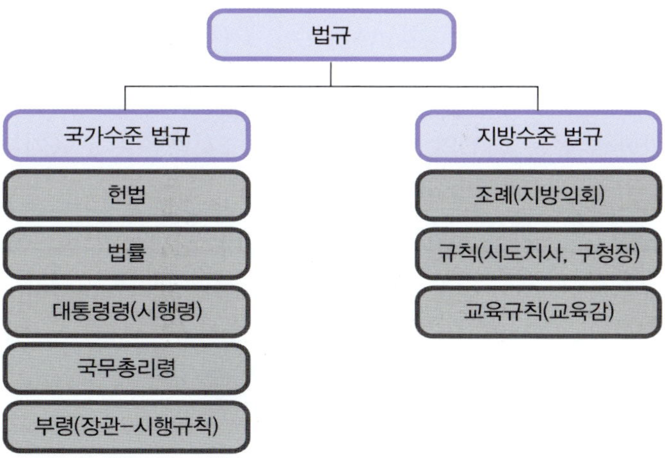

그림 3-1 **법규의 위계**

법규의 적용은 국가수준의 법규가 지방자치단체 수준의 법규보다 우선하여 적용하며, 여러 가지 관련 법규를 적용할 때에는 동일한 사안에 대하여 다음과 같은 원칙을 적용한다(남정걸, 2002).

(1) 상위법 우선의 원칙

법 상호 간에는 상하 관계가 있다. "교육기본법"과 "평생교육"의 관계는 상위법과 하위법의 관계에 해당된다. 하위법이 상위법에 위배되는 경우는 상위법을 적용한다. 불일치한 사례로는 상위법이 개정되었으나, 관련 하위법이 개정되지 않은 경우에 흔히 발생한다.

(2) 신법 우선의 원칙

신법과 구법이 상충되는 경우는 신법이 우선 적용된다. 따라서 신법의 부칙에 구법과의 관계를 명시하는 규정을 두어 상충되지 않도록 하는 방법이 있다.

(3) 특별법 우선의 원칙

일반법과 특별법은 "국가공무원법"과 "교육공무원법", "초·중등교육법"과 "특수교육진흥법", "지방자치법"과 "지방교육자치에 관한 법률" 등에서 적용 범위가 큰 전자의 법을 일반법이라 하고, 적용 범위가 작은 후자의 법을 특별법이라고 한다. 이러한 법 간에 다른 규정이 있는 경우에는 특별법을 우선 적용되며, 그 외의 경우는 일반법이 적용된다.

2) 교육법규와 평생교육

교육에 관한 법규는 최고의 법이 헌법이다. 그 다음은 교육기본법을 상위법으로 하고 그 아래 유아교육법, 초·중등교육법, 고등교육법, 평생교육법이 병렬 관계를 이루는 구조로, 다음 그림 3-2와 같다. 이러한 구조는 학교교육과 학교 이외에서 이루어지는 교육을 대등한 위치에 둔다는 것을 의미한다.

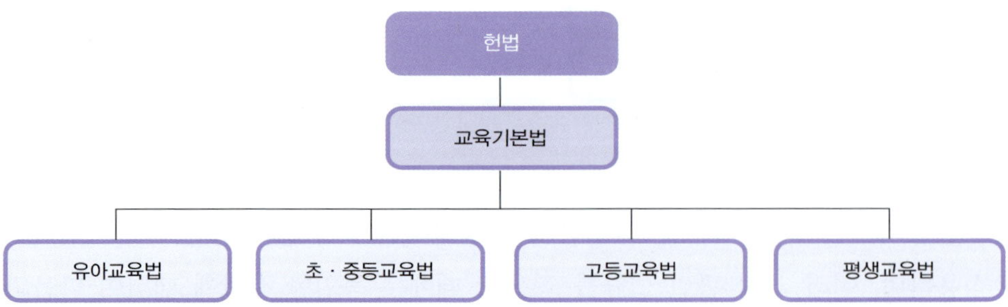

그림 3-2 교육에 관한 법규의 구조

우리나라 헌법은 국가 통치체제의 기초를 정한 국가의 기본법이자 최고의 법규로서, 10장 130조와 부칙으로 구성되어 있다. 헌법에서 교육에 관한 기본적인 사항을 규정한 것은 국민의 권리와 의무를 규정한 제2장 제31조이다. 평생교육에 관한 내용은 제2장 제31조 제5항에서 평생교육 진흥의 의무와 제6항에서 평생교육 행정의 법률주의 원리를 규정하고 있으며, 그 내용은 다음과 같다.

제2장 국민의 권리와 의무

제31조

① 모든 국민은 능력에 따라 균등하게 교육받을 권리를 가진다.

② 모든 국민은 그 보호하는 자녀에게 적어도 초등교육과 법률이 정하는 교육을 받게 할 의무를 진다.

③ 의무교육은 무상으로 한다.

④ 교육의 자주성·전문성·정치적 중립성 및 대학의 자율성은 법률이 정하는 바에 의하여 보장된다.

⑤ 국가는 평생교육을 진흥하여야 한다.

⑥ 학교교육 및 평생교육을 포함한 교육제도와 그 운영, 교육재정 및 교원의 지위에 관한 기본적인 사항은 법률로 정한다.

교육기본법은 교육에 관한 국민의 권리와 의무, 국가 및 지방자치단체의 책임을 정하고 교육제도와 운영에 관한 기본적 사항을 규정하여 1997년에 제정·공포되었다. 교육기본법은 학교교육 및 평생교육이 추구해야 할 기본적 방향, 필요한 제도의 핵심사항을 명시하고 있으며, 모든 교육관계법의 기본으로 제정되었다.

교육기본법의 체제는 총칙, 교육당사자, 교육의 진흥에 대하여 3장 29조와 부칙으로 구성되어 있다. 교육기본법에서 평생교육에 관한 내용은 제3조 학습권, 제9조 제2항 학교의 평생교육 의무, 제10조 제1항, 제2항, 제3항 사회교육 실시, 제11조 제1항, 제2항에서 사회교육시설의 설립·경영 등을 규정하고 있으며, 그 내용은 다음과 같다(국가법령정보센터 홈페이지).

제1장 총칙

제3조(학습권) 모든 국민은 평생에 걸쳐 학습하고, 능력과 적성에 따라 교육받

을 권리를 가진다.

제9조(학교교육)

② 학교는 공공성을 가지며, 학생의 교육 외에 학술 및 문화적 전통의 유지·발전과 주민의 평생교육을 위하여 노력하여야 한다.

제10조(사회교육)

① 국민의 평생교육을 위한 모든 형태의 사회교육은 장려되어야 한다.

② 사회교육의 이수(履修)는 법령으로 정하는 바에 따라 그에 상응하는 학교교육의 이수로 인정될 수 있다.

③ 사회교육시설의 종류와 설립·경영 등 사회교육에 관한 기본적인 사항은 따로 법률로 정한다.

제11조(학교 등의 설립)

① 국가 및 지방자치단체는 학교 및 사회교육 시설을 설립·경영한다.

② 법인이나 사인(私人)은 법률로 정하는 바에 따라 학교와 사회교육시설을 설립·경영할 수 있다.

제2장 교육당사자

제17조(국가 및 지방자치단체) 국가와 지방자치단체는 학교와 사회교육시설을 지도·감독한다.

제3장 교육의 진흥

제29조(국제교육)

② 국가는 외국에 거주하는 동포에게 필요한 학교교육 또는 사회교육을 실시하기 위하여 필요한 시책을 마련하여야 한다.

2. 평생교육법령

1) 평생교육법

최초의 평생교육법은 1982년 사회교육법으로 '국가의 평생교육 진흥 의무'를 선언하고 제정·공포하였으나, 추진체제와 관련된 규정이 없었다. 그 이후 1999년에 사회교육법이 평생교육법으로 개정되고 2000년에 공포·시행되었다. 평생교육법은 평생교육 진흥 의무를 유지하면서, 전담 조직 체제를 구축하고 평생교육시설을 세분화하여 제시하였으며, 평생교육사 자격을 도입하고, 학습 휴가 및 학습자 지원 규정도 신설하였다(평생교육백서, 2019).

평생교육법은 현행 총 8장 46조와 부칙으로 구성되어 있으며, 제1장 총칙, 제2장 평생교육진흥기본계획 등, 제3장 국가평생교육진흥원 등, 제4장 평생교육사, 제5장 평생교육기관, 제6장 문해교육, 제7장 평생학습 결과의 관리·인정, 제8장 보칙 등을 규정하고 있다. 제1장 총칙의 주요 내용은 다음과 같다(국가법령정보센터 홈페이지).

제1장 총칙

제1조(목적) 이 법은 헌법과 교육기본법에 규정된 평생교육의 진흥에 대한 국가 및 지방자치단체의 책임과 평생교육제도와 그 운영에 관한 기본적인 사항을 정하고, 모든 국민이 평생에 걸쳐 학습하고 교육받을 수 있는 권리를 보장함으로써 모든 국민의 삶의 질 향상 및 행복 추구에 이바지함을 목적으로 한다. <개정 2021. 6. 8.> [시행일 : 2021. 12. 9.] 제1조.

제2조(정의) 이 법에서 사용하는 용어의 정의는 다음과 같다. <개정 2014. 1. 28., 2021. 6. 8.>

1. 평생교육이란 학교의 정규교육과정을 제외한 학력보완교육, 성인 문자해득교육, 직업능력 향상교육, 인문교양교육, 문화예술교육, 시민참여교육 등을 포함하는 모든 형태의 조직적인 교육활동을 말한다.
2. 평생교육기관이란 다음 각 목의 어느 하나에 해당하는 시설·법인 또는 단체를 말한다.

   가. 이 법에 따라 인가·등록·신고된 시설·법인 또는 단체

나. 「학원의 설립·운영 및 과외교습에 관한 법률」에 따른 학원 중 학교교과교습학원을 제외한 평생직업교육을 실시하는 학원

다. 그 밖에 다른 법령에 따라 평생교육을 주된 목적으로 하는 시설·법인 또는 단체

3. 문자해득교육(이하 "문해교육"이라 한다)이란 일상생활을 영위하는데 필요한 문자해득(文字解得)능력을 포함한 사회적·문화적으로 요청되는 기초생활능력 등을 갖출 수 있도록 하는 조직화된 교육 프로그램을 말한다.
4. 평생교육사업이란 국가 및 지방자치단체가 국민과 주민의 평생교육을 위하여 예산 또는 기금으로 조직적인 교육활동을 직·간접적으로 지원하는 사업을 말한다.
5. 평생교육이용권이란 평생교육 프로그램을 이용할 수 있도록 금액이 기재(전자적 또는 자기적 방법에 따른 기록을 포함한다)된 증표를 말한다. [시행일 : 2021. 12. 9.] 제2조

제4조(평생교육의 이념)

① 모든 국민은 평생교육의 기회를 균등하게 보장받는다.

② 평생교육은 학습자의 자유로운 참여와 자발적인 학습을 기초로 이루어져야 한다.

③ 평생교육은 정치적·개인적 편견의 선전을 위한 방편으로 이용되어서는 아니 된다.

④ 일정한 평생교육과정을 이수한 자에게는 그에 상응하는 자격 및 학력인정 등 사회적 대우를 부여하여야 한다.

제5조(국가 및 지방자치단체의 임무)

① 국가 및 지방자치단체는 모든 국민에게 평생교육 기회가 부여될 수 있도록 평생교육진흥정책과 평생교육사업을 수립·추진하여야 한다. <개정 2021. 6. 8.>

② 국가와 지방자치단체는 장애인이 평생교육의 기회를 부여받을 수 있도록 장애인 평생교육에 대한 정책을 수립·시행하여야 한다.

③ 국가와 지방자치단체는 장애인 평생교육을 체계적이고 지속적으로 실시하기 위하여 유기적인 협조체제를 구축하여야 한다.

④ 국가 및 지방자치단체는 그 소관에 속하는 단체·시설·사업장 등의 설치자에 대하여 평생교육의 실시를 적극 권장하여야 한다.

⑤ 국가 및 지방자치단체는 모든 국민이 여건과 수요에 적합한 평생교육을 선택하고 참여할 수 있도록 관련 정보를 제공하고 상담 등 지원 활동을 하여야 한다. <신설 2021. 6. 8.> [시행일 : 2021. 12. 9.] 제5조

제6조(교육과정 등) 평생교육의 교육과정·방법·시간 등에 관하여 이 법과 다른 법령에 특별한 규정이 있는 경우를 제외하고는 평생교육을 실시하는 자가 정하되, 학습자의 필요와 실용성을 존중하여야 한다.

평생교육법은 2007년 12월에 전면 개정·공포되고 2008년 2월에 시행되었다. 평생교육법의 주된 개정 내용은 평생교육의 활성화를 위하여 평생교육의 기회를 보장하기 위한 전달 체계를 정비하였다. 국가 수준의 평생교육 총괄 기구로 국가평생교육진흥원, 광역자치단체 수준의 시도평생교육진흥원을 설치 혹은 지정하는 근거를 마련하였다. 또한 성인문해교육에 관한 학력인정제도와 평생학습계좌제의 법적 근거도 포함되었다.

평생교육법은 지속적으로 개정되어 2009년 평생학습계좌제 기반 마련, 2013년 평생교육사 자격제도 운영 일원화, 2014년 문해교육 개념 확장·지원 및 읍면동평생학습센터 운영 지원 근거 마련, 2015년 지자체의 학교형태 평생교육시설 보조금 지원근거 마련, 2016년 문해교육 지원체계 및 문해교육센터 설치 근거/장애인 평생교육 지원 및 국가장애인평생교육진흥센터 설립 근거를 마련하였다(평생교육백서, 2019).

최근 2019년 4월에는 국가와 지방자치단체의 장애인 평생교육 실시의 협조체제를 구축하고 장애인평생교육진흥센터 업무 및 장애인 평생교육 종사자에 대한 인권교육 실시, 시·도평생교육진흥원의 업무 등을 일부 개정하였다. 또한 2019년 12월에는 평생교육사 국가자격을 대여·알선 등을 통해 악용하는 것을 방지하고 평생교육사 자격증을 다른 사람에게 빌려주거나 빌린 사람 또는 이를 알선한 사람은 1년 이하의 징역 또는 1천만 원 이하의 벌금에 처하도록 하는 한편, 학점은행기관의 평생교육 실시 근거를 마련하도록 일부 개정하였다.

2021년 6월에는 모든 국민이 평생교육 참여 기회를 골고루 보장받을 수 있도록 평생교육 바우처의 발급대상을 현행 저소득층에서 전 국민으로 확대하고,

평생교육 바우처의 발급 및 사용 등에 관한 제도적 기반을 마련하는 한편, 평생교육 통계조사를 위한 자료 연계, 국가평생교육통계센터 지정 등 평생교육 통계조사를 위한 법률적 기반을 마련하였다. 아울러 평생교육에 대한 요구와 필요성이 꾸준히 증가해왔음에도 전체 일반 성인의 평생교육 참여율과 비교해 장애인의 평생교육 참여율이 매우 저조한 실정임을 고려하여 장애인 평생학습 도시 지정을 통해 장애인에 대한 평생교육을 활성화하도록 일부 개정하였다.

표 3-1 **최근 평생교육법 개정 사항**

개정일	개정 이유	주요 내용	비고
2019.4.23.	장애인평생교육을 위한 국가와 지방자치단체의 유기적인 협조체계 구축 및 장애인평생교육 종사자 교육 등의 현행 제도의 미비점을 개선·보완	• 제5조 제3항을 제4항으로 하고, 제3항 국가와 지방자치단체는 신설 • 제19조의2 제2항 제4호 개정 • 제19조의3 신설 • 제20조 제2항 제3호의2 신설	일부 개정
2019.12.3.	평생교육사 자격증 악용 방지 및 학점은행기관의 평생교육 실시 근거 마련	• 제24조 제1항 각 호 외의 부분 중 “부여한다”를 “부여하며, 자격을 부여받은 사람에게는 자격증을 발급하여야 한다”로 개정 • 제24조 제5항을 제6항으로 하고, 제5항 신설 • 제24조의2 제2호 개정 및 제4호 신설 • 제29조의2 신설 • 제45조의3 신설	일부개정
2021.6.8.	모든 국민이 평생에 걸쳐 학습하고 교육받을 수 있도록 국가 및 지방자치단체의 상담 지원, 장애인평생학습도시와 관련된 사항을 규정, 평생교육사업에 대한 조사·분석, 평생교육종합정보시스템을 구축·운영 근거를 마련	• 제1조 목적 내용추가 수정 • 제2조 제4항 평생교육사업, 제5항 평생교육이용권 신설 • 제5조 국가 및 지방자치단체의 임무 제1항 수정 및 제5항 신설 • 제9조의2 평생교육사업에 대한 조사·분석 신설 • 제15조의2 장애인 평생학습	일부 개정

개정일	개정 이유	주요 내용	비고
		도시 신설 • 제16조 제1항 제4호를 제5호로 하고, 같은 항에 제4호 신설, 제16조의2 및 제16조의3 평생교육이용권의 발급 및 사용 신설 • 제18조 평생교육 통계조사 제3항부터 5항 신설, 제18조의2 평생교육 종합정보시스템의 구축운영 신설 • 제19조 제4항 제7호 삭제 • 제20조 제2항 제5호를 제6호로 하고, 같은 항에 제5호 신설 • 제23조에 제6항, 제7항 신설 • 제28조 제3항 수정 • 제42조의2에 제3항, 제4항 신설 • 제44조 제2항에 제3호, 제4호 신설 • 제45조의3 수정 및 제1호 부터 3호 신설 • 제46조 제1항 제1호, 제1호의2 및 제2호부터 제4호까지를 각각 제2호부터 제6호까지로 하고, 같은 항에 제1호 신설	

2) 평생교육법 시행령

평생교육법 시행령은 평생교육법에서 위임한 구체적인 사항과 그 시행에 관한 필요한 사항을 대통령령으로 규정한다. 평생교육법 시행령은 총 6장 78조와 부칙으로 구성되어 있다. 주요 내용은 평생교육진흥위원회의 구성 및 운영, 평생교육전담기구의 출연금 요구 및 지급, 장애인 평생교육 종사자에 대한 인권교육, 평생학습 지원제도의 운영방법, 학력인정 평생교육시설의 지정 또는 인가 절차, 평생교육시설의 설치 및 등록(변경) 절차, 변경신고, 평생교육사 자격요건 및 등급 등 그리고 문해교육 프로그램에 대한 지정 및 지원 관련 절차 등을 규정하고 있다(평생교육백서, 2019).

또한 평생교육법 시행령은 2019년에 총 세 번에 걸쳐 개정되었다. 먼저, 두 번은 고등교육법과 어려운 법률 용어를 쉽고 자연스러운 우리 말로 대체하기 위한 다른 법령의 개정에 따른 것이었으며, 다음은 장애인 평생교육 종사자에 대한 인권교육 조항을 평생교육법에 신설하는 개정에 따른 것이었다.

표 3-2 2019년 평생교육법 시행령 개정 사항

개정일	개정 이유	주요 내용	비고
2019.6.11.	고등교육법 개정에 따른 사내교원 관련 규정 개정	• 본문 내 '교원'을 '교원(강사는 제외한다)'로 변경(제41조 제2항 제1호 개정)	일부 개정
2019.7.2.	어려운 법률용어 정비를 위한 210개 법령의 일부 개정에 관한 대통령령에 따름	• 본문 내 '병용할'을 '함께 쓸'로 용어 변경(제27조 제6항 제1호 및 제2호 개정) • 본문 내 '화상강의'를 '영상강의'로 용어 변경 (제48조 및 제58조 제1항 개정)	일부 개정
2019.10.22.	평생교육법 개정에 따른 장애인 평생교육 종사자 교육에 대한 법적 절차 필요	• 장애인 평생교육 종사자에 대한 인권교육 조항 신설 (제11조의3 신설)	일부 개정

3) 평생교육법 시행규칙

평생교육법 시행규칙은 평생교육법과 평생교육법 시행령에서 위임된 사항과 그 시행에 필요한 보다 구체적인 절차에 관한 사항을 교육부령으로 규정한다. 평생교육법 시행규칙은 총 25조와 부칙으로 구성되어 있으며, 평생교육 실무행정과 관련한 구체적인 구성 및 절차 등에 관하여 규정하고 있다.

주요 내용은 평생교육실무조정위원회, 전문인력정보은행제의 운영, 학습계좌의 운영, 평생교육 관련 과목, 평생교육사 자격증의 수여 등, 평생교육사 양성기관 지정의 신청, 학교 부설 평생교육시설의 설치보고, 학교 형태의 평생교육시설의 시설·설비기준, 학력인정시설 지정의 신청 등, 전문대학 학력인정 평생교육시설 설치계획서, 사내대학 설치인가의 신청, 원격평생교육시설의 신고 등, 원격대학형태의 평생교육시설의 설치인가 신청서류, 문자해득교육 프로그램의 지정·교원의 배치·이수자의 학력인정절차 등을 포함하고 있다. 현행 평생교육법, 시행령, 시행규칙의 구성 및 주요 내용은 다음과 같다.

표 3-3 평생교육법, 시행령, 시행규칙의 구성 및 주요 내용

구분	평생교육법	평생교육법 시행령	평생교육법 시행규칙
구성	총칙 평생교육진흥기본계획 등 국가평생교육진흥원 등 평생교육사 평생교육기관 문해교육 평생학습 결과의 관리·인정	총칙 평생교육진흥기본계획 등 국가평생교육진흥원 등 평생교육사 평생교육기관 문해교육	평생교육실무조정위원회 학습계좌의 운영 평생교육사 자격증 수여 등 평생교육시설 등록(변경) 등 문해교육 이수자 학력인정
주요 내용	평생교육전담· 지원기구 운영 •국가평생교육진흥원 •시도평생교육진흥원 •시군구평생학습관 •읍면동평생학습센터	•출연금 요구, 지급, 관리 •결산서 제출 등 •전담기구 및 평생학습 지원제도의 운영방법 등	•평생교육실무조정위원회
	학력·학위취득 기회 확대 •초중고 학력인정시설 •전문대학 학력인정시설 •사내대학 및 원격대학형태	•시설의 지정 또는 인가 기준 및 절차 •폐쇄인가 또는 신고절차	•문해교육 이수자 학력인정 절차
	다양한 평생교육기관 운영 •학교(학교부설)의 평생교육 •원격형태 평생교육시설 •사업장부설 평생교육시설 •시민단체부설 평생교육 시설 •언론기관부설 평생교육 시설 •지식·인력개발 평생교육 시설	•시설의 설치 신고·등록 •시설의 변경신고	•평생교육시설의 등록·변경 신고절차
	다양한 평생학습지원제도 •유급 또는 무급학습휴가제	•평생교육사 자격요건, 등급, 배치기준 등	•전문인력정보은행제 운영 •학습계좌제 운영

구분	평생교육법	평생교육법 시행령	평생교육법 시행규칙
	•전문인력정보은행제 •평생학습계좌제 •평생교육사 •문해교육 프로그램 지원	•학습계좌제 운영, 평가, 인정 •문해교육 프로그램 설치 운영, 지정 및 지원 기준	•평생교육사 자격증 교부 •문해교육 이수자의 학력인정 또는 학습과정인정 절차

제2절 시·도 평생교육의 조례와 평생교육 관련 법령

1. 시·도 평생교육의 조례

조례는 국가수준의 법령 및 시행규칙에서 규정한 내용을 반영하여 시·도 의회 또는 시·군·구 의회에서 구체적인 사항을 제정했을 때 그렇게 제정된 사항을 말한다. 평생교육은 지역별로 각기 다른 특성을 가질 수 있고, 각 지방자치단체가 해당 지역에서의 평생교육을 자체적으로 관리하는 것이 바람직하기 때문에 각 지방자치단체는 평생교육에 관한 조례를 스스로 제정하여 시행할 수 있다.

평생교육에 관한 지방조례는 지역 실정에 맞는 우수한 평생교육진흥 관련 모형 및 프로그램을 발굴·확산하고 평생학습 유관기관 간의 유기적인 네트워크를 강화하여 주민의 평생교육 참여율을 증대하고 평생교육진흥사업을 효율적으로 추진하기 위한 근거 규정을 마련하기 위하여 제정이 필요하다.

시·도는 시·도 평생교육진흥조례를 행정절차법 제41조와 시·도 자치법규 입법 예고에 관한 조례에 따라 내용과 취지를 주민에게 알려 그 의견을 듣고, 시·도 지방의회 의결 과정을 통해서 제정한다.

평생교육에 관한 지방조례를 제정하기 위해서는 평생교육법령 및 시행규칙을 반영하여 시·도 실정에 맞는 평생교육진흥에 관한 내용을 제정해야 한다. 시·도는 학교평생교육의 활성화와 지원을 위해서 교육청과 협의하는 내용과 학교 평생교육을 포괄하는 내용을 조례에 반영하여 제정할 필요가 있다. 왜냐하면 현재의 평생교육법령에서는 학교평생교육을 지원하고 전담할 기구가 없기 때문에 시·도지사가 설치·운영하는 시·도 평생교육진흥원에서 교육청의 학교평생교육을 지원할 수 있도록 해야 한다.

평생교육법 제5조, 제11조, 제12조, 제20조는 평생교육에 관한 지방자치단체의 역할에 대하여 규정하고 있으며, 이러한 사항은 지방조례 제정 시 반영되어야 한다. 평생교육법 제5조는 평생교육진흥정책 수립·추진에 대한 국가 및 지방자치단체의 임무를 규정하고 있으며, 제11조 및 제12조는 각각 연도별 평생교육진흥시행계획의 수립·시행과 시·도평생교육협의회 설치를 규정하고 있다. 시·도평생교육협의회는 관계 공무원, 평생교육 관련 전문가, 평생교육 관계 기관의 운영자 등 20인 이내로 구성하고, 의장은 시·도지사, 부의장은 시·도 부교육감으로 규정되어 있다.

평생교육법 제20조는 시·도평생교육진흥사업의 효율적 추진을 위하여 시·도평생교육진흥원을 교육감과 협의하여(평생교육법 시행령 제12조) 설치 또는 지정·운영할 수 있도록 하고 있다. 이와 관련하여 지방자치단체의 평생교육 관련 조례인 세종특별자치시 평생교육 진흥 조례 주요 내용은 다음과 같다.

표 3-4 세종특별자치시 평생교육 진흥 조례

구분	내용
제1장 총칙	•목적, 책무 •평생교육진흥 사업의 운영 및 지원
제2장 평생교육협의회	•평생교육협의회 설치, 기능, 구성 및 임기, 위원의 해촉 •의장의 직무, 회의, 의견청취 등, 수당 등, 운영규정
제3장 인재육성 평생교육 진흥원 등	•인재육성평생교육진흥원 설치·운영 •평생학습관의 설치, 평생학습센터의 설치 •평생교육사 배치 등, 자원봉사자
제4장 문해교육	•문해교육의 지원 •문해교육센터
제5장 보칙	•지도·감독, 수강료 등, 포상

표 3-5 다른 법률의 평생교육 관련 위원회 또는 시설

법률	목적 및 내용	평생교육 관련 위원회 및 시설
청소년기본법 (여성가족부)	•청소년의 육성 및 보호지원 •청소년의 학습권·참여 강화	•청소년정책위원회(제10조) •청소년시설(제17조) 1) 청소년 보호·재활센터(청소년 보호법 제35조) 2) 청소년복지시설(청소년복지 지원법 제31조) 3) 청소년활동시설(청소년활동 진흥법 제10조) •청소년단체(제28조)
저출산·고령사회 기본법 (보건복지부)	•저출산·고령사회 정책지원	•저출산·고령화위원회(제23조)
고용정책기본법 (고용노동부)	•고용안정에 대한 지원 •국민의 포괄적 진로개발 지원에 대한 구체적·포괄적 규정	•고용정책심의회(제10조) •직업안정기관(제11조) •한국고용정보원(제18조) •한국잡월드(제18조의2) •직업능력개발훈련 시설 및 공공직업훈련시설(제19조)
학원의 설립·운영에 관한 법률(교육부)	•전체 국민대상 영리추구형 직업기술교육 기회 제공	•평생직업교육학원(제2조의2)
근로자 직업능력개발법 (고용노동부)	•직업훈련을 통한 근로자 직업능력 개발 제고	•직업능력개발훈련시설(제2조) 1) 공공직업훈련시설(제27조) 2) 지정직업훈련시설(제28조) •지역인적자원개발위원회(제22조의2) •직업능력개발단체(제23조) •직업능력개발훈련법인(제32조) •기능대학(제39조) •기술교육대학(제52조의2)
인적자원개발기본법 (교육부)	•인적자원개발 정보제공을 통한 국민의 자기계발 지원·활용 •국민의 인적자본형성·개발 지원에 대한 국가·지자체 책무	•국가인적자원위원회(제7조) •인적자원개발평가센터(제12조)

출처: 권두승(2017). pp.11-12.

2. 평생교육 관련 기타 법령

평생교육법은 “평생교육에 관하여 다른 법률에 특별한 규정이 있는 경우를 제외하고는 이 법을 적용한다”(제3조)라고 규정하여 평생교육과 관련된 기본법이 아니라 일반법으로서 그 지위를 밝히고 있다. 따라서 다른 법률에서 평생교육과 관련한 내용을 어떻게 규정하고 있는가를 통해 평생교육법의 의의를 살펴볼 수 있다.

평생교육과 직간접적으로 관련된 위원회 또는 시설의 설치 및 운영을 규정하는 법에는 청소년기본법, 고용정책기본법, 저출산·고령사회기본법, 학원의 설립·운영에 관한 법률, 근로자직업능력개발법, 현재는 사문화된 인적자원개발기본법 등이 있다(평생교육백서, 2019). 이 가운데, 교육부는 학원의 설립·운영에 관한 법률로 평생직업교육학원을, 고용노동부에서는 근로자직업능력개발법으로 직업전문학교를 관할하고 있다. 평생직업교육학원과 직업전문학교는 성격이 비슷하지만, 학원의 설립·운영에 관한 법률이 규제 중심인 반면, 근로자직업능력개발법은 지원 중심이라는 차이가 있다(권두승, 2017; 국가평생교육진흥원, 2020).

연구문제

1. 교육법령의 기본구조와 평생교육법의 내용을 살펴봅시다.

2. 학습권, 교육권과 관련된 우리나라의 법률 조항을 설명해 봅시다.

3. 학습 받을 권리에 대하여 교육기본법과 평생교육법에서는 어떠한 차이점이 있는지를 구체적으로 비교하며 분석해 봅시다.

4. 우리나라의 평생교육법, 평생교육 시행령, 평생교육법 시행규칙의 구성과 주요 내용을 비교 분석해 봅시다.

5. 지방자치단체 수준의 평생교육 법적 장치의 내용을 설명해 봅시다.

CHAPTER 04

평생교육 지원체제의 이해

학습목표

평생교육을 지원하는 중앙정부와 지방정부의 평생교육정책을 이해하고, 중앙-광역-기초 수준의 평생교육 추진체제를 비교 분석하는 과정을 통해 공공과 민간이 연계·협력하는 체제 구축을 고찰한다.

제1절 평생교육정책의 이해

1. 중앙정부의 평생교육 진흥정책

중앙정부의 평생교육 진흥정책은 학습국가 건설을 비전으로 삼고 이를 위한 일관된 정책을 수립하는 것을 목표로 한다. 학습국가란 국민의 삶의 질 향상을 국가경영의 최우선으로 하는 국가를 의미한다. 일반적으로 국가는 학습국가 건설을 통해 개인적 차원에서는 자아실현 및 고용가능성 증진을, 사회적 차원에서는 지역학습 역량 강화와 사회통합을, 국가적 차원에서는 고용·학습·복지의 사회학습망을 통한 국가 경쟁력 강화를 이룩하고자 하는 것이다(이병호, 2009).

평생교육정책은 사회교육법(1982) 제정, 평생교육법 개정(1999) 등으로 평생교육 영역에 대한 법적 지위와 제도가 강화되었고, 학력보완을 지원하는 독학학위제(1990), 학점은행제(1998), 원격대학 설립(2000) 등이 운영되었다. 2000년대부터는 다양한 계층과 목적을 위한 평생교육 확장을 위해 국가평생교육진흥원과 시·도 평생교육진흥원 등의 추진 체계를 구축하고 평생교육을 지역으로 확산하였다(박선희·조계표, 2020).

평생교육법을 실현하기 위한 평생교육정책은 평생교육진흥 기본계획의 수립, 심의, 시행의 과정을 거치며 2002년부터 2018년까지 5개년을 주기로 4차에 걸쳐 발표되었다. 평생교육진흥 기본계획은 정부 주도의 정책 수립을 중심으로 실천 중심의 지방자치단체 및 시민사회 담론이 반영되면서 평생학습 사회에 대한 전망을 제시하였다는(박경희·신지은, 2019) 점에서 주목받기 시작하였다. 제1차부터 제4차까지 평생교육진흥 기본계획을 살펴보면 다음과 같다.

제1차 평생교육진흥 기본계획은 1990년대 평생교육법 등 법적 근거를 갖춤과 동시에 추진된 국가적 차원의 평생교육에 대한 계획으로서 최초라는 것에 그 의의가 크다고 할 수 있다(박선희·조계표, 2020). 평생교육 프로그램 운영은 학력인정교육 활성화, 평생교육 취약계층 지원, 평생학습 기반 강화 등의 정책목표를 중심으로 구성되었다. 또한 평생학습 활성화를 위한 문화 확산사업으로 전국평생학습축제, 평생학습도시 조성사업, 방송통신고등학교 활성화, 민주시민교육 활성화 등이 추진되는 근거가 되었다.

제2차 평생교육진흥 기본계획은 국가단위 평생교육 추진체제를 확립하고, 정책사업들의 다양한 새로운 영역들을 확장한 시기라고 볼 수 있다(박선희·조계표, 2020). 국가 평생교육 추진체계가 중앙정부와 시·도 및 시·군·구 등 체계적으로 정비되었으며, 국가 단위 평생교육 추진 전담기구인 평생교육진흥원이 설립되어, 그간 미흡했던 조정기능 및 정책 총괄을 강화하고자 하였다. 또한 국민 개인의 생애단계별 변화에 부응한 추진전략 설계와 사회통합적 관점에서의 추진과제 구상이 주요하게 드러났다.

제3차 평생교육진흥 기본계획은 국민 행복이 사회·경제의 중요한 패러다임으로 등장함에 따라 주민들의 학습지원을 강화하기 위하여 시·군·구 단위에서 읍·면·동 단위의 추진체제로 확산하였으며, 평생학습 중심 대학을 비롯한 대학 중심 평생교육체제에서는 지역사회에 기여하는 대학의 역할 강화가 제시되었고, 온·오프라인 평생학습 종합체제를 구축함으로써 평생학습에 대한 접근성을 높이고자 하였다(홍영란, 2017).

제4차 평생교육진흥 기본계획은 프로그램 간 연계 협력, 평생교육진흥위원회의 활성화 방안 및 국가 평생교육 추진체계 구축, 4차 산업혁명을 대비한 평생교육 발전 방안 등이 담겨 있다(박선희·조계표, 2020). 지속가능발전, 교육의 질관리는 국제사회에서 최근 핵심적으로 논의되는 의제이며, 기본계획에서도 이에 부응하는 추진전략 및 과제들을 제시하였다(박경희·신지은, 2019).

2018년에 발표된 제4차 평생교육 진흥정책은 개인과 사회가 함께 성장하는 지속가능한 평생학습사회 실현에 초점이 맞춰져 있다. 이를 위하여 사람 중심으로 패러다임 전환, 지속적이고 자발적인 참여 확대, 개인과 사회의 동반 번영 지원, 기관 및 제도 간 연계·협력 강화 등의 전략을 수립하였다(이병희 외, 2019). 주요 시행계획은 "국민 누구나 누리는 평생학습, 일자리와 함께 언제나 누리는 평생학습, 지역 어디서나 누리는 평생학습, 기반이 튼튼한 평생학습"의 4대 과제와 관련된 내용을 담았다.

주관부처로는 교육부 외에 고용부 인적자원개발과, 여성가족부 다문화가족과, 경력단절여성지원과도 포함되었다. 다만 평생교육법 시행령 제5조(진흥위원회의 구성·운영)의 당연직 위원 중 고용노동부와 여성가족부만 시행계획의 주무부처로 언급되었다는 면에서, 관계부처합동이란 이름이 어울리게 확장적으로 시행하는 것도 검토할 만하다(평생교육백서, 2019).

평생교육은 수직적으로는 요람에서 무덤까지, 수평적으로는 가정, 학교, 지역사회에서 이루어지는 모든 교육기회와 형식을 포괄한다. 평생교육은 어느 특

구분	내용	
비전	개인과 사회가 함께 성장하는 지속가능한 평생학습사회 실현	
추진 전략 (4P)	· (People) 학습자(사람) 중심으로서의 패러다임 전환 · (Participation) 지속적이고 자발적인 참여 확대 · (Prosperity) 개인과 사회의 동반 번영 지원 · (Partnership) 기관 및 제도 간 연계 · 협력 강화	
주요 과제	**[국민] 누구나 누리는 평생학습**	**[일자리]와 함께 언제나 누리는 평생학습**
	· 전국민 평생학습권 보장 · 소외계층 평생학습 사다리 마련	· 온라인 평생교육 생태계 구축 · 산업맞춤형 평생교육 확대 · 대학의 평생교육기능 강화
	[지역] 어디서나 누리는 평생학습	**[기반]이 튼튼한 평생학습**
	· 지역단위 풀뿌리 평생학습 역량 강화 · 평생학습 기반 지역사회 미래가치 창출 지원	· 평생교육 관련 법령 및 제도 개선 · 평생교육 투자 확대 및 체계적 관리

그림 4-1 제4차 평생교육진흥 기본계획

출처: 교육부(2018). 제4차 평생교육진흥 기본계획(2018.02.23.).

정과의 영역이라기보다는 교육의 조직 원리에 가까운 것으로서, 교육부를 넘어서 대부분의 정부부처가 관계되는 국가사업이다(평생교육백서, 2019). 그래서 평생교육을 정책의 '우산개념, 상위개념(umbrella & master concept)'이라고 부른다.

국가 평생교육 진흥을 위한 기본계획을 기간별로 구분한 비전, 목표, 추진전략, 주요 과제는 다음과 같다.

표 4-1 국가 평생교육진흥 기본계획

구분	제1차	제2차	제3차	제4차
기간	2002-2006년	2008-2012년	2013-2017년	2018-2022년
비전	배우는 즐거움, 나누는 기쁨, 인정받는 학습사회 실현	배우는 즐거움, 일구어 가는 내일, 함께 살아가는 평생학습 사회 구현	100세 시대 창조적 평생학습을 통한 국민행복 실현	개인과 사회가 함께 성장하는 지속가능한 평생학습사회 실현
목표	•자아실현 •경제적 경쟁력 •사회적 통합	•국가 경쟁력을 높일 수 있는 창조적 지식근로자 육성 •평생학습을 통한 관용과 포용사회 실현 •평생학습 기반구축	•창조학습을 주도하는 국민 •평생 일할 수 있는 사회 •함께 학습하는 지역공동체	
추진 전략	•정보화 •지역화 •파트너십 •학습자 중심	•생애단계별 맞춤형 평생학습 •평생학습 네트워크	•협업 및 네트워크 강화 •생애단계 및 계층별 맞춤형 지원 •국가의 재정지원 확충 •일–학습–능력 연계	•(People) 학습자 중심으로의 패러다임 전환 •(Participation) 지속적·자발적인 참여 확대 •(Prosperity) 개인과 사회의 동반 번영 지원 •(Partnership) 기관 및 제도 간 연계·협력 강화
주요 과제	•평생학습의 생활화와 지역화 •사회 통합증진 •성인교육 기회 확대 •일터의 학습 조직화 •평생학습 기반구축	•생애단계별 창조적 학습자 육성 •사회통합을 위한 평생학습 관련 기관의 참여와 연계 확대 •평생학습 인프라 구축 및 네트워크 활성화	•대학 중심의 평생교육체제 실현 •온·오프라인 평생학습 종합지원 체제 구축 •사회통합을 위한 맞춤형 평생학습 지원 •지역사회의 학습 역량 강화	•국민 누구나 누리는 평생학습 실현 •일자리와 함께 언제나 누리는 평생학습 실현 •지역 어디서나 누리는 평생학습 실현 •기반이 튼튼한 질 높은 평생학습 실현

출처: 1~4차 평생교육진흥 기본계획(안)을 참고로 재구성

2. 지방정부의 평생교육 진흥정책

지방정부의 평생교육 진흥정책은 교육부가 주도하는 중앙정부의 평생교육진흥정책과 연계된다. 하지만 실질적인 지원체계는 지방단위 체계로 지역 평생교육 활성화를 목표로 시행된다.

우리나라의 대표적인 지역 평생교육정책은 평생학습사회를 현실화하는 정책 중 하나로 평생학습도시 구축이 주목받고 있다. 평생학습도시 조성사업은 제1차 평생교육진흥종합계획에 제시된 '지역 평생학습 문화의 진흥'을 실천하기 위해서 추진되었으며, 이를 기반으로 평생학습이 지역사회 속에 생활과 문화로 뿌리내릴 수 있도록 평생학습축제, 평생학습동아리 사업 등이 활성화되었다(채재은·변종임, 2014).

교육부는 2001년 경기도 광명시, 대전시 유성구, 전북 진안군 3개 지역을 평생학습도시로 선성한 이후 시·군·구 기초자지단체의 관심이 높아졌으며, 2020년 기준으로 226개 기초자치단체 중에 175개 지역이 지정되었다(국가평생교육진흥원 홈페이지, 2020). 이를 통해 지자체의 학습 환경이 조성됨에 따라 지역주민의 평생학습 참여가 확산되고 지역 평생교육의 내실화로 자리를 잡고 있다.

아울러 평생교육에 대한 요구와 필요성이 꾸준히 증가해왔음에도 전체 일반성인의 평생교육 참여율과 비교해 장애인의 평생교육 참여율이 매우 저조한 실정임을 고려하여 장애인 평생학습도시 지정을 통해 장애인에 대한 평생교육을 보다 활성화하였다. 평생학습도시 형태의 장애인평생학습도시와 관련된 사항을 규정하고, 장애인 평생학습도시 활성화를 위하여 국가는 대통령령으로 정하는 바에 따라 관계 중앙행정기관의 장 및 유관기관 등이 참여하는 협의체를 구성·운영하도록 하였다.

장애인 평생학습도시는 2020년 경기 광명, 경기 오산, 부산(서구·부산진구·남구·사하구·연제구·사상구 연합팀), 전북 군산, 충북 청주 5곳에서 2021년 15곳으로 확대되었다. 장애인 평생학습도시 사업은 지역 내 공공·민간기관, 장애인복지시설, 교육기관 간 장애인 평생교육 지원 네트워크를 구축해 장애인도 지역사회에서 편리하게 평생학습에 참여하도록 하는 게 목적이다. 이 사업은 기초지방자치단체(또는 2개 연합팀) 단위 지역과 장애인 특성에 맞는 다양한 평생교육 프로그램 운영을 지원한다.

평생학습도시는 실천의 장으로서 크게 두 가지 의미로 해석된다(김남선, 2005). 첫째는 학습사회의 실현의 장으로서, 학습을 위한 가능성을 창조하는 문화적 풍토를 지니며 시민 모두에게 배움의 기회를 제공할 책임을 지고 있다. 둘째는 학습경제 실현의 장으로서, 지식이 기반이 되는 학습경제 사회에서 시민의 상호신뢰 및 인적자원개발에 기여할 지역 문화 환경을 조성해야 할 책임을 지고 있다. 이를 통하여 학습도시는 학습사회와 학습경제를 실현시키며 지역 공동체를 강화하는 것으로 볼 수 있다(정성지·최수정, 2018).

지역평생학습정책에 영향을 미치는 요인에는 정책환경, 정책결정, 정책집행, 정책 대상집단 요인 4가지로 구분할 수 있다(채재은·변종임, 2014). 구체적인 요인들을 살펴보면 다음과 같다.

① 정책환경 요인은 각 지역평생학습정책의 수립과 집행 과정에 영향을 미친 사회환경을 의미하며, 사회 양극화의 심화, 지방자치의 활성화 등과 같은 거시환경의 변화와 정책추진주체(교육부, 국가평생교육진흥원)의 정책방향, 이해집단(평생교육단체 등)의 영향력 행사 등이 포함된다.

② 정책결정 요인은 지역 평생학습정책의 결정 과정과 관련된 요인을 의미하며, 지역평생학습사업 간의 통합 정책 설계틀 존재 여부, 사업추진구조 등이 포함된다. 정책수립 단계부터 지역평생학습사업 간의 연계가 명확할수록 지자체 수준의 사업집행 단계에서의 혼란을 최소화할 수 있으며, 정책추진에 필요한 사업실행구조가 충분히 고려될수록 집행단계에서 정책목적이 달성될 가능성이 커질 수 있다.

③ 정책집행과정 요인은 각 지자체에서 지역평생학습정책이 집행되는 과정에 영향을 미치는 요인들을 의미하며, 평생학습에 대한 지자체 장의 관심과 지원, 평생학습 추진을 위한 조직과 예산 확보, 평생교육사의 역량과 헌신 등이 포함된다. 지자체 장이 평생학습에 대해서 많은 관심을 가지고 지원을 많이 할수록, 평생학습 추진을 위한 조직과 예산이 충분히 확보될수록 평생학습사업이 활성화될 수 있다.

④ 정책대상 집단요인으로 정책에 대한 대상 집단의 지지와 동조 그리고 정책대상 집단 간의 네트워킹을 들 수 있다. 지역평생학습정책의 대상집단인 평생교육시설, 문해교육기관 등이 정책을 지지할수록, 평생교육기관간의 네트워킹이 활발할수록 각 사업의 효과성도 제고되고 사업 간 효율적 연계를 통한 시너지 발휘도 가능해기 때문이다. 지역평생학습정책의 특성

상 정책대상 집단은 각종 사업비를 지원받는 '평생교육기관 및 시설'과 각 사업의 프로그램을 이용하는 '주민'이 있다.

정책집행에 대한 하향적 접근에서는 지역평생학습정책의 출범과 실행과정에 영향을 미치는 정책환경 요인(사회경제적 변화, 이해관계기관의 활동)과 정책결정 요인(지역평생학습사업 간의 연계 구조, 물적 및 인적자원, 사업추진 구조) 등이다. 그리고 정책집행에 대한 상향적 접근에서는 지자체내의 지역평생학습사업 실행구조, 사업집행자의 역할 및 정책 대상집단을 분석한다.

지역평생학습사업 간의 시너지를 발휘하기 위한 로컬 거버넌스 활성화 방안은 다음과 같다(전기창, 2015).

① 지역평생교육 진흥을 위한 지방정부의 정책 추진의지가 적극적으로 수반되어야 한다.
② 지방정부의 행정적·재정적 지원이 뒷받침되어야 한다.
③ 평생교육 관련 유관기관 간의 긴밀한 네트워크 구축이 필요하다.
④ 지역평생교육 진흥사업의 효과성을 배가시키기 위해 평생교육 유관기관들 간의 정보공유가 필수적이다.
⑤ 지역평생교육을 담당하고 있는 유관기관들의 역량 강화가 필요하다.

평생학습도시이자 교육도시로 자리매김하고 있는 오산시는 '시민과 학습이 머무는 백년학습도시 오산'을 만들기 위한 평생교육 비전체계(2019-2023년)를 수립하였다(경기도평생교육진흥원·오산시, 2018). 오산시 평생교육 비전은 5년간 달성해야 하는 목표(시민과 학습이 머무는)와 구체적인 방법(백년학습도시 오산)으로 구분하고, 이웃과 동행, 지역과 동행, 세계와 동행을 핵심가치로 설정하였다. '시민과 학습이 머무는' 평생교육 비전을 달성하기 위한 4대 추진전략은 평생학습 기회보장, 생애주기별 평생교육 제공, 학습연계망 조성, 평생학습 기반 구축으로 설정하고, '백년학습도시 오산'을 조성하기 위한 추진과제로 2개 핵심과제와 8개 중점과제를 도출하였다. 비전체계는 그림 4-2와 같다.

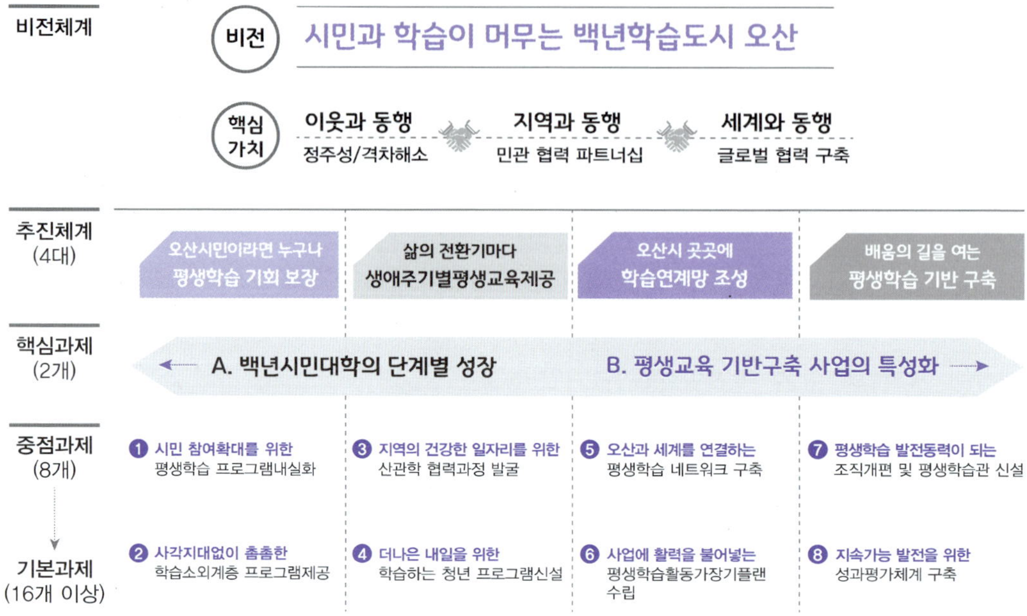

그림 4-2 오산시 평생교육 중장기 발전계획 비전체계

국가 및 지방자치단체는 모든 국민이 평생교육 참여 기회를 골고루 보장받을 수 있도록 평생교육 바우처의 발급대상을 현행 저소득층에서 전 국민으로 확대하고, 평생교육 바우처의 발급 및 사용 등에 관한 제도적 기반을 마련하였다.

평생교육 바우처 지원은 2018년 신규 추진을 위해 법적근거(「평생교육법 시행령」 제7조의2 신설)를 마련하고 기본계획을 수립하였다. 평생교육 바우처는 2020년 10,374명을 선정·지원하였으며, 학습자는 평생교육 바우처를 활용하여 학점은행제를 통한 학력취득, 자격취득 뿐만 아니라 문학·음악 등 자기계발, 교양까지 다양한 강좌를 수강하였다. 또한 평생교육 바우처 사용기관 등록을 전면 허용하여 전국 1,556개 기관에서 바우처로 평생교육강좌 수강이 가능(2020년 기준)하게 되었다(평생교육백서, 2020).

평생교육 바우처 사업의 방향은 평생학습 수요 증가에 부응하여 연간 지원액을 상향조정하는 바우처 지원 확대, 모바일 플랫폼을 통한 바우처 신청·지원 개통 및 홈페이지 내 강좌 검색·추천기능 도입으로 편의성 개선, 시간제 등록제를 운영하는 대학에서 바우처 사용을 허용하는 등 사용처를 확대하고, 평생학습계좌제와 One-ID 구현으로 바우처를 통해 수강한 학습이력을 계좌제로 관리하는 학습이력 관리가 지원되어야 할 것이다.

제2절 평생교육 추진체제

1. 평생교육 추진체제의 이해

평생학습은 일상생활에서 성인들의 자발적인 참여로 이루어지며, 생활의 장소인 지역사회에 기반을 둔 구체적인 활동이라고 할 수 있다. 따라서 성인이 스스로 가장 적합한 방법을 활용하여 필요한 학습활동에 용이하게 참여할 수 있기 위해서는 지역사회 전체가 하나의 종합적인 학습지원체제를 구축하여야 한다(양병찬, 1998). 평생교육정책과 관련하여 평생학습 지원체제를 구동시키는 가장 핵심적인 시스템은 평생교육 추진체제라고 할 수 있다. 이것은 평생교육을 지원하고 추진하기 위한 중앙정부와 지방자치단체의 구조를 말하는 것으로, 평생교육 추진기구의 설치와 평생교육 추진의 거점 조성, 평생교육 추진사업 등이 포함되는 개념이다.

우리나라의 평생교육 추진체제는 2000년 평생교육법의 시행에 따라 교육부의 지원에 의한 중앙수준의 평생교육센터가 설치되고, 시·도 교육청의 지원에 의해 16개 시·도에 지방수준의 지역평생교육정보센터가 지정·운영되었다. 그러나 우리나라의 평생교육은 일반행정과 교육행정의 이원화 체제로 운영되고 있어, 학교교육에 집중하는 정책을 추진하는 시·도 교육청이 평생교육에 대해 행·재정적 지원을 하는 데는 한계가 있는 것으로 지적되었다(강일규, 2001).

2007년 평생교육법을 전부 개정·공포하고 2008년에 시행하면서 중앙수준의 국가평생교육진흥원이 설치되고, 시·도 교육청이 수행했던 지역평생교육진흥 업무를 광역수준의 시·도, 기초수준의 시·군·구 일반행정 기관에서 책임지도록 하고, 협의를 통하여 교육청이 지방평생교육에 참여하게 되었다(권인탁·임영희, 2017).

현행 평생교육법에 따라 우리나라 평생교육은 일반 행정기관과 교육 행정기관의 연계에 의해 이루어지고 있으며, 평생교육 추진체제는 다음 그림 4-3과 같다.

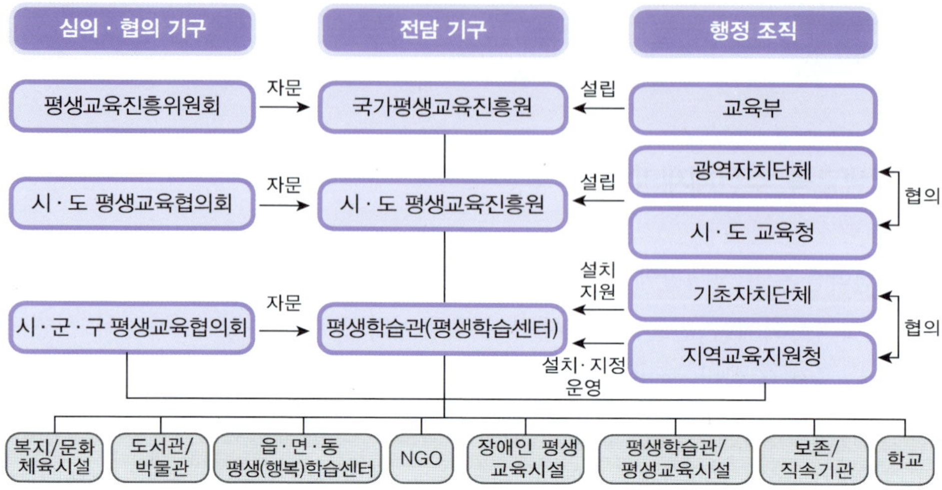

그림 4-3 **우리나라 평생교육 추진체제**

출처: 권인탁·임영희(2017). p.72.

우리나라 평생교육 추진체제는 행정조직, 심의 및 협의기구, 전담기구로 구성되어 있다. 행정조직은 평생교육정책을 지원하는 조직으로서 중앙수준의 교육부장관, 광역수준의 시·도 광역자치단체장과 시·도 교육청, 지역수준의 기초자치단체장(시·군·구)과 지역교육지원청으로 체계화되어 있다.

심의 및 협의기구는 평생교육진흥위원회, 시·도 평생교육협의회, 시·군·자치구 평생교육협의회로 체계화되어 있다. 중앙 차원의 평생교육진흥위원회는 평생교육진흥정책에 관한 주요사항을 심의하기 위하여 교육부장관을 위원장으로 한다. 광역 차원의 시·도 평생교육협의회는 17개 광역자치단체 모두 시도 협의회와 관련된 조례를 제정하여 평생교육시행계획의 수립·시행에 필요한 사항을 심의하기 위하여 시도지사를 의장으로 시도협의회를 운영하고 있다. 기초 차원의 시·군·자치구 평생교육협의회는 지역주민을 위한 평생교육 실시와 관련된 사업간 조정 및 유관기관 간 협력 증진을 위하여 시장, 군수 또는 자치구의 구청장을 의장으로 운영하고 있다.

전담기구는 평생교육을 시행하는 조직으로 중앙 차원의 국가평생교육진흥원, 광역 차원의 시·도 평생교육진흥원이 있으며, 지역단위의 시·군·구 평생학습관, 평생교육시설이 체계적으로 활성화되고 있다.

평생교육정책이 원활하게 작동할 수 있는 공공 평생교육의 중앙·광역·기초 수준의 추진 전담기구는 다음 표 4-2와 같이 구성되어 있다.

표 4-2 우리나라 공공 평생교육 추진 전담기구의 역할과 기능

구분	명칭	설치	성격	기능	근거
중앙	국가 평생교육 진흥원	국가	평생교육 전담 집행	• 평생교육진흥 업무 • 지원, 조사, 연수 • 프로그램 개발 등	• 평생교육법 제19조
시·도 (광역)	시·도 평생교육 진흥원	시·도지사	광역시·도 차원의 평생교육사업 시행	• 평생교육 기회 및 정보제공 • 상담, 프로그램 운영 등	• 평생교육법 제20조 • 지방자치단체 조례
시·군·구 (기초)	시·군·구 평생학습관	이원운영 • 교육감 지정운영 • 지자체장 설치·지원	주민 평생교육 활성화를 위한 사업추진	• 주민 평생교육 활성화 사업	• 평생교육법 제21조 • 지방자치단체 조례

출처: 이창기(2017). p.205.

2. 중앙수준의 평생교육 지원체제

중앙수준의 평생교육 행정체제는 교육기본법 제3조에서 명시한 학습권을 행정적으로 지원하기 위해 교육부의 평생교육국 산하에 4개의 과(평생학습정책과, 직업교육정책과, 진로교육정책과, 이러닝과)를 두고 있다. 평생교육과 관련되는 평생학습정책과 담당업무는 평생교육진흥기본계획, 성인문해교육, 평생교육바우처, 대학평생교육체제, 지역평생교육 활성화, 국가역량체계, 민간자격제도, 학원법 관련 업무, 학점은행제, 독학학위제, 성인문해교육 등이다. 평생교육법에서의 교육부의 역할을 요약하면 다음과 같다.

표 4-3 평생교육법에서의 교육부 관련 업무

분류	업무 내용	관련 법령
평생교육 진흥	평생교육진흥기본계획 수립 평생교육진흥사업 실시 또는 지원 평생교육활동 지도 또는 지원 정보화 관련 평생교육의 진흥 지식·인력개발사업 진흥·육성 학습휴가 및 학습비 지원	제9조 제16조 제17조 제22조 제38조 제8조
기관 설립 및 구성	평생교육진흥위원회 설치 및 운영 전국평생학습도시협의회 구성 국가평생교육진흥원 설립 및 지원 국가장애인평생교육진흥센터 설치 및 협조	제10조 제15조 제19조 제19조의2
평생교육사	평생교육사 자격 관리 평생교육사 양성기관 지정 평생교육사 채용에 대한 경비보조	제24조, 제24조의2, 제43조, 제44조 제25조, 제44조 제27조
문해교육	문해교육 진흥, 운영 및 지원 문해교육센터 설치 문해교육 프로그램의 교육과정 문해교육종합정보시스템 구축운영	제39조 제39조의2 제40조 제40조의2
그 외 사업	평생교육 통계조사 및 공개	제18조, 제46조

출처: 2019 평생교육백서(2020).

중앙수준의 평생교육 전담기구인 국가평생교육진흥원은 2007년에 개정된 평생교육법 제19조 제1항에 따라 평생교육진흥원으로 2008년에 개원하였다. 국가평생교육진흥원의 설치 목적은 평생교육법 제19조에 따른 평생교육진흥과 관련된 업무를 효율적으로 수행함으로써 국민의 평생교육 활성화에 기여하는 것이다. 이러한 목적 아래 '국민 전(全) 생애, 학습을 통해 국가의 포용적 혁신 성장에 기여'라는 미션과 '학습강국 대한민국의 미래를 열어가는 평생교육 전문기관'이라는 비전을 세우고 업무를 수행하고 있다(평생교육백서, 2019).

국가평생교육진흥원의 11대 기능은 ① 평생교육진흥을 위한 지원 및 조사 업무, ② 평생교육진흥위원회가 심의하는 기본계획 수립의 지원, ③ 평생교육 프로그램 개발의 지원, ④ 평생교육사를 포함한 평생교육 종사자의 양성·연수, ⑤ 평생교육기관 간 연계체제의 구축, ⑥ 시도평생교육진흥원에 대한 지원,

⑦ 평생교육 종합정보시스템 구축·운영, ⑧ 학점인정 등에 관한 법률 및 독학에 의한 학위취득에 관한 법률에 따른 학점 또는 학력인정에 관한 사항, ⑨ 학습계좌의 통합 관리·운영, ⑩ 문해교육의 관리·운영에 관한 사항, ⑪ 법령에 따라 위탁받은 업무 등이다.

국가평생교육진흥원의 2020년 주요 사업은 ① 지역평생교육 활성화, ② 매치업(Match業) 프로그램, ③ 평생교육 바우처 지원, ④ 대학의 평생교육체제 지원, ⑤ 평생교육사 자격제도 운영, ⑥ 국가평생학습포털 '늘배움', ⑦ 평생학습계좌제, ⑧ 학점은행제, ⑨ 독학학위제, ⑩ 한국형 온라인 공개강좌(K-MOOC), ⑪ 성인문해교육 지원, ⑫ 검정고시 프로그램 운영지원, ⑬ 학부모 자녀교육 역량 강화, ⑭ 다문화교육 활성화 지원, ⑮ 장애대학생 교육활동 지원, ⑯ 학교협동조합 중앙지원센터 등이다(국가평생교육진흥원 홈페이지, 2020).

3. 광역수준의 평생교육 지원체제

광역수준의 평생교육 행정체제는 광역자치단체장과 각 시·도교육청이 협의하여 담당하고 있다. 광역자치단체 중 평생교육 담당 부서가 국 단위로 있는 곳은 경기도와 서울특별시로 2곳이다. 과 단위로 존재하는 곳은 제주특별자치도 1곳이며, 팀 수준으로 존재하는 곳은 10곳(경남, 경북, 대구, 대전, 부산, 세종, 울산, 인천, 전북, 충남)이다. 경기도는 이 외에 '여성가족평생교육 전문위원실'을 따로 운영하며, 전문위원 2명과 주무관 5명을 배치하고 있다. 대전광역시는 교육복지팀이라는 부서가 평생교육 업무를 담당하고 있다(평생교육백서, 2019).

평생교육법 제11조에 의하면 평생교육진흥기본계획에 따라 시·도지사가 광역 자치단체의 연도별 평생교육진흥시행계획을 수립·시행하여야 하며, 이 경우 시·도교육감과 협의하여야 한다고 규정하고 있다. 또한 법 제12조는 시행계획의 수립·시행에 필요한 사항을 심의하기 위하여 시·도지사 소속으로 시·도 평생교육협의회를 두고 있다.

광역지방자치단체장인 시·도지사는 지역평생교육의 계획과 시행을 위한 평생교육의 제공자, 조정자, 촉진자로서의 책임과 의무를 수행하도록 규정되어 있다(평생교육법 제5조). 시·도지사의 평생교육진흥업무를 수행하는 전담기구는 시·도 평생교육진흥원이며, 주요 업무는 ① 해당 지역의 평생교육기회 및 정보의 제공, ② 평생교육 상담, ③ 평생교육 프로그램 운영, ④ 해당 지역의 평생교육기관 간 연계체제 구축, ⑤ 그 밖에 평생교육진흥을 위하여 시·도지사가 필요하다고 인정하는 사항 등이다(평생교육법 제20조 제2항).

시·도평생교육진흥원의 기능과 연계체제를 광역시·도 지방자치단체, 시·도 교육청, 시·군·구 기초자치단체와의 연계 체제를 중심으로 도식화하면 다음 그림 4-4와 같다.

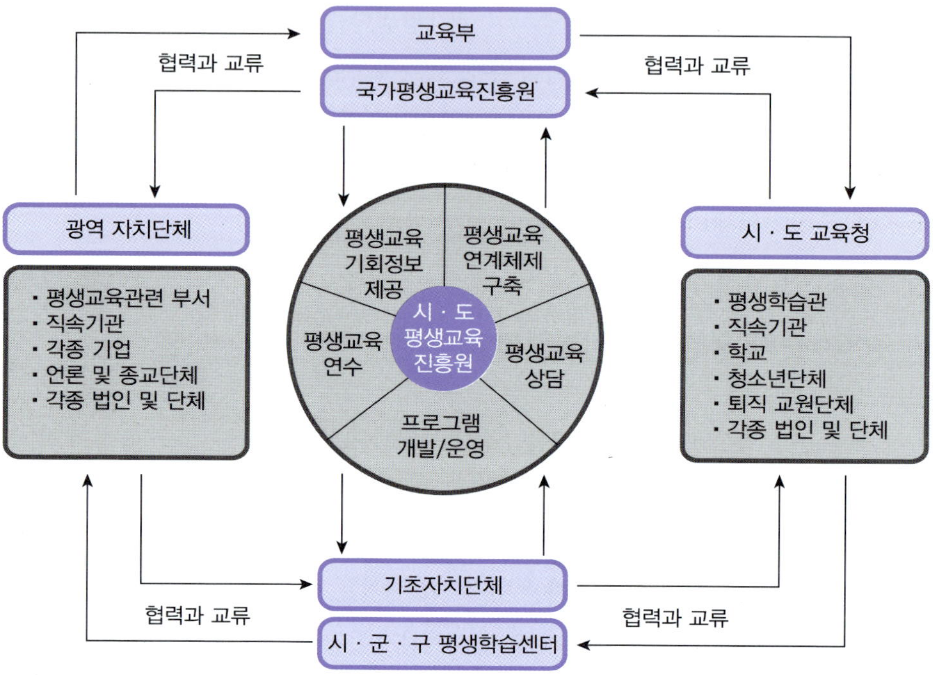

그림 4-4 시·도 평생교육진흥원의 기능과 연계 체제

출처: 권인탁(2014). p.141.

한편, 평생교육법은 지방평생교육 사무에 대하여 시·도 교육청과 협의 기능을 부여함으로써 교육청의 역할을 함께 고려하고 있으며, 교육청은 지방평생교육 사무행정과 평생교육진흥사업을 직접 실시하는 역할을 하고 있다. 평생교육법에서 광역수준의 평생교육에 대한 역할을 요약하면 다음 표 4-4와 같다.

표 4-4 평생교육법에서 광역수준의 평생교육에 대한 역할

	시·도청	시·도교육청
평생교육진흥 시행계획	•수립·시행(제11조) •교육부장관 제출(제3조)	•시·도지사의 수립·시행에 협의(제11조)
행정권한	•시행계획 수립을 위해 관련기관에 자료 요구(제13조) •평생교육통계조사(제18조)	•평생교육시설 설치인가 또는 등록 관리(제28~제38조) •평생교육시설 설치인가 또는 등록 취소(제42조)
시도평생교육 협의회	•협의회 구성·운영(제12조) •시·도시자 당연직 위원장(제12조)	•협의회 위원 구성 협의(제12조) •부교육감은 당연직 부의장(제12조)
평생교육기관 지도 및 지원	•기관요청 시 평생교육활동 지도 또는 지원(제17조)	•좌동
평생교육사업 추진기구 운영	•시·도 평생교육진흥청 설치 또는 지정·운영(제20조) ※시행령 제13조에 따라 '전문인력정보은행제' 위탁 가능	•지역평생교육정보센터 지정운영(부칙 경과조치) •시도평생교육진흥원 설치 또는 지정에 대한 협의(시행령 제12조)
평생교육진흥 사업 내용	•평생교육진흥사업 실시 또는 지원(제16조) - 평생교육기관의 설치·운영 - 평생교육사의 양성 및 배치 - 평생교육 프로그램의 개발 - 그 밖에 국민의 평생교육 참여를 촉진하기 위하여 수행하는 사업 등 •조례에 따라 주민을 위한 평생교육진흥사업(제16조) •전문인력정보은행제 운영(시행령 제13조)	•좌동 •시·도청의 평생교육진흥사업에 대한 협의(제16조)
평생교육진흥 사업 영역	•법이 규정한 모든 평생교육 사업 - 정규교육과정을 제외한 학력보완교육, 성인기초문자해독교육, 직업능력 향상교육, 인문교양교육, 문화예술교육, 시민참여교육 •정보화 관련 평생교육(제22조)	•문자해독교육(제39조) •좌동

출처: 고영상 외(2011). 평생교육진흥원.

궁극적으로 우리나라 평생교육의 중앙·광역·기초 단위 운영시스템은 각각의 역할을 차별화하는 가운데 협력을 도모해야 한다. 평생교육 추진체제의 사례로서 대전시 운영체제는 다음과 같다(대전평생교육백서, 2020).

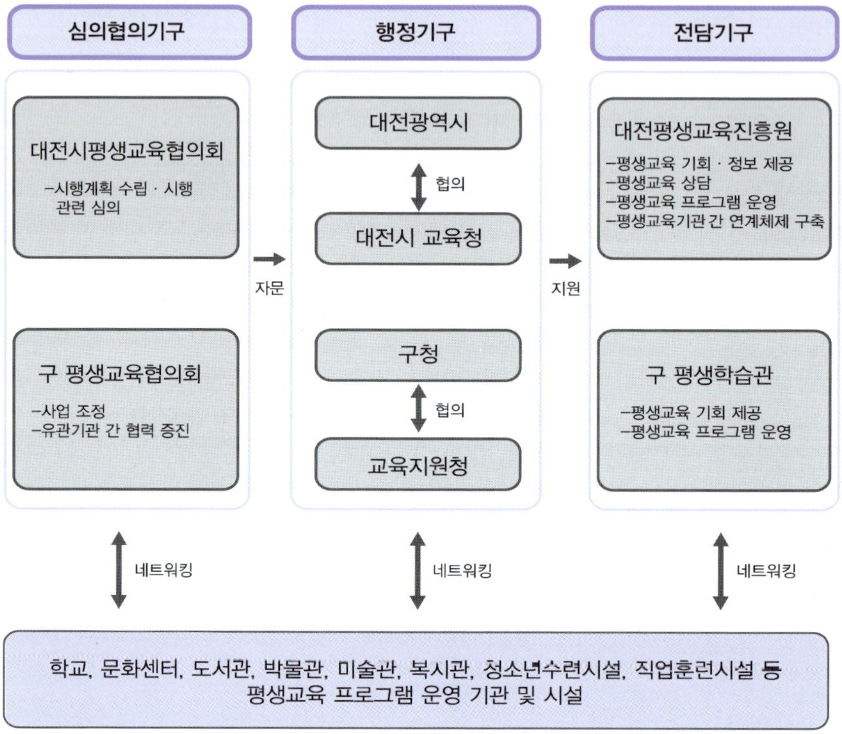

그림 4-5 대전시 평생교육 추진체제

출처: 2019 대전평생교육백서(2020). p.18.

대전시는 수준별 행정기구와 심의협의기구, 전담기구 등이 여러 평생교육사업들을 추진하고 있다. 대전광역시청은 공동체지원국 아래 교육청소년과에서 평생교육진흥정책 및 시행계획 수립, 대전평생교육진흥원 운영 지원, 평생교육협의회 운영 지원, 지역 평생교육 활성화 지원사업 등의 업무를 수행하고 있다.

대전광역시교육청은 기획국 아래 교육복지안전과에서 평생교육시설 지도·감독, 학력인정평생교육시설 지정·운영, 성인문해교육 프로그램 설치·지정 및 운영, 학교시설을 이용한 평생교육에 관한 사항, 직속기관인 대전평생학습관, 한밭교육박물관, 대전학생교육문화원의 지원 등의 업무를 수행하고 있다. 서구청과 유성구청은 평생학습원을 두고 있으며, 평생학습원에서 평생교육 업무를 총괄하고 있다. 이 외 동구는 평생학습과에서, 중구청은 문화체육과에서, 대덕구는 교육공동체과에서 평생교육업무를 총괄하고 있다.

평생교육 전담과 지원 조직으로 시 수준에서는 시 평생교육진흥원, 구 수준에서는 평생학습관을 설치·운형하고 있다. 시 평생교육진흥원에서는 평생교육 기회·정보 제공, 평생교육 상담, 평생교육 프로그램 운영, 평생교육기관 간 연계체제 구축 등의 업무를 담당하며, 구 평생학습관에서는 평생교육 기회 제공, 평생교육 프로그램 운영 등의 업무를 담당한다. 이 외 학교나 학교 부설 평생교육시설, 사업장이나 언론기관·시민단체 부설 평생교육시설, 도서관, 박물관, 미술관, 복지관, 청소년수련시설, 직업훈련시설 등에서 각종 평생교육 프로그램을 개설·운영하고 있다(대전평생교육백서, 2020).

또한 세종특별자치시 평생교육 추진체제 운영시스템 사례는 다음과 같다.

표 4-5 세종시 평생교육 중앙·광역·기초 운영시스템

구분	주요 역할	비고
시	•세종시 평생교육진흥시행계획 수립 및 예산 확보 •세종시 평생학습 실태 점검 및 평가 •세종시 평생학습 네트워크 구축과 운영	
평생교육진흥원	•평생학습기관 관리 및 운영 지원 체계화 •평생학습기관 네트워크 및 사이버 학습 지원 •평생학습 지도자 양성 및 기관 교육, 연수 •평생학습 관련 정보 수집 및 제공, 상담 •평생학습 프로그램 연구, 개발 •평생학습 세미나 연구	
시교육청	•세종시와 평생교육 대응투자 사업계획 추진 •학교와 일반 성인학습자와 연례화 추진 •평생학습 지원과 활성화 •세종시 평생학습 네트워크 구축과 운영	
대학 및 학교	•관학 네트워크 및 평생학습의 효과 극대화 •대학 평생학습 프로그램 및 도서관 공유 •교육 및 연구 사업 협력 •지역사회 구심체 학습장으로 학교시설 운영 •학생, 학부모, 주민을 위한 평생학습 프로그램 개발·운영 •교육 및 연구 사업 협력	

구분	주요 역할	비고
지역산업체	•평생학습센터와 기업체 간 평생학습 네트워킹 •기업체 담당자 협의회와의 연계 •산업체 인력 교육 및 훈련 •산업체 재직자 프로그램 개발·운영	
공공 평생교육기관	•교육 특구 및 방과후 학교 프로그램 운영 •평생학습매체 및 축제 개최 •평생학습 자원봉사자 및 프로그램 개발 관리 •지역문화 및 도시 정체성 프로그램 제공 •여성인력개발 및 프로그램 제공 •청소년 평생학습 프로그램 개발·운영 •취약계층 지원 및 사회통합 프로그램 개발 •직업교육 프로그램 개발·운영 •노인학습 지원 프로그램 운영 •창업 지원 프로그램 운영	
민간 평생교육기관	•민간 평생 직업기관으로서의 기술계 학원 운영 •민간 평생학습기관 네트워킹 •평생학습 프로그램 개발·운영 •주민홍보 및 교육	

출처: 세종특별자치시(2016).

4. 기초수준의 평생교육 지원체제

기초수준의 평생교육 행정체제는 광역자치단체와 마찬가지로 크게 기초자치단체의 일반자치 측면과 교육지원청의 교육자치 측면으로 나뉜다. 평생교육 업무는 행정과 교육지원청이 주로 과 혹은 팀 수준으로 분류하며, 그에 따라 업무를 수행한다. 평생교육법 제15조에 따라 국가는 시·군·구를 평생학습도시로 지정, 지원할 수 있다. 또한 평생교육법 제14조에 따라 기초자치단체에서는 평생교육협의회를 두고, 2019년까지 기초자치단체 223개가 관련 조례를 제정하였다(국가법령정보센터 홈페이지, 2020).

지방자치단체는 평생학습도시 정책목표를 달성하기 위해서 평생교육을 위한 행정의 총량적 지원체제를 구축하는 것으로 평생교육을 위한 시정(市政)의 의지를 표현한다. 자치단체의 평생교육추진체제는 평생교육을 지원하는 시 행정조직과 전담기구로서 평생학습관을 설치하여야 한다. 자치단체의 행정조직에 설치되어야 할 평생학습과의 조직과 주요업무 내용은 다음과 같다.

표 4-6 시·군·구 평생학습과의 조직과 주요업무(예시)

구분	주요 업무
평생학습지원계	•지자체 평생학습센터 지원 업무 •지자체 평생학습 전반에 관한 정책개발 및 추진 •지자체 평생학습에 대한 행·재정적 지원 •주민자치센터 평생교육 프로그램 운영 및 지원
학교교육지원계	•대학교육의 지원 및 연계·협력 •유·초·중등학교 지원 및 협조 •청소년 교육 지도 및 지원
주민자치계	•주민교육을 제외한 주민자치센터의 제반 사항 총괄 및 지원

출처: 권인탁(2006). p.138.

평생교육법 제21조에 따르면 시도교육감은 평생학습관을 설치 또는 지정·운영하여야 한다는 의무를 갖지만, 시장·군수·자치구의 구청장은 시·군·구 평생학습관의 설치 또는 재정적 지원 등을 할 수 있다고만 되어 있다. 더불어 시장·군수·자치구의 구청장은 동법 제21조의3에 따라 읍·면·동 평생학습센터를 설치하거나 지정하여 운영할 수 있다. 이에 따라 2020년 기준으로 전국에 495개의 평생학습관이 운영 중이다(교육부·한국교육개발원, 2020).

또한 지역 평생교육이 효과적으로 작동하기 위하여 지방자치단체 및 교육청의 협력적 교육 거버넌스 네트워크를 구축하고 교육관련 외부 기관이나 단체와의 상호 소통과 협업, 참여 강화가 요구된다. 우리나라 평생교육 추진체제는 일반행정을 관장하는 정부(행정안전부-광역 지방자치단체-기초 지방자치단체)와 교육행정을 관장하는 정부(교육부-시·도교육청-교육지원청) 간 법적, 제도적 연계·협력 구조이다. 그러나 최근에는 행정이라는 단순 개념에서 거버넌스라는 확장된 개념을 사용하면서 교육관련 기관 및 민간단체들과의 협업 및 소통과 참여 네트워크를 구축하는 방안을 고려해 지방자치단체, 교육청 간 거버넌스의 효과를 극대화할 수 있는 방안을 제시하고 있다. 이와 관련하여 중앙–광역–기초의 3차원 모형은 각기 갖고 있는 교육적 거버넌스 구성요인들을 가능한 최대로 확보하여 참여와 소통, 협업을 통해 교육발전 네트워크를 구축하도록 하는 것을 목적으로 한다(이상호·박수정, 2019).

지역발전을 위한 일반행정과 교육행정 간 협력적 거버넌스에 당사자인 지방자치단체와 교육청 외에도 협력 관련 중요한 법령을 제정 혹은 개정하는 관련 기관으로서 중앙에서는 국회, 광역단위에서는 광역지방의회, 기초단위에서는 기초의회를 예외로 할 수 없다. 교육 관련 중앙–광역–기초 수준의 다양한 지역교육공동체의 참여와 거버넌스 네트워크 모형을 재구성한 지역 평생교육 거버넌스 네트워크에 적용하면 다음과 같다(이상호·박수정, 2019).

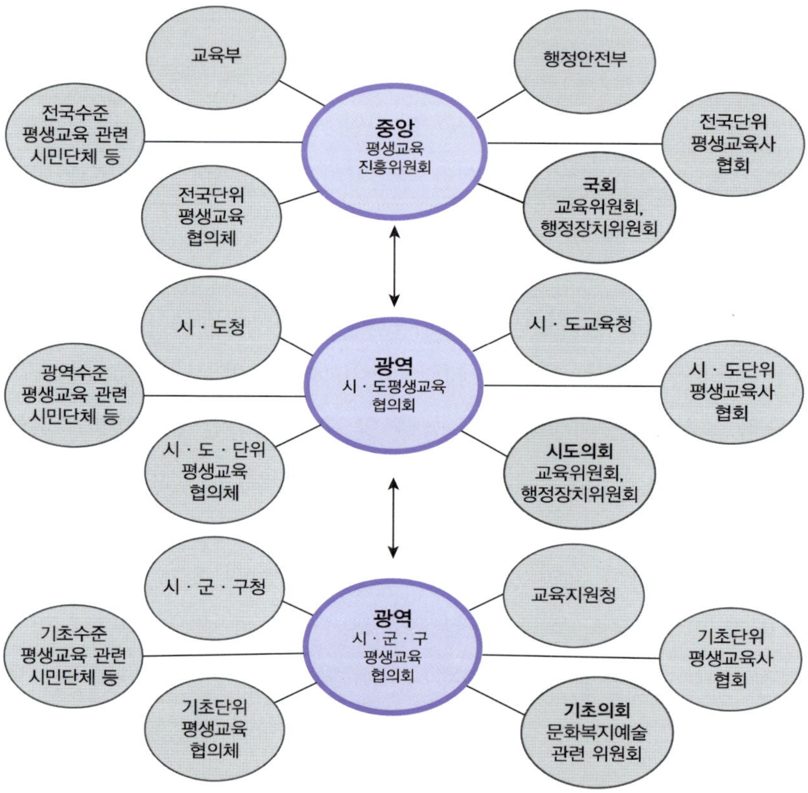

그림 4-6 교육공동체의 참여와 지역 평생교육 거버넌스 네트워크

출처: 이상호·박수정(2019). p.107.

5. 일반 평생교육과 연계체제

평생교육행정은 공공기관과 함께 민간조직에서도 평생교육을 위해 최대한으로 공헌할 수 있어야 한다. 한국의 평생교육은 공적 수준보다는 민간의 평생교육이 주도적인 입장에 서 있었다(양병찬, 2000). 그럼에도 불구하고 공공부문과 민간부문은 상호 유기적인 관계를 가지고 있지 않다. 국가 전체의 평생교육의 발전이라는 공동의 목적을 위하여 공공과 민간이 연계·협력하는 체제 구축이 시급하다. 따라서 평생교육행정은 공공부문과 민간부문 양자에 대한 업무 균형을 재조직해야 할 것이다.

평생교육법 제2조 2항은 평생교육기관의 유형을 크게 세 가지로 구분하고 있다. ① 평생교육법에 따라 인가·등록·신고된 시설·법인 또는 단체이다. ② 학원의 설립·운영 및 과외교습에 관한 법률에 따라 학원 중 학교교과교습학원을 제외한 평생지업교육을 실시하는 학원이다. ③ 그 밖에 다른 법령에 따라 평생교육을 주된 목적으로 하는 시설·법인 또는 단체이다. 이 구분에 따르면 평생교육기관의 범위는 매우 광범위하며, 이를 정리하면 다음 표 4-7과 같다.

지방자치단체는 정부나 지방자치단체 주도의 평생교육과 시민단체의 교육운동, 기업, 학원 등의 교육산업 등의 교육자원들을 효율적으로 결합하여 지역 단위의 동합된 평생학습 네트워크를 구축하고, 다른 법령에 의한 시설들과 연계·협력하고 있다. 따라서 평생교육 행정은 종래에 관장해 왔던 공공 평생교육의 상당부분을 민간 평생교육과 협력하고 평생교육에 대한 홍보, 학습정보의 제공, 학습에 대한 상담, 교육 장소의 제공, 학습활동에 대한 각종 원조, 캠페인이나 축제와 같은 촉진 행사 그리고 민간 평생교육을 지원하고 조정하는 업무에 중점을 두어야 할 것이다.

표 4-7 평생교육기관 분류

구분	관계법	시설	유형
평생교육법에 의해 인가·등록·신고된 시설	제29조	학교의 평생교육	초·중등학교, 대학교
	제29조의2	학점은행기관의 평생교육	학점은행기관
	제30조	학교부설 평생교육시설	대학/전문대 부설 평생(사회)교육원 등
	제31조	학교형태 평생교육시설 중 학력인정시설(교육감 지정)	각종 학교, 기술학교 등
	제32조	사내대학형태 평생교육시설	사내대학
	제33조	원격형태 평생교육시설	원격대학형태
	시행령 제48조		원격교육형태
	제35조	사업장 부설 평생교육시설	산업체, 배화전 문화센터 등
	제36조	시민사회단체 부설 평생교	법인, 주무관청 등록,

<table>
<tr><th>구분</th><th colspan="2">관계법</th><th>시설</th><th>유형</th></tr>
<tr><td rowspan="4"></td><td colspan="2"></td><td>육시설</td><td>회원 300인 이상 시민단체를 지칭</td></tr>
<tr><td colspan="2">제37조</td><td>언론기관 부설 평생교육시설</td><td>신문, 방송 등의 언론기관</td></tr>
<tr><td colspan="2">제38조</td><td>지식·인력개발 관련 평생교육시설</td><td>산업교육기관, 학교실습기관</td></tr>
<tr><td colspan="2">제2조</td><td>평생교육을 주목적으로 하는 법인 또는 단체</td><td></td></tr>
<tr><td rowspan="12">다른 법령에 의한 시설</td><td colspan="2">학원의 설립·운영 및 과외교습에 관한 법률</td><td>평생직업교육학원</td><td></td></tr>
<tr><td colspan="2">도서관법</td><td>도서관 중 평생교육을 운영하고 있는 시설</td><td>국립중앙도서관 등</td></tr>
<tr><td colspan="2">박물관 및 미술관진흥법</td><td>국·공립 박물관, 국·공립 미술관 중 평생교육 프로그램을 운영하는 시설</td><td>국립중앙도서관 등</td></tr>
<tr><td colspan="2">청소년기본법</td><td>청소년시설 중 평생교육 프로그램을 운영하는 시설</td><td>청소년수련관, 청소년 문화의 집 등</td></tr>
<tr><td colspan="2">여성발전기본법</td><td>여성 관련 시설 중 평생교육 프로그램을 운영하는 시설</td><td>여성회관, 여성인력개발센터 등</td></tr>
<tr><td rowspan="4">사회복지시설</td><td>사회복지사업법</td><td>사회복지시설 중 평생교육 프로그램을 운영하는 시설</td><td></td></tr>
<tr><td>노인복지법</td><td>노인복지시설 중 평생교육 프로그램을 운영하는 시설</td><td></td></tr>
<tr><td>장애인복지법</td><td>장애인복지시설 중 평생교육 프로그램을 운영하는 시설</td><td></td></tr>
<tr><td>아동복지법</td><td>아동복지시설 중 평생교육 프로그램을 운영하는 시설</td><td></td></tr>
<tr><td rowspan="2">직업훈련시설</td><td>근로자직업능력개발법</td><td>직업능력개발훈련시설</td><td></td></tr>
<tr><td>직업교육훈련 촉진법</td><td>직업교육훈련기관</td><td></td></tr>
<tr><td colspan="2">기타</td><td>문화예술관련 기관 및 시설</td><td></td></tr>
</table>

출처: 최돈민 외(2017). p.21. 수정

연구문제

1. 국가 평생교육진흥을 위한 기본계획을 살펴보고, 1차~4차 기간별로 비전 및 목적에 따른 추진과제를 비교하고 분석해 봅시다.

2. 미국, 일본, 독일의 최근 평생교육정책의 동향을 파악하고, 평생교육 관련 법적 장치에 대해 살펴봅시다.

3. 주요 외국의 평생교육정책이 우리나라 평생교육에 주는 시사점에 대해 논의해 봅시다.

4. 한국의 평생교육 추진체제의 주요 특징은 무엇이며, 그러한 특징이 지니고 있는 사회적 영향력은 어떠한지를 살펴봅시다.

5. 평생교육을 추진하는 전담기구의 중앙–광역–기초 수준의 역할과 기능에 대해 설명해 봅시다.

CHAPTER 05

평생교육기관의 이해

학습목표

평생교육기관의 개념과 역할, 종류에 관하여 살펴보고 평생교육기관이 가지고 있는 고유한 특성에 대해서 고찰해 본다.

제1절 평생교육기관의 개념

1. 평생교육기관의 정의

평생교육(lifelong education)이란 '일생을 통한 교육'을 의미하며 '생애교육'이라고도 한다. 데이브(Dave, 1979)는 평생교육의 개념을 '가정, 교육기관, 지역사회, 직장 등 장소에 상관없이 그 안에서 행해지는 모든 차원의 학습활동으로서 형식(formal), 비형식(non-formal), 무형식(informal)의 학습활동의 전부를 평생교육'이라고 정의하였고, 노울즈(Knowles, 1980)는 평생교육을 성인의 자율적 학습 행위에 중점을 두면서 '개개인이 자신의 요구를 스스로 진단하고 학습목표를 설정하고 인적·물적 자원을 선택하여 학습성과를 스스로 평가하는 과정'이라고 하였다.

오늘날 평생교육의 필요성이 더욱 확대됨에 따라 평생교육기관들이 우리 주변에 많이 생겨나고 있다. 평생학습을 실천하고자 하는 개인에게는 평생교육기관의 선택이 무엇보다도 중요하다. 먼저 평생교육기관에 대한 정의를 살펴보면 다음과 같다.

권두승 외(2009)는 평생교육기관이란 '평생교육을 실시하는 장소 혹은 평생교육목표를 달성하기 위해 구성된 사람들의 집단'으로 설명한다.

최은수 외(2008)는 평생교육기관은 '평생교육을 목적으로 설립된 법인 또는 기타 단체로서 이러한 목적을 실현하기 위한 행동을 수행하는 시설이나 단체'라고 정의하였다.

권인탁(2009)은 '개인이나 집단적으로 주민의 요구를 충족시키기 위해 설치된 조형물이나 장소·공간으로 그 속에 배치된 전문직원과 소정의 기능을 포함한 전문적 지도와 조언과 함께 평생교육활동이나 사업을 행하는 시설이나 시스템'이라고 정의하였다.

또한 우리나라 평생교육법 제2조에서는 평생교육과 평생교육기관을 다음과 같이 정의하고 있다. "평생교육이란 학교의 정규교육과정을 제외한 학력보완교육, 성인 문자해득교육, 직업능력 향상교육, 인문교양교육, 문화예술교육, 시민참여교육 등을 포함하는 모든 형태의 조직적인 교육활동을 말하며, 평생교육기관이란 다음 각 항목 중 어느 하나에 해당되는 시설·법인 또는 단체를 말한다."

가. 「평생교육법」에 따라 인가·등록·신고된 시설·법인 또는 단체
나. 「학원의 설립·운영 및 과외교습에 관한 법률」에 따른 학원 중학교교과 교습학원을 제외한 평생 직업교육을 실시하는 학원
다. 그 밖에 다른 법령에 따라 평생교육을 주된 목적으로 하는 시설·법인 또는 단체

위와 같은 정의를 종합해 보면, 평생교육기관이란 "평생교육의 목적을 수행하기 위하여 설립된 법인 혹은 단체로서 이러한 목적을 수행하는 시설이나 단체"를 의미한다.

2. 평생교육기관의 역할

1) 평생교육의 필요성

평생교육의 필요성에 관하여 랭그랑(Lengrand, 1965)과 데이브(Dave, 1979)는 인간의 종합적인 성장, 즉 인성발달의 전인성과 계속성에 주안점을 두고 급속한 사회구조의 변화와 인구 증가, 과학적 지식과 기술의 발달, 민주화를 위한 정치적 도전, 매스컴의 발달과 정보의 급증, 경제 수준 향상과 여가 시간의 증대, 생활양식과 인간관계의 균형 상실, 이데올로기로 인한 위기 등 변화하는 사회에 순응하며 사회문제를 순리적으로 해결하고, 개인의 자아실현을 통한 전인적 발전을 위해 평생교육이 필요하다고 하였다. 즉, 평생교육에서 공교육의 순기능적 측면을 중시하였다. 그러나 프레이리(Freire)와 라이머(Reimer)는 공교육의 순기능을 비판하면서 교육이 또 다른 사회 불평등을 재생산하기에 평생교육은 학습자가 학교교육에서 극복하지 못했던 사회적·구조적 모순에서 벗어날 수 있도록 개인의 의식을 성장시키고 공교육의 모순을 극복하는 수단으로 보았다. 한편, 자비스(Jarvis, 2001)는 평생교육의 역할은 인간의 자유로운 발달을 도모하여 피지배계층의 교육을 통하여 교육과 노동의 생산 체계에 밀접한 관계를 맺어준다고 하였다.

오늘날 평생교육은 현대사회가 안고 있는 많은 문제들을 효과적으로 해결하고 이를 예방하기 위하여 모든 사회구성원들을 대상으로 실천되어야 한다. 더불어 학교교육으로부터 소외되었거나 혜택을 받지 못한 사람들에게 교육의 기

회를 제공하여 교육적 격차를 해소하고 교육의 기회균등을 실현하는 교육기관의 역할을 수행해야 한다. 또한 급격한 사회변화에의 적응과 타문화에 대한 이해 증진, 세대 간·남녀 간·집단 간의 조화와 협력, 학교 밖 청소년 직업훈련, 다양한 성인교육 등에 관한 사회구성원들의 요구가 증가됨에 따라 오늘날 평생교육의 필요성은 더욱 증가하고 있다.

2) 평생교육기관의 역할

오늘날 평생교육환경은 더욱 경쟁적으로 변화하면서 평생교육기관은 학습자를 유치하기 위한 치열한 경쟁을 해야 하는 환경에 직면해 있으며, 일률적인 교육서비스를 제공하는 상황 속에서도 평생교육기관은 경제적 균형과 기회를 창출해서 다른 기관과는 보다 차별화되는 다양한 전략이 요구된다(오혁진, 2003). 또한 평생교육기관은 다양한 학습자의 요구에 적극적으로 대처하고 효과적인 교육서비스를 제공해야 하는 책무성과 평생교육기관을 합리적으로 경영해야 하는 역할을 요구받고 있다. 경쟁적인 환경과 시장 속에서 평생교육기관은 학습자가 원하는 교육서비스를 제공해야 한다. 평생교육의 발전을 위해서는 평생교육기관은 학습자의 다양한 요구를 수용하고 평생교육기관의 특수성, 개별성, 고유성 등을 고려한 가치경영이 필요하다(강경애, 2019). 그러나 비슷한 자원과 기술적 환경을 지닌 평생교육기관들은 제도적 구속력, 핵심기술과 조직 목표의 모호성, 환경의 불확실성으로 인하여 각각의 평생교육기관이 독자적인 프로그램을 개발하거나 마케팅 전략을 모색하는 데에는 많은 어려움이 있어 대부분 정부기관이나 제도에 의한 정당성을 인정받은 구조를 택하고 있다(하연섭, 2016).

평생교육이 효율적으로 실시되기 위해서는 무엇보다도 가정교육, 학교교육, 사회교육이 상호유기적 관계를 가지고 효과적으로 실시되어야 한다. 또한, 누구나 언제 어디서나 교육과 학습이 가능한 평생학습체제의 정착이 필요하다. 평생교육기관이 효과적인 교육서비스를 통하여 긍정적인 영향을 미치기 위해서는 다음과 같은 역할을 해야 한다.

① 평생교육기관은 기존의 학교교육이 지니고 있는 비효율성과 비능률성을 극복하고, 학교교육의 보완적·보충적 기능을 수행하여 모든 사람들이 연령과 장소의 제한을 받지 않으며 개개인의 삶의 질을 향상시키고 개개인의 교육권과 학습권을 보장함으로써 교육기회의 균등화와 확대를 위하여

노력해야 한다.

② 평생교육기관은 사회 변화에 따라 필요한 가치·지식·기술 등을 필요로 하는 많은 사람들에게 교육의 기회를 제공하여 사회를 유지하고 발전하게 한다.

③ 평생교육기관의 양적인 증대만으로는 교육의 불평등을 해소하기는 힘들다. 실제로 평생교육에 참여하는 사람들은 평생교육의 원래 취지와는 달리 사회·경제적 지위가 비교적 높은 사람들도 많기 때문이다. 따라서 오히려 평생교육이 또 다른 교육의 불평등구조를 심화시킬 수도 있기 때문에 이러한 양면성을 고려하여 평생교육기관의 역할을 정립하는 것이 필요하다.

제2절 평생교육기관의 종류

평생교육기관의 종류를 살펴보면 그 준거에 따라 다양하게 제시할 수 있다. 엡스(Apps, 1989)는 정부 주도형, 영리업체 주도형, 민간비영리 주도형, 비조직적인 교육기관으로, 메리엄과 브락킷(Merriam & Brockett, 1997)은 기관의 주된 목적이 평생교육인지 아닌지에 따라 평생교육전담기관, 일반교육기관, 준교육기관, 비교육기관으로, 조석호와 최운실(1986)은 운영주체에 따라 국가 주도형, 민간 주도형, 종교 및 문화기관 주도형, 기업 주도형으로 각각 분류한다. 또한 김용현(1998)은 교육내용에 따라서 학교 중심 평생교육기관, 준학교체제의 평생교육기관, 민간단체 평생교육기관, 행정기관 중심 평생교육기관, 시설 중심 평생교육기관으로 분류한다.

또한 평생교육법에 의거한 평생교육기관의 종류에 대해서 살펴보면, 평생교육기관은 크게 비형식 평생교육기관과 준형식 평생교육기관(초중등교육형태 평생교육기관과 고등교육형태 평생교육기관)으로 구분된다. 그 종류와 특징에 대해서 살펴보면 다음과 같다(교육통계분석자료집, 2017).

1. 주요 평생교육기관의 종류

1) 비형식 평생교육기관

(1) 부설형 평생교육기관

① **초·중등 및 대학부설 평생교육기관**: 초·중등학교, 대학 및 전문대학에서 운영하는 평생교육기관

② **사업장부설 평생교육기관**: 산업체, 백화점, 문화센터 등의 부대시설에서 운영하는 평생교육기관

③ **시민단체부설 평생교육기관**: 법인으로 행정관청에 등록하여 회원이 300인 이상인 시민단체가 소속회원 외에 일반 시민을 대상으로 운영하는 평생교육기관

④ **언론기관부설 평생교육기관**: 신문, 방송 등의 언론기관이 운영하는 평생교육기관

(2) 독립형 평생교육기관

① **원격형태**: 정보통신매체를 활용하여 특정, 불특정 다수인에게 원격교육을 실시하거나 다양한 정보를 제공하는 등의 교육을 실시하는 평생교육기관

② **지식·인력개발형태**: 기업 또는 고용노동부와 연계하여 운영되는 시설로서 지식정보의 제공과 교육훈련을 통하여 인력개발을 주된 목적으로 운영되는 평생교육기관

(3) 전담형 평생교육기관

① **시·도평생교육진흥원**: 시·도별 평생교육기회 및 정보를 제공, 평생교육 상담, 평생교육 프로그램 운영 및 평생교육기관 간 연계체제 구축 업무를 위하여 시·도지사가 대통령령으로 정하는 바에 따라 법인으로 설립 또는 지정, 운영되는 기관

② **평생학습관**: 지역주민을 대상으로 평생교육 프로그램을 운영하는 등 지역 평생교육센터로서의 기존 역할과 평생교육에 관한 연구 및 정보 제공을 목적으로 교육감이 설치 및 지정한 평생교육기관 또는 지자체에서 설치한

평생교육기관

(4) 복합형 평생교육기관

① **학원**: 개인이 대통령령으로 정하는 수 이상의 학습자 또는 불특정 다수의 학습자에게 30일 이상의 교습 과정에 따라 지식·기술·예능을 교습하거나 30일 이상 학습장소로 제공되는 시설

2) 초·중등교육형태 평생교육기관

(1) **공민학교**: 초등교육을 받지 못하고 학령을 초과한 자에 대한 3년간의 초등교육기관

(2) **고등공민학교**: 초등학교, 공민학교 졸업자에 대한 1~3년간의 사회직업 교육기관

(3) **고등기술학교**: 중학교 이상의 학력 인정자에 대한 1~3년간의 전문기술 교육기관

(4) **각종학교**: 초·중·고·특수학교와 유사한 교육기관으로 수업연한, 입학자격, 학력인정 등을 달리하는 교육기관

(5) **산업체부설고등학교**: 산업체에 근무하는 청소년의 교육을 위하여 산업체가 설치·운영하는 고등학교

(6) **근로 청소년을 위한 특별학급**: 산업체에 근무하는 청소년의 교육을 위하여 산업체에 인접한 중학교 및 고등학교가 두는 야간제특별학급

(7) **방송통신중·고등학교**: 방송통신을 통하여 중·고등학교 과정의 교육을 실시하는 교육기관

(8) **학교형태의 학력인정 평생교육기관**: 평생교육법 제31조 2항에 의거 고등학교 졸업 이하의 학력이 인정되는 학교형태의 평생교육시설

3) 고등교육형태 평생교육기관

(1) **방송통신대학**: 정보·통신매체를 통한 원격교육으로 고등교육을 받을 기회를 부여하여 국가와 사회가 필요로 하는 인재를 양성하고 열린학습 사회 구현을 통하여 평생교육의 발전 기여를 위한 학교

(2) **산업대학**: 산업사회에서 필요로 하는 학술 또는 전문적 지식·기술 연구와 연마를 위한 교육을 받고자 하는 자에게 고등교육의 기회를 제공하여 국가와 사회의 발전에 기여할 수 있는 산업 인력을 양성함을 목적으로 하는 학교

(3) **기술대학(대학, 전문대학)**: 산업체 근로자가 산업현장에서 전문적인 지식·기술의 연구·연마를 위한 교육을 제공함으로써 이론과 실무능력을 고루 갖춘 전문인력 양성을 목적으로 하는 학교

(4) **각종학교(대학, 전문대학)**: 대학 수준의 신학교·예술학교·승가학교 등의 학교

(5) **원격·사이버대학(대학, 전문대학)**: 정보·통신매체를 통해 교육서비스를 제공하여 학습자가 시간과 공간의 제약없이 학습하고 학점을 이수하는 경우 전문대학 또는 대학졸업자와 동등한 학력이나 학위를 인정하는 학교

(6) **사내대학(대학, 전문대학)**: 시간적·경제적 여유가 없어 대학을 가지 못한 근로자들에게 학교법인 설립 없이 일정 기간 사내교육을 이수하면 학력과 학위를 인정해주는 평생교육 차원의 고등교육기관

(7) **기능대학**: 고등교육법에 따른 전문대학으로서 학위과정인 다기능기술자 과정과 직업훈련과정 등을 병설 운영하는 교육·훈련기관

(8) **전공대학**: 초·중등교육법에 따라 전공과를 설치·운영하는 고등기술학교로서 교육부장관의 인가를 받아 전문대학졸업자와 동등한 학력·학위가 인정되는 평생교육시설로 전환·운영하는 기관

(9) **특수대학원**: 직업인 또는 일반 성인을 위한 계속 교육을 주된 목적으로 운영되는 대학원

2. 유형별 비형식 평생교육기관 현황

평생교육법 제2조에 의하면, 평생교육기관의 유형과 제공되는 프로그램은 매우 다양하다. 성인학습자는 내·외부적 환경변화와 실생활에 근거한 학습의 필요성 등 다양한 목적을 가지고 평생학습에 참여하므로 개인차가 발생되기 때문이다(Merriam, Caffarella & Baumgartner, 2006).

비형식 평생교육기관의 수와 운영 프로그램 수는 점진적으로 증가하는 추세

이다. 2019년 비형식 평생교육기관 현황을 살펴보면, 원격형태로 운영되는 기관이 가장 많으며, 그 다음으로 언론기관부설, 지식·인력 개발 형태, 시민사회단체부설, 평생학습관 순으로 나타났다. 원격형태와 언론기관부설 교육기관은 꾸준히 증가하고 있으며, 사업장부설과 시민사회단체부설기관은 감소하고 있는 추세이다.

표 5-1 비형식 평생교육기관의 유형별 기관 수 및 프로그램 수 (단위: 개)

구분	기관 수			프로그램 수		
	2017	2018	2019	2017	2018	2019
총계	4,032	4,169	4,295	214,413	216,980	244,421
초·중등학교부설	5	6	7	73	47	49
대학(원)부설	412	412	415	28,882	27,478	27,193
원격형태	949	1,012	1,041	70,272	68,789	89,543
사업장부설	424	420	415	65,779	67,639	71,589
시민사회단체부설	515	500	492	4,970	4,656	4,311
언론기관부설	707	741	842	4,557	4,945	5,299
지식·인력개발형태	579	586	595	10,429	10,216	11,158
시·도평생교육진흥원	17	17	17	1,677	1,505	1,182
평생학습관	424	475	471	27,774	31,705	34,097

출처: 교육부·국가평생교육진흥원(2020).

제3절 평생교육기관의 특징

평생교육기관의 특징을 기관경영과 관련하여 살펴보면 다음과 같다(최은수 외, 2008; 권두승 외, 2009).

첫째, 평생교육기관의 활성화 기반 미비

평생교육은 공교육체제뿐만 아니라 민간차원 영역에서도 체계적으로 실시되어야 하는데 민간평생교육기관에 대한 국가적 지원체제가 미비하고 기관을 체계적으로 관리할 수 있는 지원체제가 미비하다.

둘째, 평생교육기관의 재정적 열악

대부분의 평생교육기관은 비영리기관으로서 열악한 예산으로 운영되고 있으며, 영리목적으로 운영되고 있는 소수의 기관들도 대부분 재정적 어려움에 처해 있다.

셋째, 공설민영(公設民營)형태의 위탁경영

대부분 평생교육기관은 국가나 지방자치단체가 설치하고 민간단체가 운영하는 위탁경영으로 경영활동이 위탁을 의뢰한 기관과의 협의에 의해서 운영되고 있다. 또한 공모를 통한 경쟁 선발 절차를 거쳐서 프로그램을 운영하거나 국가나 지자체로부터 위탁받아 운영되는 경우가 많다.

넷째, 평생교육기관 설치 및 운영과 학습자 보호를 위한 제도적 장치 미흡

평생교육기관의 설치와 운영이 매우 다양한 관점에서 시행되고 있으며, 교육과정이나 기간 등이 평생교육 실시자의 재량에 달려있으며 학교교육에 비해 탄력적이다.

따라서 평생교육기관경영에 있어서 염두에 두어야 할 점은 평생교육기관 설치 및 운영에 따른 경영자의 책무성이 강화되어야 한다. 지나친 경쟁을 자제하고 교육의 질을 높여서 학습자에게 질 높은 교육서비스를 제공해야 한다. 평생교육기관은 생애에 걸친 교육기관이므로 모든 연령층에 개방되어야 하고, 학습자들의 수요에 맞춘 실생활에 활용 가능한 내용으로 프로그램을 구성하여야 한다. 또한, 평생교육시설의 안전한 관리 및 수강료 반환 등 경영에 있어서 합리적이고 유연한 자세를 견지하는 것이 필요하다.

연구문제

1. 효과적인 평생교육기관 운영을 위해서 어떠한 국가 정책이 필요한지 논의해 봅시다.

2. 교육의 불평등 완화를 위해서 평생교육기관은 어떠한 노력을 해야 하는지 논의해 봅시다.

3. 준형식 평생교육기관과 비형식 평생교육기관에는 어떤 것이 있는지 논의해 봅시다.

4. 비형식 평생교육기관이 평생교육 프로그램 수의 다양화를 위해서는 어떠한 노력을 해야 하는지 논의해 봅시다.

5. 우리나라의 사회문화적 특성에 비추어 볼 때 평생교육기관이 지니고 있는 특성에는 어떤 것이 있는지 논의해 봅시다.

CHAPTER 06

평생교육기관의 목적 중심 경영론

학습목표

왜 목적 중심경영인가?

모든 것이 연결된 초연결 디지털사회에 살고 있다. 기업의 이윤추구가 주목적이 되었던 신자유주의에 기반한 지금까지의 전통적 경영을 넘어 숭고한 목적의 실현으로 이윤이 따라오게 할 수 있는 플랫폼으로의 평생교육기관을 성공적으로 경영할 수 있는 방법을 고찰한다.

제1절 평생교육기관의 목적 경영

1. 목적 경영의 시대적 배경

초연결, 디지털사회는 모든 것이 연결된 사회다. 사람과 사람이 연결될 뿐 아니라 사람과 사물, 사물과 사물 사이에도 연결되어 서로 간의 거래가 기록된다. 연결된 모든 것에 CCTV와 센서가 장착되어 데이터를 수집하고, 필요시에 이 데이터는 공인된 방식으로 공개된다. 이진처럼 커튼을 쳐놓고 은밀하게 의사결정을 내리는 방식이 더는 불가능한 사회가 된 것이다. 모든 거래에 대한 정보가 기록되고 검증되는 것이 가능한 분산신뢰의 사회가 구현된다. 다른 한 편으로는 모든 거래 데이터는 빅데이터(big data)로 축적되고 분석되어 최적의 목표를 달성하는 의사결정이 인공지능에게 넘어가고 있다. 관리자가 어떤 목표를 제공하고 이에 필요한 변수들을 제공하면 인공지능은 데이터를 분석해서 최적의 의사결정을 쉽게 제공해준다. 전통적 경영자들의 핵심적 역할인 의사결정의 기능을 인공지능이 더 효과적이고 싼 비용으로 제공해주는 것이다. 관리자들이 지속적으로 해고되어 현업의 전문가로 전환 배치된다. 이처럼 목표를 달성하는 의사결정과 기술에 대한 소싱이 편리해져 기업은 더는 관리자나 뛰어난 기술에 의존해서 경쟁력을 유지할 수 없는 시대가 되었다. 이전의 가격경쟁력과 품질경쟁력을 선두로 경쟁력을 유지하던 시대가 종말을 고했다. 플랫폼을 이해하지 못하는 개인과 조직에게는 미래가 없다. 이런 시대적 요청에 따라 새로운 경쟁력을 유지하는 관건으로 떠오른 것이 목적 경영이다.

2. BRT의 새로운 기업의 정의

기업들은 기본적으로 싼 가격과 품질의 상태를 유지해야 할 뿐만 아니라 고객에게는 다른 회사에서는 맛볼 수 없는 고유한 체험을 제공할 수 있어야 한다. 이런 체험에 대한 원천이 기업이 가지고 있는 철학과 목적이라는 연구결과들이 속속 등장하고 있다. 결국 초연결, 초지능 플랫폼 시대에 기업으로 성공하기 위해서는 자신의 제품과 서비스에 철학과 목적을 이입시켜 제품과 서비스를 통해 목적과 철학에 대한 체험을 팔 수 있어야 한다. 미국 자본주의 규범을 설정하는 BRT(Business Round Table)라는 미국 최고의 품격 있는 경제단체가 2019년 8월 19일 기업다운 기업의 정의를 바꾼 것도 이런 맥락에서이다. 이러한 기존의 신자유주의에 의한 기업의 정의를 목적 경영에 기반한 정의로 바꾸었다. 신자유주의에서 기업의 정의는 시장경쟁을 통해 이익을 극대화해서 주주에게 가치를 되돌려주는 임무를 수행하는 주체였다. 이런 기업의 정의를 바꾸어서 기업이란 자신들이 존재하는 목적에 대한 이유를 각성하고, 이 이유를 실현시켜 이윤이 따라오게 하는 주체로 바꾸었다.

이 정의는 기존의 전략적 인사관리의 개념을 바꾸도록 요구한다. 기존의 전략적 인사관리란 기업이 설정한 전략을 달성할 수 있도록 회사의 평가나 금전적 보상을 연동시키는 것이다. 구성원이 회사가 설정한 전략을 달성하는 활동으로 성과를 낼 수 있도록 회사의 인적자원 시스템을 회사의 전략과 정렬시키는 것이다. 전략적 인적자원이라는 것은 회사의 전략에 고기 덩어리를 달아놓고 구성원들에게 열심히 달려서 이 고기를 먹을 수 있다는 것을 독려하는 방식이다. 구성원의 입장에서는 조직의 전략이 주는 의미가 중요한 것이 아니라 고기 덩어리가 목적이 된다. BRT의 기업에 대한 새로운 정의는 지금까지 전략적 인사관리에서 인적자원을 드라이버로 삼았던 전략을 수정해서 새로운 인적자원 시스템을 가동할 것을 요구한다. 새로운 목적 경영 HR에서는 기업의 목적이 기업 구성원의 활동을 이끄는 드라이버이고, 이 결과로 파생한 이윤은 이 주체의 활동을 공정하게 평가해서 활동을 격려하는 강화제로 사용되어야 함을 의미한다.

미시간대학교의 퀸 교수(Robert Qoinn)와 워싱턴대학교의 타고 교수(Anjan Thakor) 등은 이런 신자유주의 대리인 이론을 대체하는 목적 경영의 신 거버넌스를 주창하고 있다. 또한 이런 새로운 목적 경영의 거버넌스(Governance)를 위해 조직을 어떻게 근원적으로 변화시킬 수 있는 지에 대한 자세한 로드맵을 제공하고 있다. 신자유주의를 대체하는 목적 경영의 쓰나미가 몰려오고 있음에도 대부분의 한국기업들은 신자유주의 경쟁과 시장경제라는 패러다임에서 벗어나지 못하고 있다. 글로벌 선진기업을 꿈꾸고 있는 대한민국의 기업들에게도 우리 평생교육기관의 경영자들에게도 초연결, 초지능 디지털 시대의 새로운 패러다임의 경영 통찰이 필요한 시점이다.

3. 목적 경영조직의 경영자 역할

목적 중심 경영의 개념은 많은 흥미로운 가능성을 제기한다. 과연 탁월성을 갖춘 문화가 있는 사회체제 창출이 가능할까? 개인적 이익과 집단적 이익이 하나가 되어 통상적인 기대치를 넘어서는 탁월성을 가진 조직문화를 창출하는 것이 실제로 가능할까? 경영자는 구성원들이 낙관적이고 헌신적이어서 그 조직이 재정적 기대치를 능가하고, 다른 조직은 분열할 때도 서로 뭉치는 그런 구성원을 보유하는 조직 창출이 과연 가능할까? 이 모든 질문에 대한 답은 많은 연구사례들을 통해서 '그렇다'이다. 진정성 있는 목적을 가진 조직은 두 가지 면에서 장점을 가진다.

첫째, 진정성 있는 목적은 '도덕적 접착제'를 형성하고 구성원에게 영감을 부여해 서로 결속시킨다. 구성원들은 편협한 자기 이익 추구보다는 조직의 집단적 이익에 따라 행동하도록 동기를 부여받는다. 사람들은 윤리적으로 절차를 무시하지 않는다. 그 이유는 그렇게 하는 것이 조직의 문화와 일치하지 않으며, 동료 구성원들이 지지하지 않을 것임을 알기 때문이다. 진정한 목적을 지닌 조직에서는 구성원들 서로가 옳은 일을 할 것으로 기대한다. 구성원들이 경쟁적인 조직 내부 게임에서 더 열심히 일하고, 서로 방해하는 행위를 줄여 조직에 오래 남고 싶어 하게 되는데, 이는 능력 있는 구성원들의 이직률을 낮춘다. 결과적으로 조직의 경제적 생산성이 늘어난다. 목적 중심적 경영자가 이러한 성과를 달성할 수 있다는 주장은 대규모 표본 연구에서도 드러나고 있다. 25개 산업 부문에 걸쳐 2만 명의 구성원들을 대상으로 한 설문조사에서, 뚜렷한 목적을 가지고 그것을 소통하는 책임 있는 경영자들이 구성원들에게 큰 영향을 미치는 것으로 나타났다. 목적 중심적 경영자의 구성원들은 전통적 경영자의 구성원들보다 70% 업무에 더 만족하고, 56% 더 적극적이며, 조직에 남을 가능성이 100% 더 높다고 알려졌다.

둘째, 진정성 있는 조직의 목적은 외부 이해 당사자들에게 조직의 깊은 의도를 확인시키는 데 도움을 준다. 이러한 명확성은 공공 규제기관, 경쟁업체, 공급업체, 고객들을 포함한 이해 당사자들과의 갈등을 줄인다. 폭스바겐의 오염물질 배출 데이터의 조직적인 위조, 도요타 자동차의 가스페달과 관련한 북미에서의 사고, 2007년부터 2009년까지 금융 위기 이후 많은 금융기관이 엄청난 벌금과 언론의 부정적인 관심을 받았던 경험에서 알 수 있다. 이러한 사건들은 경제적으로 이들 조직에 매우 큰 타격을 입혔다. 이와 반대로, 구성원과 고객 모두에게 주의를 기울이는 진정성 있는 목적을 가진 조직인 사우스웨스트항공은 다른 모든 회사보다 훨씬 나은 평판을 받으면서 다른 조직이 할 수 없었던 기적을 만들고 있다. 조직의 진정성 있는 목적은 자선이나 사업의 번창을 위한 만병통치약은 아니다. 조직이 잘 되려면, 다른 모든 사업 능력이 필요하다. 즉, 해당 핵심 경쟁력과 이와 연계된 전략, 좋은 제품, 계획 실행능력, 건전한 재무관리, 운영의 탁월성이 요구된다. 목적 중심 경영은 더 나아가, 회사의 사업과는 구별되는 어떤 자선활동이 아닌, 더 높은 목적과 사업전략의 공통분모에 대한 이해를 필요로 한다. 따라서 경영자는 조직을 진정성 있는 목적을 포용하면서 실행력 있는 경제적 성공을 강조해야 한다. 실제로 조직이 장기적인 재정적 건전성 없이 더 높은 목적 추구에 따른 단기적 희생을 감수할 수 있다고 상상하기는 어렵다. 조직이 진정성 있는 더 높은 목적을 포용하면서 그 목적이 조직의 전반적인 사업에서 경제적인 의미를 지녀야 한다.

4. 전통적 경영의 사고방식의 문제점

전통적인 경영 사고방식은 경영교육의 토대이며, 경영 언어 및 관행을 야기한다. 이러한 사고방식은 다음과 같은 명백하고 함축적인 추정을 바탕으로 한다.

이처럼 추정되는 전통적 경영학의 사고방식이 경영자로서 성공하는 것을 어떻게 방해할까? 전통적이란 것은 통상적인, 보통의, 확립된, 표준적인 것을 의미한다. 우리가 보통의 경험을 조사할 경우, 열거한 목록의 패턴을 발견하게 된다. 계층구조에서 살아남으려는 이기적인 사람은 정치적인 타협과 기대에 따르려는 경향을 있다. 문화는 사람들의 행동을 주도한다. 관리자들이 문제 해결에 관여하면, 문화가 확장된다.

표 6-1 전통적 경영 사고방식의 특징

	전통적 경영 사고방식 특징
1	통상적인 조직은 구조적인 계층 질서를 지닌다.
2	사람들은 위험을 회피하고, 자기 이익, 자신의 기대효용을 최대한 추구한다.
3	사람들은 금전적 보상을 위해 일하며, 개인의 희생을 최소화한다.
4	사람들은 더 많은 자원이 더 큰 보상, 조직의 힘, 기타 특전을 창출하기 때문에 자원을 놓고 경쟁한다.
5	사람들은 위험을 회피하고, 변화가 불확실성을 증대시켜 기대 효용을 감소시키기 때문에 현재 상태를 유지한다.
6	사람들은 자기가 다른 사람을 위해 힘들게 일한다고 여기기 때문에 능력껏 일하지 않는다.

구성원들은 균형과 통제를 회복하려는 도구가 되고, 문제 해결의 바탕이 되는 사고과정은 열거한 목록의 업무 추정을 시작으로 현상유지를 확실하게 한다. 경영학에서는 이런 업무 추정에 의거한 엄격한 분석을 가르친다. 경영학과 기타 관련 분야를 배우는 사람은 먼저 가치를 창출하는 능력을 키운 다음, 반대로 가치를 창출하는 능력을 줄이는 지식을 습득한다. 학문 분야는 먼저 초심자를 전문분석가나 문제 해결사, 즉 가치를 창출하고 문화적 기대 속에서 위로 올라가는 사람으로 변신시킨다.

그 사람은 정상으로 올라감에 따라 새롭고 더 복잡하며, 역설적인 사고방식이 필요하게 된다. 경영자는 문화를 유지하면서 동시에 파괴할 수도 있어야 한다. 경영자는 전통적인 사고와 계층적 관행을 통해 질서를 유지하면서, 동시에 사람들이 불확실성 속으로 들어가 학습하며, 혁신하도록 동기를 부여해야 한다. 이러한 질서를 유지하면서 변화를 불러일으키는 능력은 지시만으로 발휘될 수는 없다. 경영자는 목적과 비전 그리고 영감을 지녀야 한다. 경영자는 바람직한 미래의 이미지와 강요된 현재의 기존 이미지를 통합해야 한다. 또한 대인관계에 대한 인식과 권위를 내세우지 않고 영향력을 미치는 능력이 있어야 한다. 실험 연구에 따르면, 사람들이 전통적인 경제적 사고방식에 젖어있을 때 공감능력이 떨어지는 것으로 나타난다.

분석적 의사결정에 영향을 받는 사람들도 인식력이 떨어진다. 전통적인 사고방식의 경영자는 사람들을 지시에 따라 행동하는 대상으로 여긴다. 배리 웨밀러(Barry Wehmiller)의 CEO인 로버트 채프먼(Robert Chapman)은 이런 사고방식을 거부하는 목적 중심적 경영자였다. 그는 '나는 경영대학원에서 리더십에 관해 아무것도 배우지 못했다. 리더십에 관한 모든 것을 나는 육아에서 배웠다'고 했다.

전통적인 사고방식은 진정성 있는 목적의 개념을 형성하는 것을 방해한다. 그러한 사고방식은 친사회적 행동의 추구를 부정하고, 이기심, 결핍, 경쟁을 토대로 하며, 추정한 것을 생산하는 경향을 띠게 된다.

5. 전통적 경영이 목적 경영을 어렵게 하는 이유

전통적인 사고방식이 왜 진정성 있는 목적 경영을 방해하는가? 한 가지 가능성은 사람들이 계층구조를 올라감에 따라 성공한 결과를 중심으로 설명하려는 편향효과(sorting effects)가 존재한다는 것이다.

전통적 경영학에서는 과업 중심적이고 성취 지향적인 사람은 관측 가능한 유형의 결과를 달성하는 데 매우 유리하며, 경력 초반에 성공할 가능성이 높다고 본다. 이러한 성공은 스스로 승진을 모색하고, 측정 가능한 경제적 결과에 특히 신경 쓰는 사람에게 도움이 된다는 것이다. 조직문화가 개인의 성취도를 중시한다면, 모든 것이 성과에 따라 좌우되어 높은 수치를 달성하는 사람이 승진하고 보상받는다. 인센티브가 '막강한 힘'을 발휘하게 한다. 구성원들은 그런 사람을 모방하려 하고, 수치 중심적인 조직문화는 더욱 견고해진다. 그러나 이러한 편협하고 전통적인 초점은 관계를 파괴하고, 마침내는 수치도 하락시킨다.

불행하게도, 이러한 역설적인 역동성은 수치를 생산하는 사람들 눈에는 보이지 않는다. 승진하는 사람들은 대개 모든 성공이 자신의 능력 덕분이라고 생각한다. 따라서 그들은 자신의 성공에 기여한 '숨겨진 요인들', 즉 조직문화와 다른 사람의 기여를 거의 평가하지 않고 최고위직에 오르게 된다. 심리학자들은 이를 '귀인편향(attribution bias)'이라 부른다. 이런 사람들이 CEO가 되면 조직문화의 역할이나 더 높은 목적의 진가를 과소평가한다. 예를 들어, 그들은 이기심의 문화를 협업의 문화로 변형시키지 못한다. 그들은 기존의 문화를 바꾸는 데 필요한 진정성 있는 목적이나 도덕적 힘을 생성하지 못하기 때문에 조직을 움직일 수 없다. 이들이 조직의 문화적 문제에 직면하면, 보통 그들은 전통적 사고방식의 핵심인 기술적, 재정적 시스템에 대해 더 많이 분석하는 방법으로 대응한다. 그들이 더 적극적인 문화의 가치와 협업의 중요성을 깨달을 수는 있지만, 문화를 어떻게 바꿔야 할지는 미처 깨닫지 못한다. 문제를 다루는 그들의 '합리성'은 이미 벌어진 사회현실과의 어긋남을 더욱 악화시킨다. 악순환이 나타나서 조직을 긴장과 갈등, 부패의 소용돌이 속으로 더 몰고 간다. 분열되고 불신이 만연한 조직은 구성원들이 잠재력을 제대로 발휘하지 못한다.

한때 가치를 창출했던 권위 있는 인물이 부추겼던 전통적인 경제적 사고방식은 이제 가치를 파괴하고 있는 셈이다. 권위적인 그들은 그 이유를 도저히 알 수가 없다. 그렇다고 엄격한 사고와 경제적 분석을 폄하하거나, 사람들에게 그렇게 하지 말라고 요구하는 것은 결코 아니다. 반대로, 경제학과 관련 학문 분야의 엄격한 수단에 대해서는 계속 지지한다. 그러나 우리가 요구하는 것은 사람들이 전통적인 경제적 분석을 더 많이 하고, 더 완전하고 역동적인 형태의 이해와 영향력에 접근하는 것이다. 그러기 위해서는 전통적인 사고방식에서 벗어나고 일상에서 배제하는 것이 필요하다.

전통적인 경영적 사고방식의 모든 가정 가운데 다른 어떤 것보다 문제가 되는 것은 경영자에게 '전문가'가 되어야 한다고 강요하는 것이다. 경영자는 자신이 모든 해답을 갖고 있어야 했다. 무엇보다 이러한 가정이 제왕적인 CEO이거나 스스로를 대단한 존재라고 생각한다면, 그런 생각이 일처리를 성공적으로 할 수 없도록 만든다. 통제력 있고 실패한 경험이 없는 전문가가 되어야 한다는 것은 전통적 사고방식에서는 자연스러운 결과다. 이는 CEO에게만 국한된 문제가 아니다. 전통적인 사고방식은 조직문화에 깊숙이 스며들어 모든 사람에게 적용된다.

우리는 말을 배울 때부터, 전통적인 사고방식을 내면화한다. 우리는 부모로부터 삶은 위계적이라는 것을 배운다. 예를 들어, '내가 그렇게 하라고 말했지'라는 말을 듣는 것과 같다. 또한 위계의 맨 밑에 있는 것보다 꼭대기에서 '내가 사장이야'라는 게 더 낫다고 배운다.

사람들은 이기적이며, 결과는 부모의 명령처럼, 협상을 거쳐야 한다고 배운다. 예를 들어, 경영대학원에 가면 첫날 첫 시간에 지식의 문화와 맞닥뜨린다. 바로 우리는 항상 똑똑해야 하고, 모든 질문에 옳은 답을 해야 한다고 배운다. 대학원에서 보내는 2년 내내 우리는 계속 아는 척 가식을 떨면서, 모른다는 것이 들통날까 봐 두려워한다. 아무 학생이나 콕 집어 답을 하라고 지명하는 교수처럼 끔찍한 경우는 없다. 경영대학원을 졸업하고 조직에 들어가면, 흔히 똑같은 지식문화와 맞닥뜨린다. 우리는 간혹 다른 사람을 칭찬하는 소리를 듣는다.

'저 친구 정말 똑똑해!' 또는 '그 사람에게 물어 봐. 모르는 게 없어!' 이 메시지는 분명하다. 누군가에게 지시할 수 있는 직위에 있거나 승진이 빠른 사람이라면, 직무와 관련된 모든 것을 알아야 한다고 생각하게 한다. 그러나 이러한 생각은 힘 있는 사람들을 보호하기 위해 나타나는 의식으로 이어진다. 우리는 우리의 무지가 드러나는 상황에 절대로 있어서는 안 된다. 지식문화의 문제점은 학습문화가 부상하는 것을 막는다는 것이다. 알베르토(Alberto) 같은 사람이 자기가 전문가라고 믿는 경우 정보는 조직의 위에서 아래로 흐른다. 정보가 올라오는 경우에는 상당히 걸러져 전달된다.

전통적인 사고방식은 개인 이기주의에서 나온다. 그것은 한 사람이 전체적으로 행동하고 통제한다고 가정한다. 이러한 가정은 그 영향력이 모든 방향으로 흘러간다는 사실을 무시한다. 실제로 조직에서는 계층의 가장 위에 있는 사람을 포함해, 모든 사람이 태도 형성에 관여한다. 조직은 구성원들 사이에서 수많은 대화가 동시에 일어나며, 그들의 학습은 상호적이다. 이러한 과정은 기계적으로 일어나는 것이 아니라 매우 복잡하고 적응이 필요하다. 구성원들 간 대화의 질은 해당 조직이 어떻게 업무수행을 하는지와 많은 관련이 있다. 전통적인 사고방식으로는 관리자를 문화의 확장자로 간주한다. 대부분의 사람은 조직문화가 존재한다고 인식하지만 그 문화가 자신들보다 더 크다고 받아들인다. 그들이 스스로 조직문화를 만들어 낼 수 있다고는 상상하지 못한다. 그들에게는 자신이 문화를 창조할 수 있다는 자신감인 소위 문화적 자기효능감이 결여되어 있다. 따라서 문화적 자기효능감이 결여되었을 경우에는, 조직문화 바꾸기는 최고위직인 누군가의 일로 여긴다. 결국, 리더십은 적극적인 사고방식을 가지고, 기존 문화의 바깥에 존재할 수도 있는 무언가를 상상하고 창조할 수 있는 능력을 갖출 것을 요구한다.

6. 포용적 경영과 목적 경영의 사고방식

긍정적 사고방식을 가진 경영자는 통제와 제약이라는 관리자적 언어를 사용하지만, 구성원들에게 힘을 실어주고 조직이 성장할 수 있는 방향을 제시한다. 그 결과 깊이 있는 학습을 통해 현실의 복합적인 모습을 볼 수 있으며, 전통적인 언어와 전통적이지 않은 리더십의 언어를 모두 구사할 수 있게 된다. 그들은 더 긍정적이고 다양하고, 역동적인 문화를 바꾸는 사고방식으로 조직을 경영한다. 지적인 낙관주의자로 관습의 제약조건도 가능성을 지닌 현실로 받아들인다. 포용적 사고방식의 경영을 실천한다.

표 6-2 **포용적 경영 사고방식의 특징**

	포용적 경영 사고방식의 특징
1	조직은 역동적인 사회적 시스템이다.
2	사람들은 이타적인 기여자가 될 수 있다.
3	사람들은 더 높은 목적을 위해 희생할 것이다.
4	사람들은 자의적인 에너지를 투자할 수 있다.
5	사람들은 협업하고, 함께 창조할 수 있다.
6	사람들은 영감을 얻을 수 있고, 전적으로 참여할 수 있다.
7	사람들은 직장에서 성장하고, 한껏 능력을 발휘할 수 있다.
8	사람들은 기대 이상의 것을 할 수 있다.

전통적인 사고방식은 배타적이고, 어느 한쪽만의 사고를 근거로 한다. 그러나 보다 긍정적이고 포괄적 사고방식은 어느 한쪽이 아닌, 양쪽의 사고를 토대로 한다. 포괄적 사고방식을 취하는 것은 전통적 사고방식을 배제하는 것이 아니다. 우리가 포괄적 사고방식을 지닐 때는 단지 인지적으로 더 복잡하게 될 뿐이다. 잃는 것은 아무 것도 없다. 우리는 관습에 얽매어 살아갈 수도 있지만, 관습을 벗어나는 일도 상상할 수 있다. 우리는 미래를 개념화하면서 과거를 올바르게 평가할 수 있다. 우리는 사람들이 진정성 있는 더 높은 목적을 찾았을 때, 새로운 느낌과 생각을 하게 되는 것을 보았다. 더 높은 목적을 명확하게 표현하고 수용할 때, 사람들은 새로운 삶의 길로 들어선다. 사람들이 명백한 보상

과 승진의 대가를 통해서만 기대하는 효용성을 최대화하고 제한적인 자원을 얻기 위해 항상 경쟁하면서 현상유지를 바란다는 가정을 버리게 된다.

표 6-3 목적 경영 사고방식의 특징

	목적 경영 사고방식의 특징
1	조직은 계층적 구조이지만, 역동적인 사회 시스템이기도 하다.
2	사람들은 이기적이지만, 더 거대한 전체를 위해 자신의 편협한 이기심을 억제하면서 조직의 진정성 있는 목적에 의해서 동기를 부여받을 수 있다.
3	사람들은 돈을 위해 일하지만, 조직의 목적과 의미 있는 일을 위해서 때로는 희생하기도 한다.
4	사람들은 비용을 최소화하고 자원을 얻기 위해 경쟁하지만, 조직의 이익과 공동의 더 높은 목적을 위해 협력할 수 있다.
5	사람들은 소외되기도 하지만, 진정성 있는 목적에 의해 영감을 받아 전적으로 조직에 참여할 수도 있다.
6	사람들은 현 상태를 유지하지만, 도전에 참여하고 변화를 시작할 수도 있다.
7	사람들은 슬럼프에 빠져 실적이 저조할 수도 있지만, 대리인 문제를 극복하고 직장에서 성장하며 능력을 발휘할 수도 있다.

사람들이 더 진정성 있는 목적을 추구할 때, 그들은 그로 인해 직접 생성되는 효용성을 얻는다. 그래서 조직의 친사회적인 목적에 더욱 가까이 다가가는 것을 자신의 이익으로 간주한다.

그들은 명백한 보상과 승진 대가를 넘어서 진정성 있는 목적을 추구함으로써 제공되는 본질적인 개인적 보상을 알게 된다. 그들은 경쟁할 가능성이 적고 협업할 가능성은 더 높다. 사람들은 진정성 있는 목적을 추구함으로써, 심층학습을 경험한다. 그 과정에서 그들은 새롭고 더 역동적인 힘 있는 자아를 창조하고 발견하며, 기존의 관점으로는 상상할 수 없던 일들을 시작한다. 그들은 조직의 탁월성, 더 높은 목적과 연계된 사람들과의 네트워크, 탄력성 입증, 학습 참여, 더 높은 업무성과 패턴을 만들어냄으로써 협업의 가능성을 보여준다. 이 과정에서 그들은 전통적 사고방식을 초월해서, 더 적극적적이고 복합적이며 역동적인 사고방식을 갖는다.

제2절 새로운 경영학의 가능성 목적 경영

1. 주인 - 대리인 모형

태양이 눈부시게 이글거리는 뜨거운 한낮을 상상해보라. 소작인이 들판에서 땀 흘리며 힘들게 일하고 있다. 그는 근처 시원한 나무 그늘 아래서 한숨 돌리며 쉬고 싶지만, 일이 끝난 다음 수확량에 따라 일당을 받는 처지라 그럴 수가 없다. 그는 먹여 살려야 할 가족이 있고, 수확을 많이 할수록 더 많은 일당을 받는다. 그는 저녁에 집에 가면 쉴 수 있다고 마음을 다잡는다. 지금은 어둡기 전까지 열심히 일하여, 가급적 많은 수확을 올려야 할 때다. 물론 이것은 더 열심히 일하면 일당을 더 받고, 게으름을 피우면 덜 받는다는 토지 소유자인 지주가 원하는 지배방법이다.

이 이야기는 고용주와 구성원 간의 관계를 설명하는 경영학의 소작인 모형을 예로 든 것이다. 이 이론은 주인-대리인 모형으로 불리며, 경제학 발전에 기여한 공로로 여러 개의 노벨경제학상을 받기도 했다. 한 사람이 조직에 고용될 경우, 해당 조직은 그 사람이 노력하기를 싫어할 것이고, 가급적 일을 덜 하려 할 것으로 인식한다. 다른 모든 조건이 같다면, 그 사람은 조직에서 일하는 경우에는 게으름을 피울 것이다. 조직은 개인이 열심히 일하기를 원하기 때문에 개인에게 가장 이익이 되는 환경을 만들어야 한다. 개인은 기대효용을 최대화하고, 개인적 노력과 희생은 최소화할 것이다.

또한 소작인에게 지주가 있는 것처럼, 조직은 위계구조로 되어 있다. 개인이 열심히 일하도록 만들기 위해, 조직은 일반적으로 감독을 투입하는 것과 생산성 인센티브라는 두 가지 관행을 활용한다. 투입된 감독은 구성원이 얼마나 열심히 일하는지를 살핀다. 소작인이 얼마나 열심히 일하는지를 살피기 위해 들판을 둘러보는 지주를 상상해보라. 분석적인 모든 조직을 이런 형태로 통제했다. 관측된 수확량이 증대됨에 따라 늘어나는 보상을 구성원에게 제공하는 생산성 인센티브를 실행한 것이다. 생산성 인센티브는 구성원이 얼마나 열심히 일하는지를 관리자가 온종일 살피지 않아도 되게 한다. 주인-대리인 모형은 행동을 잘 설명하고 명쾌하며 다루기 쉽기 때문에 경제학에서 고용주와 구성원 관계를 기술하는 일꾼 모형으로 근로계약뿐만 아니라 다수의 금융계약을 어떻게 설계할 것인지에 대해 유용한 통찰력을 제공해왔다.

이 모형의 핵심요소는 도덕적 해이이다. 도덕적 해이는 한 개인이 집단의 이익보다 개인의 이익을 선택하고, 계약 그 자체의 법적 측면은 아니지만 계약관계의 정신을 위반하는 방식으로 행동할 경우에 일어난다. 이러한 이기심은 강력하고 전염성이 있다. 예를 들어, 상사가 집단 이익보다 개인 이익을 택할 경우, 직속부하는 이에 똑같이 대응한다. 직속부하는 그렇게 하는 것이 비록 공동의 선을 희생하는 것일지라도, 자기 이익을 추구한다. 시간이 지남에 따라, 점차 자기 이익을 추구하는 것이 어느새 조직문화, 즉 사회적 계약이 되어버리고 만다. 그렇게 되면 통합은 어렵고, 인간관계 연결망은 흐트러지며 개인 및 시스템의 생산성은 떨어진다. 조직은 단합된 노력을 잃고, 모두가 자기 이익만을 추구하는 개인들의 집합체가 된다. 전통적 사고방식을 지닌 사람들은 자기 이익을 추구한다. 생산성 기반인 보상이나 투입되는 감독이 없으면, 소작인은 게으름을 피운다. 농작물 수확량을 최대화하는 데 관심이 있는 지주는 더 많은 수확을 위해 자신에게 더 많은 일당을 지불하든가, 아니면 더 엄하게 감독해야 한다. 만약 지주가 그 둘 중 아무것도 하지 않는다면 소작인들은 당연히 게으름을 피울 것이다.

소작인은 지주가 자기를 이기적인 존재로 볼 것이라고 논리적으로 예상하며, 지주 역시 소작인이 자신을 자신의 이익만 신경 쓰는 지주로 간주할 것임을 논리적으로 예상한다. 상대가 어떻게 행동할 것인가에 관한 서로의 예상이 실제로 각 당사자가 행동하는 방식이 될 경우에 균형이 형성된다. 목적 경영을 위해서 전통적인 주인-대리인 모형이 왜 변화되어야 하는지를 설명하기 전에, 이기적인 행동을 어떻게 계약적으로 다룰지를 이해할 수 있는 틀 안에서 경영학의 요구를 충족시키기 위해 이 모형이 개발되었음에 주목해야 한다. 주인-대리인 모형에서 첫 번째로 가장 깊은 통찰은 사람들이 자신과 관련된 계약에서 인센티브에 반응하기 때문에 그 인센티브가 중요하다는 것이다. 성과급의 인센티브 효과는 행동변화를 유도해, 6%에서 35% 사이에 해당하는 생산성 증대가 나타났다. 하지만 영국의 전문 경마기수들에 대한 또 다른 연구에서는 승리조건부 보너스 지급이 성과를 향상시킨 것으로 나타났다. 수많은 연구가 인센티브에 반대한다고 주장한다. 이들 연구는 인센티브가 비생산적이며, 구성원들이 엉뚱한 일에 초점을 맞추는 현상을 일으킨다고 말한다. 두 번째로 주요한 통찰은 사람들이 노력과 위험을 모두 회피한다는 것이다. 따라서 사람들은 열심히 일을 해야지만 더 나은 보상을 받게 된다고 인식할 경우에만 열심히 일하며, 대가가 불확실한 것을 싫어한다.

2. 경영학의 재구성 목적 경영

'조직의 진정성 있는 목적'이란 일반적인 비즈니스 목적을 초월한 친사회적 목적을 추구하지만 두 가지 목적을 동시에 추구하는 것을 의미한다. 즉, 사업 목적뿐만 아니라 친사회적 목적과도 일치하는 의사결정을 한다는 뜻이다. 존 스컬리(John Sculley)는 스티브 잡스(Steve Jobs)의 말을 이용해 조직의 목적에 대해 다음과 같이 말했다. '위대한 회사는 대의명분을 가져야만 한다. 그런 다음 리더가 할 일은 조직의 대의명분을 세계에서 가장 재능 있는 사람들이 합류하고 싶을 정도로 영감을 주는 비전으로 전환하는 것이다.' 우리는 기업의 사회적 책임이나 자선적 기여의 결과를 조사하는 데는 별 관심이 없다. 더 높은 목적의 추구는 이익과 주주가치 같은 전통적인 결과를 생성하는 것과는 다르고, 자선적 기여 같은 목표를 추구하는 것도 아니다. 오히려 우리는 암 치료방법을 찾기 위해 일하는 생명공학 회사나 '행복과 지식을 찾는 사람들을 위한 장소'로서의 디즈니랜드를 만든 월트 디즈니사의 경우처럼, 사업과 조직의 목표에 통합되어 더 높은 목적을 추구하는 것에 관심이 있다. 리처드 라이더(Richard Leider)는 개인 차원에서의 진정성 있는 목적을 다음과 같이 정의한다. '목적은 우리 내면의 핵심 차원으로 우리가 누구이며, 어디서 와서 어디로 가는지에 대한 가장 깊은 감각을 가지고 있다. 목적은 우리의 삶을 형성하기 위해 우리가 선택하는 기질이다. 목적은 에너지와 방향의 근원이다.' 라이더의 연구는 우리에게 다음과 같은 질문을 하게 한다. 조직의 진정성 있는 목적의 채택이 어떻게 구성원들의 목적과 연계될 수 있는가? 주인-대리인 모형에서 근본적으로 사람들은 자기 이익을 추구한다는 가정을 어떻게 수정해, 탁월한 성과를 유도하는 방식으로 노력의 투입을 늘리고 예산의 제약을 완화하도록 할 수 있는가? 이 질문에 대한 답으로 이 장에서 50년 전, 미국경제협회의 회장 연설에서 케네스 볼딩(Kenneth Boulding)이 목적 경영이론을 주창했다. 종종 사람들은 자신의 목적을 찾았거나, 진정성 있는 목적을 위해 사는 것을 배웠기 때문에 '함께 사는 삶'을 말한다. 우리가 본 것처럼, 목적은 눈앞의 자기 이익을 초월할 때, 계약을 서약으로 바꿀 때 더 높아진다. 진정성 있는 목적은 기여할 수 있는 목표 혹은 사회과학자들이 친사회적 목표라 부르는 것으로, 초점을 공공의 선에 기여하는 것에 맞추는 것을 의미한다. 따라서 목적을 가지고 산다는 것은 자기 자신보다 더 큰 어떤 것에 집중하고 그것을 위해 자신을 희생하는 것이다. 연구결과에 따르면 이러한 행동을 통해 다음과 같은 개인적 특성이 발달한다. 주도적인 태도를 취하고, 다른 사람을 돕고, 의미 있는 일을 계속하며, 부정적인 피드백에 대하여 열린 태도로 임하고, 다른 사람에게 동기를 부여하면서 새로운 아이디어를 자극하고, 창의적 행동을 불러일으킨다. 근원적인 리더십 특성의 목록이다. 목적 중심적 삶을 살기 시작하면, 도덕적 특성이 살아난다. 더 나은 자기 자신이 되는 것이다. 더 높은 목적을 지닌 리더는 공동의 선에 초점을 맞춘다. 이렇게 이기심을 초월하면 도덕적 힘을 낳는다. 도덕적 힘은 이타적으로 공동선을 추구하는 사람들에게서 나오는 영향력이다. 이기심과 마찬가지로 도덕적 힘도 전염되며, 널리 퍼져나갈 수 있다. 또한 사람들의 주의를 끌고, 새로운 행동들을 불러온다. 진정성 있는 목적을 지닌 사람들이 행동할 때, 다른 사람에게서도 최선의 행동을 이끌어낼 수 있다. 그들이 계속 그런 행동을 하면, 높은 성과를 올리는 조직문화를 낳게 된다.

3. 진성 리더십과 목적 경영

진정성 있는 목적의 채택이 구성원과 목적 간의 연대를 만들고, 그들에게 더 열심히 일하고 더 주인의식을 갖게 하며, 자기 이익보다 공동선을 우선하도록 함으로써, 조직이 더 높은 목적을 위해 일하도록 돕는다. 이는 더 나은 경제적 성과를 가져온다. 그러나 이러한 일들은 구성원들이 그 목적이 진정성이 있다고 믿는 경우에만 일어난다.

목적 경영이론에서 경영자의 중요한 목적은 공동선을 인식하는 것이며, 그것을 위해 자신을 희생함으로써 다른 사람들이 따르게 하는 것이다. 진정성 있는 목적의 경영이론을 위해 다음과 같은 구성 요소가 있다. 이기적인 사람들은 변화할 이유가 없으면 계속 이기적인 행동을 한다. 목적 중심적 조직에서, 경영자는 지속적으로 공동선을 지향하고 개인적인 희생을 한다. 이러한 관습에 얽매이지 않은 행동을 일부는 거부하지만, 다른 사람들도 똑같은 행동을 하도록 끌어들인다. 관계가 변하면, 모든 계층의 사람들이 서로에게 활력을 주기 시작한다. 이러한 구성 요소를 사용하여 경제이론을 개발하기 위해서는 먼저 몇 가지 가정을 해야 한다. 첫 번째 가정은 구성원들이 자신들이 하는 일에 대해 조직으로부터 받는 금전적 및 비금전적 보상과 편협한 자기 이익을 초월한 친사회적 목표를 추구함으로써 얻게 되는 효용이라는 두 가지에 관심을 둔다는 점이다. 그러나 많은 구성원이 특정한 친사회적 목표 혹은 조직의 더 높은 목적에서 얼마나 많은 유용성을 얻게 되는지, 더 높은 목적의 추구를 어떻게 일상적인 업무활동과 의사결정에 통합시키는지에 대해서는 확신을 가지지 못할 수도 있다. 그들이 이것을 발견하기 위해서는 관찰과 반성이 필요할 수도 있다. 조직이 진정성 있는 더 높은 목적을 가지고 있다고 구성원이 믿는다면, 일에 대한 금전적 및 비금전적 보상뿐인 경우보다 기꺼이 더 열심히 일할 것이다. 달리 말하면, '공동선을 위한 희생'을 기꺼이 감수한다. 왜냐하면 그렇게 하는 것이 열심히 일하는 데 따른 임금과 승진 보상이 제공하는 이상의 만족이나 유용성을 제공하기 때문이다. 서약이 역할을 하면 개인에게 유용성을 향상시키는 내재적 보상을 하게 되는데, 이는 그들이 단지 계약에 반응할 경우에는 전혀 일어나지 않는 특별한 현상이다. 물론, 핵심은 구성원들이 조직이 추구하는 목적의 진정성을 정말로 믿어야만 한다. 그러한 믿음을 창출하기 위해 경영자는 다음과 같이 행동해야 한다.

① 진정성 있는 목적을 찾아서, 그것에 대한 믿음을 가져라.
② 그렇게 찾아진 목적과 진정성으로 소통하라.
③ 진정성 있는 목적과 사업전략을 통합하라.
④ 진정성 있는 목적을 사업과 구성원의 일상적 의사결정에 반영하라.

4. 진성경영자와 유사경영자

세상에는 두 종류의 경영자가 있다. 즉, 목적을 진정으로 믿는 진성경영자와 사업 목표 추구에만 관심 있으며 구성원이 공동선을 위해 희생하고 그들의 행동을 바꾸게 하려고 진실을 연기하는 유사경영자가 있다. 경영자 자신만이 자신의 유형을 안다. 다른 사람에게는 그들 모두 똑같아 보인다. 또한 목적을 추구하는 구성원들이 겪은 희생 덕분에 경영자가 하는 일과는 관계 없이 더 나은 결과를 가져오지만, 이렇게 얻는 이익은 경영자가 진정성 있는 목적에 전념하고, 꾸준히 목적과 일치하는 방식으로 행동할 경우 얻는 결과에 비하면 약하다.

두 유형의 경영자 모두 자신이 진성경영자라고 말할 수 있다. 그러나 구성원들은 누가 진성경영자인지, 유사경영자인지를 말할 수는 없어도 안다. 이는 조직의 경영자가 진정성 있는 목적을 가지고 있는지를 구성원들이 의심의 눈초리로 바라본다는 것을 의미하며, 경영자는 구성원에게 자신의 진정성을 확신시키기 위해 특별한 노력을 기울여야 한다. 이는 유사경영자가 진성경영자인 것처럼 빈틈없는 연기로 개인이나 조직에 비용이 많이 드는 단기적인 큰 손해를 입힐 수도 있다. 그러나 진성경영자는 유사경영자보다 조직의 진정한 목적을 추구하며 항상 더 큰 개인적 만족과 효능감을 이끌어낼 것이다. 따라서 조직의 목적을 추구하는 경영자에게 가해지는 순수한 부담은 유사 경영자보다 진성경영자의 경우가 더 적다. 그래서 진성경영자에게는 바람직한 헌신으로 여길 수 있는 수준도, 유사경영자에게는 너무 높은 부담이 될 수 있다. 목적에 대한 헌신이 있는 경우, 구성원은 그것을 관찰하고 진정성 있는 것으로 믿게 될 것이다. 그러나 그러기 위해서는 경영자가 먼저 사업의 맥락을 고려하여 조직에 의미가 있는 더 높은 목적을 찾아야만 한다. 하워드 슐츠(Howard Schultz)가 창업한 스타벅스(Starbucks)의 목적은 '직장과 집 사이에 제3의 장소를 제공'하는 것이었다. 월트 디즈니(Walt Disney)의 목적은 '사람들이 행복과 지식을 찾을 수 있는 장소'를 창조하는 것이었다. 조직의 숭고한 목적은 조직만큼이나 다양하다. 그러나 모든 경영자의 첫 걸음은 목적 중심적 구성원을 상상하고 조직을 위한 더 높은 목적을 찾는 것이다. 스티브 잡스(Steve Jobs)가 정의한 '대의명분'이 친사회적인 것이 될 수는 있지만, 숙고를 통한 발견이 필요하다. 일단 조직이 목적을 찾았다 해도, 경영자는 그 목적에 진정성이 없고, 구성원들이 그 진정성을 인정하지 않는다면, 그것이 서약이 될 수 없다는 점을 이해해야 한다. 경영자의 지속적이고 처절하리만큼 진정성 있는 행동이 구성원의 마음에 정서적 반향을 일으켜 맥락적 소통을 하도록 메시지를 전달해야 한다.

경영자가 처음으로 목적을 소통하고자 할 때 구성원이 그 말을 곧이곧대로 들을 것이라고 가정할 수는 없다. 메시지는 몇 번이고 반복해야 하고, 목적이 가진 의미를 지속적으로 탐구하고, 논쟁하고, 설명해야 한다. 메시지를 반복하면, 구성원들이 더 높은 목적을 내면화하고 믿는 데 도움이 되며, 그들 각자가 어떻게 조직의 목적을 자신의 의사결정과 행동에 통합시킬 수 있을지 학습하도록 자극한다. 이 과정에서 조직의 목적은 모든 의사결정의 결정권자가 된다. 그들은 조직의 목적을 알기 때문에 지시를 받지 않고도 올바른 결정을 할 수 있다. 이런 학습 과정은 구성원들에게 활력을 줄 수 있다. 그들이 조직의 목적과 사업적 결정의 공통분모 공간에서 생활하기 시작하면, 공동선을 추진하는 데 도움이 되는 개인적 희생을 하기 시작하고, 조직의 목적을 위한 홍보대사가 된다. 이런 식으로 중간관리자들은 점차 목적 중심적 리더로 변신한다. 그 결과 회사 내 경쟁과 이기적 문화는 줄어든다. 구성원은 동료 구성원이 어떻게 행동할지에 대한 불확실성이 적어지는 것을 느끼며, 경제학자들이 전략적 불확실성이라고 부르는 인식이 줄어드는 것이다. 낮아진 불확실성과 목적에 대한 헌신으로 조직은 구성원과의 임금계약도 변화를 꾀할 수 있다.

조직은 구성원들의 동기부여가 명시적 임금계약에서 나온다는 기대에 의존하지 않게 된다. 구성원은 더 많은 보너스를 받기 위해서 더 열심히 일하는 것이 아니라 그들이 믿는 더 높은 목적에 기여하기 때문에 열심히 일한다. 시간이 지남에 따라, 목적 중심적 관리자들은 조직의 다른 사람들을 더 조직의 목적에 연계시키기 시작한다. 구성원들은 자신의 일을 조직이 사업 목표를 달성하는 데 도움을 줄 뿐만 아니라 스스로 더 큰 무엇으로 여기기 시작한다. 계약이 서약으로 정착하기 시작한다. 그들은 조직의 목적에 대한 한없는 열정으로 주위를 환하게 밝히고, 타인을 변화시킨다. 경영자는 이러한 조직 내의 적극적 에너자이저들이 마음껏 기를 펼치며 전문가가 될 수 있는 놀이터를 제공해야한다.

따라서 새로운 목적 경영 이론은 주인-대리인 모형을 부정하지 않고, 오히려 증대시키려 한다. 우리는 인센티브가 노력 회피를 극복하는 힘이 있다는 것을 인식하고 있다. 또한 구성원들의 위험회피가 얼마나 계약적 해결을 어렵게 하는지도 알고 있다. 진정성 있는 조직의 목적은 구성원들이 느낄 수 있는 위험부담을 줄이고, 그들이 태만한 행동을 극복하는 데도 도움을 준다.

5. 목적 경영조직의 사례연구

사우스웨스트 항공은 오래 전부터 목적 중심적이고 가치관 기반을 둔 조직으로 알려졌다. 목적 추구와 가치관에 기반을 둔 활동은 종종 관습에 얽매이지 않는 의사결정과 적극적인 결과로 이어진다. 2001년 세계무역센터에 대한 공격은 항공 여행에 끔찍한 영향을 미쳤다. 승객들이 외면하자, 항공회사들은 인원감축을 할 수밖에 없었고, 많은 항공회사가 순전히 경제적 사고방식으로 그런

결정을 내렸다. 예를 들어 US 항공(United Airlines)은 재정 긴급사태를 선언했다. 이로써 이 항공사는 노조계약이 무효화되어 수당과 퇴직금 없이, 어떤 다른 항공사보다 더 많은 구성원을 해고할 수 있었다.

US 항공처럼 사우스웨스트 항공(Southwest Airlines)도 저비용(LCC: low Cost Commecial) 항공사였는데, 이런 회사가 가장 큰 타격을 받았다. 그러나 사우스웨스트는 단기적인 재정 압박에 대응하는 것보다 구성원들의 신뢰와 충성심이 더 중요하다는 가정을 바탕으로 행동했다. 사우스웨스트는 투자자들로부터 올바른 경제적 결정을 내리지 않은 데 따른 엄중한 처벌을 받을 위험을 무릅썼다. 그러나 이후 12개월 동안 사우스웨스트를 포함한 모든 항공사의 주식 수익률이 마이너스를 기록했지만, 사우스웨스트 주주들은 모든 주요 항공회사 중에서 손해가 가장 적었다.

사우스웨스트는 대부분의 다른 항공사들보다 더 빨리 회복되었다. 사우스웨스트는 압박상황에서도 업무수행능력을 잃지 않았다.

최근의 연구는 진정성 있는 목적의 추구가 경제적 성과를 향상시킨다는 관찰을 뒷받침하는 증거를 제공한다. 두 명의 스웨덴 경제학자가 주인과 대리인에 대한 실험실 연구에서 목적 추구의 영향을 조사했다. 그들은 진정한 목적의 추구가 구성원에게 기업에 대한 '온정'을 유발하여, 구성원의 행동에 적극적인 영향을 미친다는 가설을 세웠다. 실험에서 일부 연구 참여자들이 각각 주인과 대리인 역할을 한 실험 상황에서, 실험군의 주인들에게 그들의 수입을 실험에서 설계된 다양한 방식으로 스웨덴 적십자사에 기부하라고 요청했다. 연구결과 주인의 수입 중 일부를 자선기관에 기부한 실험군에서 대리인이 가장 열심히 일하고, 경제적 능률도 가장 높음이 밝혀졌다. 이는 목적의 추구는 주인과 대리인이 협상하는 계약의 효과성을 향상시키며, 이는 대리인이 제공하는 더 많은 노력에 중요한 역할을 한다고 결론 내렸다. 행동은 부분적으로 진정성 있는 목적 추구에 의해 영향받을 수 있지만, 이는 명백하게 협상된 계약조차도 영향을 받을 수 있기 때문이다. 즉, 기본적으로 계약이 변경되는 것은 계약과 노력, 결과의 전체적인 생태계인 셈이다.

하버드 경영대학원, 컬럼비아대학교, 와튼스쿨(Wharton School)이 수행한 대규모 표본연구는 2006년부터 2011년까지 917건의 기업연도 관찰을 포함해 429개 기업의 약 50만 명에 달하는 사람들을 대상으로 설문조사를 시행했다. 이 연구에서 명확하게 소통이 이루어진 진정성 있는 목적은 재무운용능력 및 주가 같은 미래의 성과 측정에 적극적인 영향을 미치는 것으로 밝혀졌다. 목적을 지닌 조직이 두 가지 형태로 나타나는 것을 발견했다. 구성원들 사이에 동지애가 강한 기업과 경영층의 명확성이 높은 기업이다.

그들은 조직의 목적과 명확성을 모두 나타내는 기업은 현재의 성과를 통제한 후에도, 체계적으로 더 높은 미래 수익과 주식시장 성과를 보유했다. 그들은 이러한 관계가 고위 임원들보다는 중간 경영층과 전문적인 기능을 지닌 구성원들의 인식에 의해 주도된다고 결론 내렸다. 연구결과는 목적 경영이론과 일치한다. 중간 계층의 구성원들이 조직의 목적이 진정성을 가진다고 믿고, 최고경영층이 그것을 명확하게 소통한다면, 더 나은 경제적 성과를 얻을 수 있다.

결론적으로 새로운 목적 경영이론은 조직의 사업 목표와 부합되는 진정성 있는 높은 목적을 채택함으로써, 구성원들에게는 개인적인 노력이 두 가지 효과를 나타낸다. 즉, 더 많은 보상과 승진이나 기타 외부 보상으로 자신의 경제적 복지에 기여하고, 그들이 관심 있는 더 큰 사회적 선에 기여하는 것이다. 이는 그들이 자신의 힘든 일에서 인식하는 가치를 증대시키고, 기꺼이 더 열심히 일하도록 만들며, 더 많은 위험을 감수하고, 더 기업가적으로 되도록 한다. 핵심은 기업이 진정성 있는 목적을 추구하기 위해 진성 경영자가 행한 경제적 희생이 단지 구성원을 통제하고 조종하기 위한 또 다른 수단이 아니라는 사실과, 그 진정성을 구성원에게 충분히 납득시킬 수 있어야 한다는 것이다.

제3절 목적 경영의 끌개, 조직의 정신 모형

1. 정신 모형 I, II

사람들은 자신의 눈으로 세상을 본다고 생각하지만 눈으로 볼 수 있는 세상은 빙산의 일각에 불과하다. 대부분은 자신이 경험하고 만든 정신 모형이라는 지도에 구축되어 있는 믿음대로 세상을 본다. 정신 모형은 과거 경험을 통해 현재가 어떻게 돌아갈 것인지에 대한 자신의 믿음이거나 미래가 어떻게 돌아갈 것인지에 대한 개인적 믿음의 지도이다. 우리의 뇌는 세상을 좀 더 잘 이해하기 위해서 끊임없이 지도를 그려내고 수정한다. 뇌의 지도를 그리는 능력이 없다면 세상을 이해할 수 있는 방법이 없고 세상을 이해하지 못한다면 필요한 행동을 도출해내지 못한다. 뇌는 변화하는 세상을 더 잘 이해하기 위해 강박관념을 가질 정도로 지도를 만들어낸다. 이런 뇌의 성향은 인간의 유전자에 각인되어 있어서 사람이라면 아이든 어른이든 노인이든 다 가지고 있다. 뇌의 이런 지도를 그려내는 능력이 없다면 세상에서 들어오는 불확실성을 통제하는 방법이 없기 때문에 사람들은 스트레스를 받아서 결국 사망하게 되어 있다.

이와 같은 정신적 지도를 정신 모형이라고 한다. 사람들은 어느 순간 세상의 변화속도에 밀려서 여기에 맞는 지도를 업데이트 못하는 우를 범하곤 한다. 자신의 지도를 그려내는 능력이 세상의 변화속도를 따라 잡지 못하여 끈을 놓아버리는 일이 생긴다. 일명 멘붕(Mental Hazerd)에 빠져서 헤어나기가 어렵다.

자신의 욕망이 시키는 대로 그려낸 지도에 보이는 세상보다 더 큰 목적의 세상을 볼 수 있는 새로운 패러다임의 안경이 필요하다. 이들이 쓴 새로운 목적의 안경이 정신 모형II이며, 우리가 이전에는 보지 못했던 세상에 대한 비전을 보여줄 것이다. 정신 모형에는 정신 모형I과 정신 모형II가 존재한다.

정신 모형I은 과거에서 지금까지 살았던 체험을 근거로 만들어진 지도이고, 정신 모형II는 앞으로 살아갈 목적지를 찾아내기 위한 미래의 지도이다. 모든 사람은 정신 모형I은 가지고 있지만 정신 모형II를 가진 사람들은 찾기 힘들다. 정신 모형I은 불확실성이 있는 세상을 살아가려는 생존의 욕구로 만들어지며, 정신 모형II는 문화적 족적을 남기려는 사람들의 성장과 학습의 열망 때문에 만들어진 지도이다. 또한 정신 모형I은 과거의 모습이 현재로 투영된 자신의 모습을 보여주며, 정신 모형II는 미래의 자신이 투영된 자신의 모습을 보여준다. 자신이 지금어디에 서있고 어디로 향해 갈 것인지를 미래의 자신의 목적지를 찾아 길을 떠나게 해준다.

정신 모형I은 과거에 살았던 방식 중 자신에게 유용한 지침이 되었던 것을 중심으로 구성되며 삶에 대한 자신만의 노하우(Know How)를 가르쳐주는 네비게이션과 같다.

반면 정신 모형II는 앞으로 어떻게 사는 것이 의미 있는 삶인지, 어떠한 가치를 가지고 살아야 하는지 등의 삶의 목적(Know Why)을 가르쳐 주는 나침반과 같다. 스티브 잡스(steve jobs)처럼 현실이 그렇게 되어있지 않음에도 믿음속의 상상의 세계를 현실로 만들어가는 과정을 구성주의 현실이라 말한다. 정신 모형II가 세상을 변화시켜나가는 플랫폼으로 작동하는 이유가 구성주의의 원리이다. 세상은 누군가의 간절한 열망으로 정신 모형II를 구성해서 그에 대한 믿음을 전진시킨 결과일 것이다. 세상을 변화시키는 리더란 정신 모형II를 플랫폼 삼아 세상을 변화시키는 데 성공한 사람들이다.

2. 목적 경영의 끌게 정신 모형II의 구성변인

정신 모형을 이루는 필수 구성변인으로는 목적, 사명, 비전, 가치관이다. 정신 모형II를 구성하는 데 가장 중요한 구성변수는 목적과 사명이다[그림 6-1]. 목적(Know Why)은 개인과 조직이 존재하는 이유에 대한 답이고, 소명(Calling)은 이 목적으로부터 부름을 받아 자신을 넘어서는 초월적 체험에 가슴 떨림을 느끼는 상태를 말한다. 목적을 깨닫는다는 것은 생존을 넘어 개인이 세상에 태어난 이유, 조직이 존재해야 하는 이유를 알게 되는 또 한 번의 탄생을 의미한다. 목적과 목표는 다르다. 목표는 시간을 따라가며 더 큰 표적을 만드는 것인 반면 목적은 시간을 앞서가서 미리 기다리기 위해 만드는 것이다. 기업의 목적은 기업이 존재해야 하는 이유를 가르쳐준다. 목적은 자신의 존재에 대한 진실을 이해하고 이것을 실현시키는 생성적 삶을 향한 근원적 변화의 원천이다. 이 존재이유를 통해서 가야 할 길을 찾게 도움을 주는 진북(True North)의 역할이다. 개인과 조직의 최종 목적지이며 이 목적과 사명의 진정성이 리더의 모든 것을 결정해준다. 개인이 목적과 사명을 갖게 되면 비로소 명확히 보이는 세상이 비전의 세상이다. 목표 달성에 대한 강한 믿음과 집중력이 생기며, 결과를 알 수 없는 어려운 상황 속에서도 목적에 이를 수 있다는 강한 믿음을 준다. 조직의 경우 진정성 있는 목적을 갖게 되면 믿음을 갖게 되면 모든 의사결정이 결정권자가 될 수 있으며, 구성원들은 일속에서 의미를 찾게 되고, 사명을 공유하고 적극적인 참여로 공동의 이익에 희생하려 한다. 비전(Know what)에 대한 오해가 가장 많다. 사람들은 큰 꿈을 품고 미래의 큰 목표에 멋진 옷을 입혀놓은 것을 비전이라고 믿는다. 비전이란 자신의 존재이유를 밝혀주는 목적에 대한 믿음의 안경으로 세상을 제대로 본 것을 뜻한다. 비전은 자신의 미래의 눈으로 과거와 현재가 명료하게 연결되어 있는 것을 보는 눈이다. 미래의 눈이 현재와 과거를 놓치고 있다면 꿈일 뿐이다. 꿈을 꾸지 않고 진짜 비전이 있는 사람들만 볼 수 있는 것이 자기 자신이다. 먼 미래목표가 있어도 정작 자신이 누구인지를 보지 못하는 사람은 당연히 아직 꿈속에서 깨어나지 못한 사람이다. 오히려 비전을 상실한 사람이다. 비전은 목적에 이르기 위한 중간기착지이며, 중간목표이다. 목적지 없는 비전은 사막의 신기루와 같다. 5년 후, 10년 후와 같은 정량적인 구체적인 목표이다. 개인이나 회사가 한번 정한 비전을 달성한 후에 그곳이 목적지인 것처럼 안주하다가 급변하는 변화를 보지 못하고 무너지는 경우가 비일비재하다.

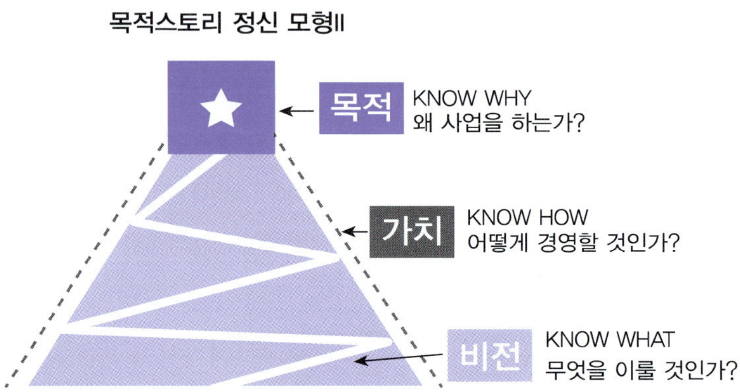

그림 6-1 정신 모형II

출처: 윤정구(2018). 황금수도꼭지 p156 편집.

목적지가 정해지지 않은 상태에서 무자비한 비전을 추구하는 회사들은 반드시 탈선한다. 가치관(Know How)은 목적지에 이르는 방법이다. 가치관은 목적과 사명을 달성하기 위하여 많은 의사결정을 하게 되는데, 어떠한 의사결정을 할 것인가의 가이드라인이 되기도 한다. 개인에게는 성품일 수도 있으며 조직에게는 문화에 해당된다. 마지막으로 정체성은 어디에서 왔고 어디에 서있고 어디로 갈 것인가를 설명해주는 자신만의 스토리, 철학이다.

표 6-4 개인과 조직의 목적, 비전, 가치관

중심	개인	기업	변인
Why	왜 사는가?	왜 존재하는가?	목적
How	어떻게 존재할 것인가?	어떤 방식으로 경영할 것인가?	가치관
What	무엇이 될 것인가?	무엇을 이룰 것인가?	비전

정리하면 개인적으로는 왜 사는가는 목적과 사명이다. 어떻게 살아갈 것인가가 가치관이다. 비전은 사는 동안에 무엇을 이룰 것인가이다. 조직과 기업에 적용하면 우리 회사는 왜 존재하는가가 목적과 사명이다. 조직의 철학이기도 하다. 어떠한 방식으로 경영할 것인가가 가치관이다. 기업의 성품이라고도 말할 수 있으며, 조직문화이기도 하다. 우리 회사는 무엇을 이룰 것인가가 기업의 비전이다.

정신 모형II는 경영자가 자신과 회사의 미래의 성장한 모습을 통해서 현재의 모습을 성찰해볼 수 있는 거울이다. 자아인식을 통해서 현재의 모습과 미래의 바람직한 모습간의 차이를 파악하고 이를 줄여나가는 자기규율과정이 필요하다. 경영자는 자기규율을 통해 정신 모형II에 담긴 목적과 사명, 비전, 가치관을 실천을 통해 검증하며 믿음으로 만드는 과정이다. 검증을 통해 믿음체계로 전환되었을 때, 정신 모형은 비로소 생명을 갖게 되는 것이다. 자기규율은 진성 리더들에게 현란한 말이 아닌 믿음에 근거한 실천적 삶의 의미를 가르쳐준다.

연구문제

1. 목적 중심 경영이란 무엇인지 설명해 봅시다.

2. 우리는 왜 지금 목적 중심 경영학이 필요한지 논의해 봅시다.

3. 조직과 개인의 목적은 어떻게 찾을 수 있는지 논의해 봅시다.

4. 조직의 목적이란 무엇이며 조직구성원에게는 어떠한 영향을 미치는지 논의해 봅시다.

5. 전통적인 경영학과 목적 중심 경영학은 어떻게 다른지 논의해 봅시다.

6. 진정성 있는 조직의 목적을 찾은 후 조직의 목적과 구성원의 목적을 어떻게 연계시킬 수 있는지 논의해 봅시다.

7. 정신 모형II의 구성변인에 대하여 설명해 봅시다.

CHAPTER 07

평생교육기관의 목적 중심 조직론

학습목표

전통적 조직과 목적 중심 조직은 어떻게 다른가?

이제까지는 열심히 일을 해야만 더 나은 보상을 받을 수 있다는 이기심의 원리를 토대로 한 전통적이고 관습적인 조직 경영이었다. 하지만 목적 중심 조직에서는 조직의 숭고한 목적이 구성원에게 명시적인 금전적 보상이 없이도 이기심을 공공의 선에 기여할 수 있다는 목적 중심 리더십을 바탕으로 한 평생교육기관조직에 대하여 고찰한다.

전통적 조직과 목적 중심 조직은 어떻게 다른가?

이제까지 전통적이고 관습적인 조직에서는 계약과 인센티브에 반응하는 경영이다. 때문에 사람들은 열심히 일을 해야만 더 나은 보상을 받게 된다고 생각할 때만 일하는 이기심의 원리를 토대로 한다. 하지만 목적 중심 조직에서는 계약이 아닌 자발적인 서약을 바탕으로 하는 조직의 진정성 있는 목적이 구성원에게 명시적인 금전적 보상이 없이도 이기심을 공공의 선에 기여하는 목적 중심적 리더와 주인과 같은 행동을 장려하는 강력한 방법을 제공한다.

제1절 왜 목적 중심 조직인가?

1. 새로운 목적 중심 조직 이론

목적에 대한 아이디어는 수십 년 동안 경영의 주변을 맴돌았다. 조직들이 경영에 보다 인본주의적 접근방식을 모색함에 따라, '목적에 대한 의도적이고 보다 광범위한 초점'을 맞추려는 요구가 점차 늘어나고 있다. 실제로, 조직의 목적을 공식적으로 언명하는 사례가 이제는 흔히 볼 수 있다. 그러나 목적의 존재는 조직에만 국한된 현상이 아니다. 목적에 대한 아이디어가 조직 내 개인 차원에서 존재하고 발전하고 있는 것이 현장에서 증거로 나타나고 있다. 이러한 새로운 이론은 조직의 목적으로 정체성을 삼고, 그 임무 완수를 위해 기여하려는 조직의 '구성원들', 그들의 대리인, 개인들의 부상을 낳을 것이다. 전통적인 조직은 점점 더 의문의 대상이 될 것이고, 새로운 목적이론을 토대로 보다 광범위한 관점을 지향하여 발전할 것이다.

조직에서든 개인이든, 목적은 우리가 행동과 노력을 '왜' 하는가를 나타낸다. 더 중요한 것은, 그것이 우리가 살고 있는 이 세상과 사회에 우리가 기여할 바를 명확하게 제시한다는 점이다. 목적의 존재는 최근 수십 년 간에 걸쳐 점차 위상이 높아지고 있으며, 이후에도 분명히 계속 늘어날 것으로 믿는다. 일관성 없고 불확실성이 강하게 드러나는 경쟁적인 환경에서, 목적이라는 개념이 의미 있는 조직을 창출하는 데 필수적이고 핵심적인 요소가 되고 있기 때문에 특히 그러하다. 조직 차원에서 목적은 일반적으로 사명, 가치관 혹은 궁극적인 비전과 같은 개념과 관련된다. 그러나 목적은 통상 이들 개념의 의미를 떠받치고 유지하는 핵심인 기초적 관념으로 간주된다. 보다 구체적으로, 목적은 사명의 토대로 생각할 수 있다. '우리가 봉사하는 공동체 삶의 질을 개선하는 것'이라는 인도의 다국적기업인 타타(Tata)의 목적에 대한 예를 생각해 보자. 이런 의미에서, 목적은 지금까지는 주주의 이익을 최우선하는 선언이 아닌, 실제로는 이 회사의 매우 광범위한 존재 이유의 표명이다. 목적은 변화 만들고, 삶을 개선하며, 공공의 선에 기여하는 보다 광범위한 목표를 포함하는 사회에 대한 무엇보다 중요한 서약을 나타내는 것이며, 목적은 '다른 하나 없이는 또 다른 하나가 할 수 없다' 비즈니스와 사회의 상호의존성의 패러다임을 주축으로 한다.

기업의 목적은 일반적으로 회사가 이 세상에 남기고자 하는 긍정적인 영향과 유산을 나타내는 짧은 문장이나 이념으로 정의된다. 목적은 회사가 스스로 설정한 한계를 넘어 나아가서는 불가능한 것처럼 여겨지는 것을 성취하려 애쓰는 노력을 고무하고 돕는다. 예를 들면, 디즈니의 목적은 '수백만의 사람에게 행복을 주기 위해 우리의 상상력을 활용하는 것'이다. 3M은 '모든 회사, 모든 가정, 모든 생명이 개선되기를' 희망한다. 구글은 '세계의 정보를 구성하여, 널리 보편적으로 접속하고 유익하게 사용할 수 있도록 하는 것'이다. 목적은 사람들이 사회로부터 소외감을 느끼거나, 기여할 수 있는 잠재력이 무시되거나 간과 하는 영역을 케어함으로써 찾을 수 있다. 이는 예를 들어, 스페인 카탈로니아의 요구르트 제조회사인 라 파제다(Fageda)의 경우 대부분의 근로자들이 정신 장애인으로 구성되어 있다. 이 회사의 목적은 '일을 의미 있게 만드는 것'이다.

학자와 컨설턴트들이 목적 중심적 조직을 분석하고 모방하려 했지만, 실패한 이유는 잘못된 경영논리를 적용한 것이었다. 그건 마치 아름다운 경치를 돋보기안경으로 보려는 것과 같다. 목적 중심적 조직을 만들고 싶어 하는 사람에게는 가장 중요한 것은 통찰력일 것이다. 목적은 오해의 소지가 있는 이론으로 이상하고 모호하고 특별한 것으로 보이지만 실제로는 자연스럽고 모호하지도 않으며 평범한 것이다. 오늘날 대부분의 조직들은 사회과학자들이 고전 및 신고전 경영이론으로 불리는 개념에 뿌리를 내리고 있다. 이러한 조직이론은 다양한 환경에서 미리 정해진 목표를 달성하기 위해 설계된 '기계'나 '유기체'로 여겨진다.

실제로 이러한 경영이론의 통제는 비교적 쉽다. 예를 들어, 종업원이 조직에 들어올 경우, 그의 직무를 규정하는 기본적인 경영맥락은 과업, 능력, 목표로 확립되어 있다. 관리자가 신입직원이 무엇을 하고, 그것을 어떻게 할 것인지를 확실히 이해하도록 만들지만, 그가 왜 그것을 해야 하는지에 관해서는 거의 신경을 쓰지 않는다. 어쨌든, 다음과 같은 논리다. 사람들이 자신의 직무를 다 하는 한, 왜 그 일을 하는지는 전혀 상관이 없다. 그러나 지난 세기 동안 조직을 주도한 이러한 이론으로 목적 중심적 조직을 이해하기에는 충분치 않다.

목적 중심적 조직을 이해하기 위해서는, 사람과 조직에 대한 보다 포괄적인 견해를 제공하는 탈산업화 경영이론으로 전환해야 한다. 이러한 관점에서 보면, 개인이 하는 일의 의미는 고유하고 엄청난 가치를 지닌 어떤 것이며, 자신의 삶의 가장 깊은 목적으로 인식될 수도 있다. 이는 조직에 대한 '인류학적' 견해일 수도 있으며, 우리가 여기서 새로운 목적 경영이론으로 언급하는 것이기도 하다. 이러한 관점에서, 회사는 각 구성원의 개인적 목적이 발전하는 장소이며, 기업가 혹은 창업자의 목적으로 시작하여, 궁극적으로는 모든 직원과 함께 결과를 성취하는 장소이기도 하다. 지난 수년간에 걸쳐, 이러한 새로운 논리의 씨앗이 몇몇 의미 있는 연구이론, 기업의 사회적 책임, 진성 리더십, 서번트리더십, 사회적 기업가정신, 인본주의 경영에 심어졌고, 이 모든 것들이 신자유주의를 물리치고 이제 눈앞에 성큼 다가왔다. 새로운 목적이론에 더 가까운 이념으로 창출된 구글, 페이스북, 아마존 같은 디지털 플랫폼기업들은 이러한 움직임에 영향을 미치고 있다. 흔히 고전주의 및 신고전주의이론에 의거하여 잘못 발전된 많은 대학, 병원, 비영리 조직들은 새로운 목적이론을 그들의 진정한 목적 중심적 조직 정신을 실현하는 방식으로 여기게 될 것이다.

이러한 맥락에서, 낡은 전통적 경영이론은 개인의 목적과 자기관리, 개인의 목적과 조직의 목적의 통합이라는 세 가지 원리의 렌즈를 통해서만, 조직은 진정성 있는 목적 중심적 조직으로 평가받을 수 있다.

2. 개인적 목적과 조직의 관계

비교적 안정적인 제도적, 경쟁적 환경이었던 20세기 동안, 조직 내의 개인의 목적은 조직이론 및 관행상 무시되었다. 일단 창업자나 주주들이 조직의 목적을 확립하면, 종업원들은 자신의 일에서 의미와 중요성을 이끌어내야 했다. 이러한 방식으로, 개인적 목적은 은연중에 조직의 목적 개념에 포함된 것으로 간주되었다. 목적 개발은 주로 카리스마 리더십의 하향식 행위로 여겨져서, 일의 의미를 규정하고 개인들에게 지시하는 강력하고 안정적인 문화를 창출했다.

그러나 21세기의 상황은 매우 다르다. 혼란스런 비즈니스모델과 시장 변동성이 다반사가 되고 있다. 과거에는 전략의 초석이었던 경쟁 우위는 이제 일시적이고 단기적 우위 창출에 밀리고 있다. 이는 과거라면 이제는 신속하게 활동과 조직의 초점을 재정립할 것을 요구한다. 이제 전략은 정확한 미래 예측보다는 개인과 조직이 얼마나 신속하게 적응할 수 있는 역동적 기술과 역량 개발의 토대가 되어야 한다. 이러한 변화무쌍하고 불확실한 세상에서, 직원들은 조직목적의 하향식 정의에서 더 이상 위안을 찾을 수 없다. 오늘날, 사람들이 자신의 목적을 인식하는 것과 고객, 종업원, 주주, 공급업자 등 이해당사자들 사이에서 지속적인 변화와 긴장을 관리하는 것이 그 어느 때보다 어려울 수 있다.

이러한 실제적인 하나의 예로 영국에 본사를 둔 글로벌 금융서비스기업 바클레이스(Barclays)의 CEO 안토니 젠킨스(Antony jenkins)는 금융위기에 모든 은행과 마찬가지로 이를 벗어나고자 안간힘을 쓰고 있었다. 하지만 리보 스캔들이 터지자, 종업원들은 자신의 의미와 가치에 큰 상실감을 겪었다. '그것은 조직에 끔찍한 영향을 미쳤다. 사회 전반에 걸친 반응은 처리하기가 매우 힘들었다. 또한 조직은 자아감을 잃었다.' 현대사회는 조직에 더 많은 것을 요구한다는 사실은 명백하다. 이들 새로운 도전과제는 기업, 조직 내 부서, 팀, 특히 개인들의 의미 상실을 증폭시킬 뿐이다. 외부의 불확실성과 격변에 대처하기 위해, 조직은 내부적 의미를 강화해야 한다.

조직의 목적이 불분명할 경우에 개인들의 일에 대한 의미는 심한 손상을 입는다. 이는 현재 엄청난 실적 관련 성과를 이루었음에도 불구하고, 자신의 커리어에 의미 없음을 발견한 많은 전문가들이 겪고 있는 개인적 위기에서도 나타날 수 있다. 이러한 개인적 의미 상실로부터 새로운 패러다임이 나타났다. 즉, 직장에서의 개인적 목적에 대한 관념이다. 오늘날 개인의 목적이 더 이상 무시되거나 조직의 목적과 은연중에 연관될 수 없다. 종업원들은 회사가 그들 일의 궁극적인 의미를 말해 줄 때까지 기다리지 않고, 스스로 뛰어들어 자신이 주도하여 그것을 찾는다. 이런 현상은 전반적으로 늘어나고 있으며, 특히 밀레니얼 세대에서 두드러지는데, 집단주의적 가치관을 지향하는 변화뿐만 아니라, 보다 목적의식을 지닌 삶에 깊은 관심을 나타내게 된다. 조직은 이러한 새로운 현실을 두려워 할 것이 아니라, 반대로 조직과 개인 둘 다에 대한 엄청난 잠재력과 함의를 이해해야 한다. 유니레버(Unilever), 메드트로닉(Medtronic), ISS 서비스 혹은 텔레포니카(Telefonica)와 같은 조직은 최근에 구성원이 자신의 목적을 성찰하는 데 도움을 주기 위해, 강도 높은 프로그램들을 개발했다. 이러한 철저하게 준비된 개인의 참여 없이 구성원에게 조직의 목적을 밀어붙이려는 시도는 오히려 역효과를 야기할 수도 있다.

조직의 목적에 필요한 활력을 불어넣으려면, 모든 구성원이 목적에 대해 의문을 제기할 수 있어야 한다. 회사는 조직의 무엇보다 중요한 목표가 '왜' 이것이어야 하는지, 종업원 각자의 일에서 그 '왜'를 적극적으로 찾도록 도와야 한다. 이는 지속적인 과업으로, 정기적으로 성찰하고 수정하며, 업데이트하는 훈련이 필요하다.

관리자들은 회사의 목적에 관해 이야기하는 것은 물론 자신의 이야기를 시작으로 회사 내 각 구성원들의 고유한 목적에 관해 이야기할 수 있어야 한다. 회사의 모든 수준에서 개인의 목적과 조직의 목적을 연결한다는 것은 급변하며 불확실한 시장 환경에 맞서기 위해 가장 필요한 요소라 생각한다.

3. 자기관리와 조직

개인적 목적은 자기 정체성과 연계된 은밀한 사적 개념이기 때문에, '외부로부터' 관리될 수 없다. 외부로부터 내부로 목적을 지시하려는 시도는 조작이나 관료주의적인 것으로 여겨질 것이다. 목적이란 회사가 부여하고 지시하고, 정의하거나 요구하는 그런 성질의 것이 아니다. 기능적인 지위로부터 나오는 것도 아니다. 목적은 급여나 매출 목표액 같은 사례처럼, 협상할 수 있는 어떤 것도 분명히 아니다. 개인들의 목적을 정의하는 주체는 회사가 아니라, 어떤 목적을 지니고 회사를 위해 일하는 개인들이다. 목적에는 보스도 상급자도, 명령이나 지휘계통 따위도 없다. 목적은 내부로부터 외부로 소통하는 것이 바람직하다. 직장에서 일하는 개인들이 자신의 일에 대한 목적을 찾고 정의하며, 그 범위와 의미를 완전히 평가할 수 있는 유일한 사람들이다. 낡은 경영 패러다임으로부터 새로운 목적이론으로 차별화하는 것이 목적에 대한 정확한 평가이다. 이런 평가는 사람들로 하여금 그들이 왜 존재하며, 자신이 하는 일의 핵심은 무엇이고, 그로인해 이 세상이 얼마나 더 나아질 수 있는지에 대한 성찰을 하게 한다. 이 새로운 이론에 의하면, 이들 질문에 대한 개별적인 답변은 목적 중심적 조직의 초석이 된다. 완전히 자유롭고 자발적인 방식으로 '내부로부터' 나오지 않은 답변이 아니라면 의미가 없다. 새로운 목적이론은 사람들이 직장에서 자신의 목적에 대한 발전적 성장과정을 주도할 것을 요구한다. 그래야만 구성원이 자유로운 실행을 통해 회사에서 자신의 목적에 따른 리더십을 발휘하여 자발적으로 조직의 목적과 연결할 때 진정성 있는 목적을 가지게 된다.

이러한 사유로, 목적의 존재와 함께 자기관리와 직무설계이론에 대한 관심이 높아진다. 자기관리가 조직의 통제나 계층구조를 무시하는 것을 뜻하지는 않는다. 그것은 '구성원들이 조직을 대신하여 독자적으로 생각하고 행동할 수 있도록 신뢰'를 의미하는 자유의 개념을 수용하는 것이다. 이러한 의미에서, 자기관리는 사람들을 관리한다는 생각을 버릴 수 있는 효과적인 방법이다. 목적 중심적인 사람들은 누군가에게 관리당하는 것을 원하지 않는 근본적인 이유이다. 실제로, 그들은 관리당하는 것이 더 낮은 자기표현과 실현이 낮아진다는 것을 알기 때문에, 본능적으로 저항한다. 외부로부터 통제되고 관리되는 것은 책임감을 가진 사람들에게는 부자연스럽고 의미 있고 목적 있는 일의 경험을 방해한다. 목적 중심적 조직에서, 최고의 가치는 스스로를 관리하는 사람들로부터 나온다. 이는 과거에는 상상하기 어려운 일이었지만, 지금은 첨단기술과 커뮤니케이션의 발달로 많은 조직에서 현실이 되고 있다. '목적 경영' 시대에, 경영자들은 자신의 조직과 팀에서 자기관리를 촉진하고, 필요한 조정과 제휴의 경계 내에서 가능한 한 많은 자율권을 허용할 수 있어야 한다.

4. 개인의 목적과 조직의 통합

집단이나 조직의 사람들이 공통의 목적을 공유할 때, 그들 사이에 통합이 일어난다. 통합은 개인 목적들의 연결로 이루어지는 조직현상이다. 공통의 목적을 공유하고, 그것으로 정체성을 갖게 되면 조직의 통합이 일어난다. 통합의 특성을 정의하면, '개인 대 개인' 단위로 이루어진다는 것이다. 한 사람 한 사람이 다 중요하다. 종업원 한 사람 한 사람이 자신의 목적을 회사의 목적과 연결시킬 때마다, 통합의 수준이 높아진다. 마찬가지로, 누군가가 회사 목적에서 멀어질 때마다, 통합 수준은 낮아진다. 따라서 각 개인들 속에서 목적 개발과 연결을 함양하는 것이 조직을 통합시키는 역량에 큰 영향을 미친다.

유럽의 선도적 제약회사의 CEO인 페레르(Ferrer)는 '우리는 집단이 아니고 기업도 아니며, 단체들이 모인 것도 아니다. 우리는 하나다.' 그의 말은 집단이나 기업에게 기대하는 목적과 목표보다 더 상위개념인 통합에 대한 믿음을 표현하고 있다. 통합은 분명히 팀워크, 헌신, 협업의 의미와 관련이 있다. 통합이란 목적 차원에서 연결을 공유함으로써 달성된다.

통합이 외부로부터 통제되거나 조작될 수 있는 어떤 것이 아니다. 통합은 조직 내에서 단결되어야 하는 개인들 속에서 함양되어야 한다. 이러한 생각을 빔보(Bimbo) 같은 회사는 정확히 이해하고 있다. 이 회사 종업원들은 입사 후 바로 회사의 목적과 관련된 자신의 개인적 목적 및 가치관에 대한 성찰에 도움이 되는 과정을 이수한다. 이 회사의 전 세계 모든 종업원 130,000명이 참여한 이 과정의 배후에는 '우리 회사는 종업원 각각의 영혼들이 만든 영혼을 지니고 있다'는 설립자의 뿌리 깊은 믿음이 있었다.

통합은 전략적 정렬이 아니다. 전략적 정렬은 역할과 인센티브로서의 개인과 조직의 구조를 통해, 개인과 조직이 '무엇(What)을 그리고 어떻게(How)'라는 것과 연결된다. 반면에 통합은 조직의 '왜(Why)'와 개인의 '왜'가 연결된다. 전략적 정렬의 본질은 최상층부에서 바닥까지 선형적이고 기계적인 반면, 목적의 통합은 개인들로부터도 부상하기 때문에 비선형적이다.

바틀렛(Bartlett)와 고샬(Ghoshal)이 주장한 바와 같이, 목적은 관리자들이 전략을 규정하고, '구성원들이 시키는 대로 하도록' 확실하게 시스템을 정착시키는 모델과는 다른 어떤 것이다. 통합을 최상층부에서 바닥까지 정렬을 의미하는

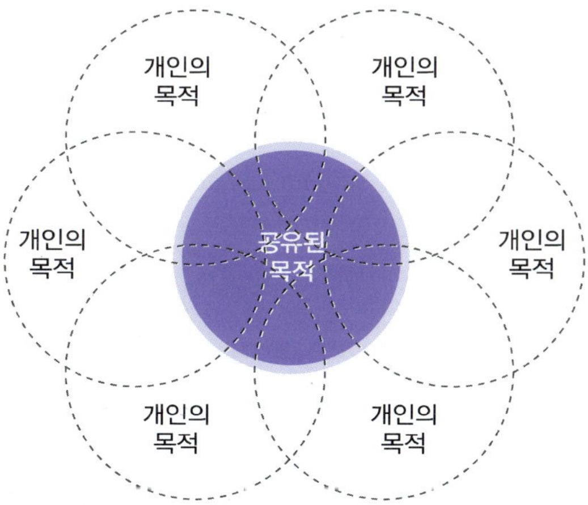

그림 7-1 조직의 통합

출처: Carlos Rey(2019). The New Logic of Purpose Within the Organization.

것은 아니다. 오히려 통합은 동심원으로 표현될 수 있는 곳에서 조직과 개인들 간의 공동 창출로 나타나야 바람직하다.

제2절 조직의 유동성과 시너지

1. 조직과 개인의 목적의 일치

영국과 네덜란드에 본사가 있는 세계적인 생활용품 전문 다국적 기업인 유니레버도 수십 년간 조직의 버팀목이었던 일련의 기업 가치관에 의거 생존해왔다. 이 회사는 모든 브랜드에 기업 목적을 전파하려는 의도로 '브랜드 목적'이라 불리는 프로그램을 시작했다. 같은 해에 이 회사는 '개인적 목적'이라 불리는 또 다른 프로그램을 시작했는데, 여기서 전 세계 자사 종업원들에게 자신이 하는 일에서 스스로의 의미를 찾도록 장려했다.

오늘날, 절반이 넘는 유니레버 브랜드들이 브랜드 목적을 이행하고 있으며, 3만 명이 넘는 종업원들이 개인적 목적 프로그램에 참여하고 있다. 이 회사 보고서에 의하면 목적을 수행한 브랜드들은 그러지 않은 브랜드보다 2배나 빨리 성장한 것으로 나타났다.

최근 유니레버와 같이 많은 회사에서 확인할 수 있는 바와 같이, 기업과 개인 차원 모든 분야에서 목적의 도입이 점점 증가되고 있음을 보여주고 있다. 목적에 대한 양면적 관점을 개발하여, 목적의 유동성과 목적의 시너지효과라는 두 가지 기본적인 차원에 걸쳐 개인의 목적과 조직의 목적 간의 조화를 이룰 수 있다. 첫째는 개인의 목적과 조직의 목적 간의 의미 있는 표현이다. 두 번째는 개인 및 조직의 목적이 부분적 또는 완전히 서로 통합되는 방법이 있다. 일반적으로 조직이 목적을 규정한 다음, 그것을 구성원과 소통하여 그들의 일에 목적의 의미를 부여한다. 이러한 접근방식으로는 구성원들이 그들의 노력에 더 큰 의미를 부여하기 위해, 조직의 목적을 자신의 관점으로 통합시켜야 한다. 따라서 개인들은 자신의 일을 단순한 업무 이상으로 여기고, 더 높은 대의명분에 현저하게 기여하는 어떤 것으로 이해하게 된다. 구성원들이 조직의 목적을 내면화하게 되면, 과업 그 자체를 뛰어넘을 수 있는 기회를 부여하고, 자신의 일에 대한 보다 의미 있는 이해를 하게 한다. 이런 점에서, 조직의 궁극적인 목적은 구성원들에게 목적의 의미를 '제공하는' 것이다.

우리는 예를 들어, 자신이 하고 있는 일을 '나는 바닥을 걸레질하고 있는 것이 아니라, 인간을 달에 보내고 있어요'라고 말한 유명한 NASA의 청소부에 관한 일화에서 엿볼 수 있다. 이러한 사례와 같은 다양한 연구는 경영자와 구성원들의 언어가 어떻게 그들이 조직의 목적을 내면화할 수 있도록 동기부여를 할 수 있는가이다. 이와 같이 최근 수십 년 동안 목적과 관련된 수많은 전통적 연구들은 목적이 조직으로부터 개인에게로 흘러간다는 개념에 기반을 두고 있다. 그러나 경영학 문헌에서 깊게 연구되지는 않았지만 동일할 정도로 중요하고 영향력이 강한 또 다른 측면의 목적이 있다. 목적이 '개인으로부터 창출되어 조직으로' 옮겨가야 한다고 주장하는 관점이다. 이러한 관점에서 개인은 자신의 개인적인 목적에서 일의 의미를 찾아야 한다. 그리고 이는 자신의 목적이 큰 동기부여 원천이기 때문에, 의미 개발에 매우 중요한 역할을 한다. 자신의 일을 개인적 목적으로 접근할 경우, 어떤 일이든 보다 깊은 의미를 부여하는 동시에, 개인의 가치 체계를 강화시킨다.

그들의 업무에 개인적인 목적으로 개별적으로 접근하면 그들의 열망은 고무되고 그들의 현재 역할에서 더욱 활기를 띠게 된다. 개인적 목적은 '변화의 와중에서도 개인에게 시간을 초월한 힘을 부여'한다. 단지 과업을 완수하거나 일을 하고 있다는 것을 넘어서서, 구성원은 '자기 스스로 일을 하고 있다'고 느끼며, 자신의 고유한 삶의 목적을 조직에 통합시킨다.

우리는 높은 직위나 전문 직종에 종사하는 사람들만이 이런 경지에 이를 수 있다고 생각할 수도 있지만, 그렇지 않다. 덴마크 코펜하겐에 본사를 둔 ISS시설 서비스회사에서는 구성원의 목적 개발을 위하여 일상적인 업무 속에서 어떻게 더 높은 목적의식을 창출할 수 있는지에 대한 설득력 있는 예가 있다. 이 회사 소속으로 학교에서 청소를 담당하는 여직원은 '학교를 깨끗하게 유지함으로써, 나는 학생들이 배우고, 자신의 재능을 개발하는 데 집중하도록 돕고, 그와 같은 나의 일은 언제나 변함이 없습니다'라는 표현을 서슴치 않는다. 이들의 말을 곰곰이 생각해보면 이들의 업무가 의료나 교육 같은 직종에서 경험할 수 있는 일보다 개인적 의미가 덜하다는 인식 때문에 직장에서 일에서 의미를 찾는 것에 도전하는 것은 문제가 될 수 없다는 것을 보여준다. 당신이 하고 있는 일이 아니라 당신이 하고 싶은 일을 하는 것이 중요하다. 이처럼 개인적 목적을 일과 연결시킴으로써, 사람들은 그들 노력의 초월성에 대해 더 많이 이해하고, 더 중요한 것은 시간이 지남에 따라 그러한 노력은 재해석 되게 된다. '조직에서 개인으로'와 '개인에서 조직으로'라는 이들 두 가지 목적 개념의 조합은 조직에서의 완전한 목적의 잠재력에 대하여 보다 포괄적인 관점을 제공한다. 이러한 목적의 이중성은 회사가 개인을 '영감'을 줄 뿐만 아니라, 회사가 구성원 각자의 개인적 목적에 의해 '영감을 받았음'을 의미한다. 실제로, 조직의 목적은 각 개인에게 지침으로 줄 순 있지만, 모든 구성원이 직장에서 개인적 목적을 찾는 경험과는 의미가 다르다. 이는 목적 중심적 조직에서 개인들이 자신의 일을 조직의 목적뿐만 아니라, 자신의 개인의 목적과도 연결시킨다는 것을 보여주고 있다. 개인들은 기업의 목적을 자신의 개인의 목적과 연결시키고, 그들의 일상 업무에서 의미와 목적에 대한 복수의 원천을 찾는다.

2. 목적의 유동성과 목적의식

목적의 유동성은 개인과 조직이 직장에서 목적에 대한 의미 있는 표현을 교환하는 방법을 말하며, 개인의 목적과 조직의 목적 간에 역동적인 흐름이 형성될 경우, 목적의식이 향상된다. 즉, 유동성은 개인적 또는 조직적 목적이라는 하나의 표현을 사용하는 것이 아니라, 그림 7-2에 나타난 것처럼, 개인에서 조직으로 그리고 조직에서 개인으로, 동시에 둘을 결합하는 것이다. 따라서 유동성은 개인의 목적이 조직에 대해 의미하는 것뿐만 아니라, 조직의 목적이 개인에게 의미하는 것을 기반으로 한다.

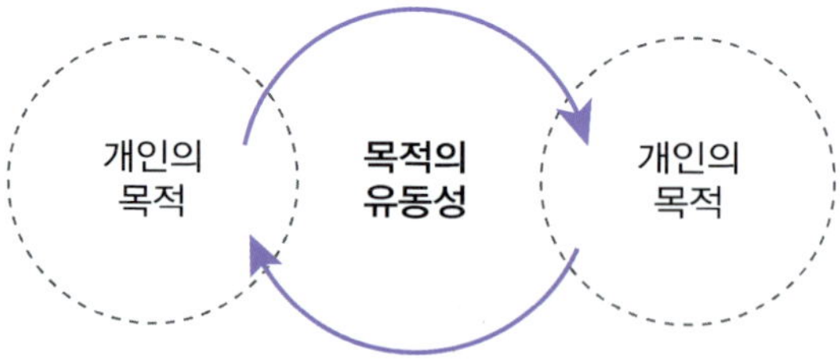

그림 7-2 목적 유동성

출처: Carlos Rey & Ivan Malbasic(2019). Harmonization of Personal and Organizational Purpose.

표 7-1 조직에서의 목적 일치

목적일치	설명	예
유동성	개인적 목적과 조직의 목적 간의 강화	•조직과 그 수혜자에게 미치는 영향의 표시를 종업원에게 알려 주기 •종업원이 자신의 일에서 목적을 성찰하도록 돕기 •각 종업원의 목적을 인정하기
시너지 효과	개인적 목적과 조직의 목적 간의 교차	•조직의 목적에 부합하는 채용하기 •조직구성원 사이에 이미 존재하는 목적 발견하기 •개인적 목적과 조직의 목적을 연결할 수 있는 경력경로 설계하기

출처: Carlos Rey & Ivan Malbasic(2019). Harmonization of Personal and Organizational Purpose.

유동성은 의미와 개인적 성장의 강력한 원천이다. 유동성은 구성원들이 기업의 목적에 기여하는 것이 그들 삶에서 개인적 목적을 개발하는 데 도움이 된다고 여기고, 그것을 경험할 경우에 발생한다. 이전의 예에 따르면, 유동성은 '인간을 달에 보내는 것을 돕는 일은 사회에 영향을 미치는 나의 개인적 목적을 강화시킨다'와 같은 예들로 설명될 수 있다. 물론, 목적 유동성은 단순히 창의적 공리를 애써 만드는 데서 오는 것이 아니라 이러한 연결은 개인의 마음과 가슴에 깊이 뿌리를 내리고 있다.

예를 들어, 덴마크의 당뇨병 치료약을 만드는 글로벌 의료전문회사 노보 노디스크(Novo Nordisk)는 모든 신입 사원이 당뇨병 환자와 하루를 보내도록 요구한다. 또 ISS시설 서비스사는 고위 관리자들이 일 년에 한 번 하루 동안, 고객의 부동산에서 청소나 수선 같은 일선 종업원들이 하는 일을 수행한다. 이러한 관행은 사람들은 '수익자 접촉'이라 부르며, 개인들이 조직의 목적을 경험하고 보다 깊이 인식하도록 돕는다. 그들로 하여금 어떻게 더 나은 사람과 보다 훌륭한 시민이 되도록 도왔는지를 긍지와 감사의 마음으로 언급하는 많은 사람들의 증언들을 듣는다. 실제로, 목적 중심적 회사의 확실한 나타나고 있는 점들은 자연스럽게 때로는 눈에 띄지 않는 방식으로, 구성원들의 가족과 개인적 관계에 긍정적인 영향을 미친다는 것이다. 기업의 목적을 다양하게 표현하도록 영감을 줌으로써, 구성원은 보다 많은 의미를 선택할 수 있게 된다. 내가 일하는 회사의 목적이 나에게 어떤 의미가 있는가? 그리고 그것이 어떻게 나의 목적 개발에 도움을 주는가? 또한 유동성은 다양한 개개인 구성원들의 목적이 회사에게 어떤 의미를 가지고 있는가?

목적의 유동성은 회사가 각 구성원의 목적과 관련이 있다는 것을 인식해야 한다. 그것은 사람을 조직의 중심에 두고, 그의 존엄과 고유성의 진가를 인정함을 의미한다. 이러한 방식에서, 규모에 맞는 유동성을 함양하는 것은 목적에 다양성을 포용하려는 수단이다. 다양성을 목적에 포함시키려는 아이디어는 우리가 공통적인 인간성을 공유하고 있으며, 사람들이 기업의 중심에 있다는 것을 의미한다.

목적의 유동성은 개인들이 불필요하게 자신의 정체성을 드러내지 않아도 개인과 조직의 목적을 연결하도록 해준다. 이는 특히 공장의 근로자나 슈퍼마켓의 계산원 같이, 통상 전문가로 여겨지지 않는 많은 직위와 직종과 관련이 있다. 이는 유동성의 일치성을 토대로 하고 있으며, 조직의 목적이 구성원이 자신의 진정한 관심과 가치관을 표현하기 위해 조직의 목적을 사용할 수 있는 정도를 의미한다. 그리 열정적이 아닌 사람들조차도 그들의 개인적 목적과 회사의 목적을 의미 있게 연결함으로써, 그들의 활동에서 더 나은 목적의식을 갖게 할 수 있다.

역동적 유동성을 '생생하게' 유지하는 것은 '일상의 일을 의미 있게 만들기'라는 말이 있다. 유동성이 양방향으로 진행하기 때문에, 우정이나 신뢰와 유사하다. 우리가 누군가를 신뢰할 수는 있지만, 그 사람이 우리에 대한 상응하는 신뢰를 느끼지 못한다면, 우리의 자신의 신뢰는 얼마 가지 못할 것이다. 목적 유동성에서도 마찬가지이다. 개인들이 조직의 삶속에서 자신의 개인적인 목적을 소중히 여기는 것을 보지 못한다면, 머지않아 그들은 조직의 목적으로부터 멀어지게 되고, 목적 유동성은 사라지고 말 것이다.

3. 목적의 유동성과 시너지효과

회사에서 누군가 한 사람을 채용할 경우, 특정 지식과 기술보다 훨씬 더 많은 것을 고용하는 것이 된다. 한 개인의 가장 큰 잠재력은 그의 개인적 삶의 목적, 사회의 개선에 기여하려는 열정과 결의에 있다. 우리 모두가 더 나은 세상을 만들고 변화를 만들기 위하여 기여해야 하는 그러한 욕구는 회사의 진정한 혁신과 창의성의 원천이며, 그것이 지식이든 기술이든, 우리 자신을 지속적으로 개선하려는 의지의 열쇠이다. 조직의 가장 큰 자산은 각자의 개인적 목적과 유익하고 뚜렷한 흔적을 남기고 싶은 열망이다.

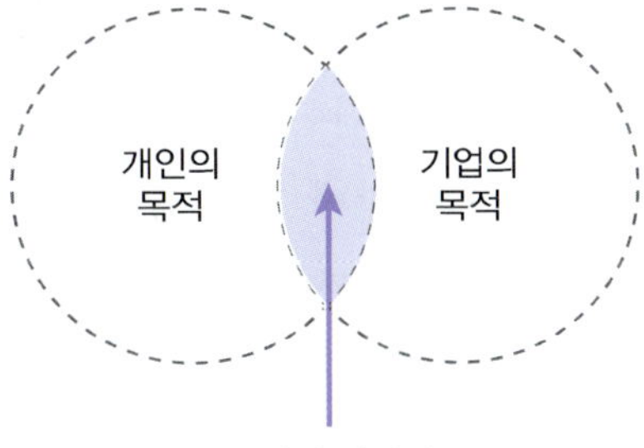

그림 7-3 **목적의 시너지효과**

목적의 시너지효과는 회사의 목적과 개인의 목적의 교차점에서 발견된다[그림 7-3]. 목적의 시너지효과는 회사의 목적과 개인의 목적의 교집합에서 발생하며, 회사와 구성원 개개인들의 이익이 결합되어 가장 완벽한 형태에 도달하게 된다. 회사의 목적과는 연결되지 않은 자기개발 훈련은 쉽지 않다. 기업의 목적으로 구성원을 가르치는 것도 아니다. 교육과정이나 소통의 캠페인에 관한 것도 아니다. 이는 회사의 목적 맥락 내에서 개인 목적의 잠재력을 깨우는 것에 관한 것이다. 목적 시너지효과는 개인이 회사에 최선의 것을 가져다주고, 또한 그 반대의 경우일 수 도 있다. 따라서 시너지효과는 개인 삶의 목적에서 뿐만 아니라, 회사의 목적에서도 발생한다.

조직이 목적 시너지를 내고자 할 때 구성원들은 자신의 일에서 보다 많은 에너지와 목적의식을 찾게 되며, 그들의 영혼을 업무에 몰입하고 싶어 한다. 시너지효과를 창출할 수 있는 한 가지 방법은 조직의 목적과 개인적 가치관이 동일한 종업원을 채용하는 것이다. 특히 새로운 회사를 창업할 경우, 이는 상승효과를 창출할 수 있는 가장 강력한 방법 중 하나이다. 또 다른 방법, 기존 구성원들의 사례에 적절한 방법은 조직에 이미 존재하는 목적을 찾아서, 그를 함양하는 것이다. 조직 내에서 규범이나 사례를 뛰어넘는 사람이나 팀의 사례를 찾고 그 우수성을 추구하는 목적을 검토한 다음 사례를 찾고 전체 인력에 그것이 스며드는 상상을 하는 것이다.

조직의 유동성과 시너지효과는 공통적인 동인을 지니고 있지만, 서로가 다르다. 유동성은 반드시 둘 중에 하나에만 해당되는 것이 아니라 개인적 목적과 조직의 목적과 연결할 수 있다. 그러나 시너지효과는 개인적 목적과 조직의 목적은 부분적 또는 완전히 동일하기 때문에 조직이 개인의 목적을 통합하거나, 개인이 조직의 목적과 통합할 수 있다. 유동성은 조직의 목적과 개인의 목적에 더 가까우며 시너지효과는 그 둘을 통합하는 데 도움이 된다고 할 수 있다. 유동성은 단합을 돕고, 시너지효과는 단합 그 자체의 결과물이다.

그러나 이러한 기본적인 관행과 함께, 시너지는 지속적인 유동성으로 강화하고 유지시켜야 한다. 왜냐하면 구성원이 직장에서 유동성을 잃게 되면, 기존의 시너지마저도 막을 수 있기 때문이다. 유동성은 시너지를 만들어 낼 뿐만 아니라, 그것을 지키고 유지시키는 데 도움이 된다. 예를 들어, 회사의 목적에 깊은 친밀감을 가지고 있는 사람들을 채용했지만 구성원이 조직의 목적이 진실성이 없다는 사실을 알게 되거나 조직이 구성원 목적의 존엄성과 독창성을 존중하지 않는다고 느낄 경우, 시너지효과는 발생하지 않을 것이다. 그리고 이것은 의사나 교사 같은 전문 직종에서도 일어날 수 있으며, 목적 시너지효과는 일반적으로 직업 그 자체에서 경험할 수 있다. 목적 공유 현상은 개인과 조직 모두에게 영감을 준다. 구성원은 일의 목적이 급여를 받거나 좋은 근무조건을 갖는 것 이상이라는 더 깊은 이해를 바탕으로 직장에서 자신에게 영감을 줄 수 있는 것이 무엇인지를 지속적으로 찾아야 한다. 한편, 회사는 종업원을 단지 인적자본이나 수익을 올리는 수단이 아니라, 무한한 창의력을 제공할 수 있는 다양한 아이디어와 개성을 가진 소중한 잠재력을 보유한 사람들로 보아야 한다. 목적을 연결시키는 책임은 둘 다에게 있는데, 조직은 구성원이 세상에 기여하려는 바에 진정으로 관심을 기울여야 하는 반면, 동시에 구성원들은 자신의 일을 집단적인 열망과 꿈을 성취하는 방법으로 보아야 한다.

제3절 조직의 목적 내재화

목적 중심적 기업들의 공통적인 특징은 목적 내재화의 탁월함에 있다. 목적 내재화는 목적에 대한 지식과 동기부여 간의 연결요소이다. 이는 조직구성원들이 회사의 목적을 '완전히 믿고', 그것을 자신의 믿음과 동기부여에 통합시키는 과정이다. 의심할 바 없이, 내재화로 가장 먼저 혜택을 보는 것은 회사인데, 통합이 구축되는 바탕이 회사이기 때문이다. 목적 내재화는 '사회의 복지 증진'과 같은 추상적인 것으로부터 조직구성원이 진정으로 추구하는 어떤 것으로 전환하는 것이다. 이것 없이는, 목적이 존재한다고 말할 수 없다. 달리 말하면, 조직의 '왜'를 이해하려면, 조직구성원의 근원적인 동기부여뿐만 아니라, 조직 내 각 구성원 개인의 '왜'를 숙고해야 한다. 목적의 내재화는 목적 달성과 관련된 각자의 동기부여를 성찰을 통하여 내재화로 연결할 수 있다. 이는 외재적 동기인 경제적 인센티브와 내재적 동기 부여인 자기만족을 초월하는 것이다.

목적 내재화는 조직구성원들이 자신의 개인적 믿음과 동기부여를 조직의 목적과 통합할 경우에 일어난다. 또한 우리는 하버드 비즈니스스쿨이 수행한 연구를 통하여 조직 전반에 걸쳐 목적의 명확성이 성과에 긍정적인 영향을 미친다는 것을 알고 있으며, 이는 일단 목적을 찾으면, 목적이 회사의 철학과 스토리의 중심에 확실히 위치하고 있어야만 한다.

이러한 성과를 얻기기 위해, 회사는 통상 동영상, 유튜브, 스크린세이버, 포스터, 게시물 같은 몇 가지 수단을 통해 구성원의 목적 내재화를 촉진하는 활동에 착수한다. 그러나 조직의 목적을 정의하고 소통하는 것과 그 목적의 의미와 범위를 내재화하도록 만드는 것은 완전히 다른 일이다. 많은 사례에서 본 바와 같이, 목적을 소통하려는 노력이 항상 구성원이 진정한 '주도권'을 갖는 것만은 아니다. 유럽의 한 다국적 IT 솔루션 공급업체의 경우 이 회사는 시장에서 대단한 평판을 얻고 있어, '일하고 싶은 최고의 직장'으로 설문조사에서 상위권을 차지했다. 그러나 그것은 목적이 구성원들에게 내재화한 정도에 대한 평가는 달랐다. 그 결과, 이 회사는 회사의 목적을 알리기 위한 집중적인 캠페인에 착수했다. 그들은 전체 사무실에서 스크린 세이버, 동영상 및 포스터를 활용했다. 경영진은 자주 목적을 언급하고 회사 내부 잡지에 관련 기사를 게재하고 정서적으로 영감을 줄 수 있는 강연도 했다. 그러나 2년이 지나, 목적의 내면화 정도를 다시 측정했지만, 여전히 좋은 결과를 얻지 못했다.

목적 내재화를 고양시키는 환경을 만드는 일은 실제로 예술에 가깝다. 그렇다면 어떠한 의사소통 방법이 구성원이 목적을 받아들이는데 가장 효과적일까? 이 실문에 대한 답으로 최근 Industrial Management and Data Systems에서 7가지 차원으로 목적의 내재화를 평가하는 모형을 개발했다. 이 연구 결과에 의하면 6가지가 효과적인 차원이며, 놀랍게도 한 가지는 비효과적인 것으로 나타났다.

(1) 목적에 대한 지식

구성원이 목적을 알고, 자신의 말로 그것을 설명할 수 있는 정도

(2) 목적의 중요성에 대한 이해

종업원이 목적이 자신과 사회와 관련이 있다고 느끼는 정도

(3) 경영자의 리더십 검증

회사경영자들이 목적에 헌신하고, 그에 따른 의사결정을 함에 따라, 자신의 행동을 통해 목적에 참여함을 가시적으로 보여주는 정도

(4) 조직구성원이 보여주는 가시적 헌신

종업원이 자신의 동료가 목적에 헌신하고 있다고 느끼는 정도

(5) 목적과 실천 간의 일치성 인식

중요 종업원이 회사의 의사결정과 일상적 조치가 목적과 일치하는 것으로 인식하는 정도

(6) 목적에 대한 성찰

종업원이 목적의 개념화에 참여하여 자신의 의견을 피력하는 정도

(7) 자주 목적을 상기하기

회사가 공식적·정기적으로 목적을 소통하는 정도(플랜카드, 동영상, 강연 등)

1. 목적에 대한 지식

목적 개발을 위해, 개인들은 목적을 알아야 하고, 그것을 자신의 말로 표현할

수 있어야 한다. 따라서 목적은 통상 '목적 선언문'이라 불리는 것과 관련된다. 목적은 사회적 책임이나, 특정 이해당사자의 요구를 충족시키기 위한 막연한 개념에 관한 어떤 상투어가 아닌, 사회적 요구와 문제점을 포용하는 공식적인 서약으로 간주될 수 있다. 이는 비즈니스 그 자체의 존재 이유로 이해된다.

많은 연구자들이 목적과 관련된 명확한 지식을 아는 것이 중요하다는 것을 인식하고 있다. 예를 들면, 목적을 이익에 연계시킬 경우, 학자들은 '목적 동지애'와 '목적 명료성'을 구분하였는데, 여기서 목적 명료성만이 더 나은 결과로 연결된다. 목적의 명료함은 특히 불확실하고 혼란스런 시기에 조직과 개인 모두에게 도움이 되는데, 혼란한 시기에는 개인의 판단과 행동이 보다 쉽게 궤도를 이탈한다. 목적은 당연하게 받아들일 수 없다. 목적은 의식의 최전선에 있어야 한다. 목적의 존재는 기업을 변화시킬 수 있지만, 목적을 잃을 경우, 조직을 파괴시킬 수도 있다.

조직의 목적은 스타벅스(Starbucks) 같이 회사 창업자의 생생한 원칙에 의해 지대한 영향을 받을 수 있다는 것을 인식하는 것이 중요하다. '인간정신에 영감을 불어넣고, 함양하는 것'은 스타벅스 하워드 슐츠의 믿음의 연장선상에 있다. 그러나 많은 사람들에게 목적은 시간이 지남에 따라, 상황의 변화를 통해 형성되지만, 일단 목적이 명확해지면 시간이나 상황에 따라 그 목적은 변하지 않는다. 그러기에 조직이 의도적으로 성찰을 할 때, 목적의 본질과 함께 시간의 시련을 견디며 근본적인 의미를 지향해야 한다. 당신 회사는 무엇을 상징하는가? 원래의 창업철학은 무엇이었나? 당신의 회사가 없어진다면, 사회가 얼마나 나빠지거나 변할 것인가?와 같은 질문이 회사의 목적을 찾기 위한 좋은 방법이 될 수 있다.

2. 목적의 중요성에 대한 이해

이를 달성하기 위한 방법으로 목적을 더 큰 명분에 연관시키고, 일반적으로 허용될 수 있는 가치시스템과 일치시켜야 한다. 조직의 목적이 구성원뿐 아니라, 사회전반에도 유익하다는 점을 명확히 설명해야 한다. 구성원이 목적의 중요성과 필요성을 이해하기 위하여 조직은 목적을 사회적으로 용인되는 가치관과 연관되는 포괄적인 주장을 하도록 숙고해야 한다.

이와 관련된 좋은 예는 멕시코의 세계적인 다국적 선도 베이커리 회사 빔보

(Bimbo)의 관리자를 위한 교육 프로그램이다. 회사의 목적을 설명하기 전에, 구성원들에게 자신의 삶의 목적을 소유할 경우 이점에 대해 성찰하도록 권장한다. 마찬가지로, 프랑스 의료기기 회사인 비곤(Vygon)에서는 회사가 명확한 목적 때문에 큰 업적과 이익을 달성한 사람에 관한 이야기를 정기적으로 인트라넷에 공개하고 있다. 구성원이 목적의 중요성과 필요성을 이해하지 못하는 경우, 자신의 개인적 신념과 가치관에 영향을 미치지 못하기 때문에 이러한 차원을 무시하지 말아야 한다.

3. 경영자의 리더십의 검증

구성원과 '목적으로 소통하는 것'은 '모든 리더십 행동의 가장 중요한 부분'이다. 우리는 목적을 공언하고서, 완전히 다르게 행동하는 조직의 예들을 보았다. 그런 행동은 신뢰를 파괴한다. 목적은 메시지의 호소력이 아니라 회사 경영자가 말하는 목적의 중요성과 관련된 증언의 영향력이 크다. 구성원들은 너무나 자주 회사의 목적을 인식하지만, 그것이 받아들여지기 위해서는 '경영자'가 진정으로 목적에 헌신하는지를 확인하려 한다. 경영자 진정성과 일관성을 지니고 목적으로 소통할 경우, 구성원은 목적 그 자체를 믿기 시작한다. '목적은 위에서부터 신호를 받고 아래로 전개된다.' 많은 연구에 의하면, 관리수준에서의 헌신은 목적이 내재화되고 얼마나 긍정적으로 수용되는지의 여부에 가장 큰 영향을 미치는 것으로 나타났다. 목적은 매우 인기 있는 주제가 되어, 목적을 전적으로 믿지 않는 경영자라 할지라도 이사회 구성원, 투자자, 종업원, 기타 이해관계자들로부터 더 높은 목적을 소통하라는 압력에 직면한다. 많은 회사들이 기술적으로 다양한 방법으로 인상적인 캠페인에 자원과 시간을 투자하고 있다. 그러나 구성원들이 목적의 메시지에 대한 경영자의 진정성 있는 약속이 그들에게 정서적 반향을 일으키지 못한다면 의사소통은 효과를 발휘하지 못한다. 더 큰 문제는 이런 접근방식이 메시지를 믿으려는 구성원들에게 치명적일 수 있다. 조직 메시지에 대한 신뢰부족은 경영자들에 대한 전반적인 신뢰부족으로 이어져 구성원들의 사기를 더욱 악화시켜 그들의 동기부여와 헌신에도 영향을 미친다. 간단히 말하면, 가장 강력한 소통의 매체는 회사경영자와 관리자의 진정성 있는 헌신적인 행동이다.

4. 조직구성원의 가시적 헌신

우리는 주위 사람들이 회사의 목적에 헌신하는 것을 보는 것은 회사의 정체성과 목적의 공유된 시스템의 기반을 형성하기 때문에 중요하다. 구성원이 목적을 내재화하기 위해서는, 조직의 다른 사람들, 특히 정기적으로 상호작용하는 사람들의 헌신에 확신이 있어야 한다. 이는 목적이 회사문화에 어떻게 내재화되는지를 의식해야 함을 의미한다. 이런 차원에서 많은 사람들이 각각의 모든 구성원에게 더 가까이 접근하기 위하여 목적을 매우 효과적인 수단으로 간주하고 있다. 페루의 건설회사인 JJC에서는 그들의 목적을 알리기 위해서 통상 종업원들이 회사 목적에 대한 개인적인 헌신을 보여주는 이미지, 사례 또는 문구를 공개한다. 이는 스페인의 안달루시아에 있는 자동차 부품 중견기업 히메네스마나(Himenes Mana)는 종업원이 정기적으로 동영상과 증언이 회사의 목적과 업무에 어떻게 기여하는지를 설명하는 것이 인트라넷에 게시된다.

경영자의 헌신에 대한 진정한 검증이 '동료 구성원들에게 인식된 헌신'이라는 것을 보여준다. 공동의 목적을 위해서는 공유 리더십을 필요로 한다는 생각과 일치하며 이는 카리스마적·변혁적 리더십 개념의 신비를 풀어주는 데 도움이 된다. 구성원이 이러한 헌신을 동료들에게서 보지 못한다면, 회사의 목적은 추상적인 것으로 그치고 말 것이다.

5. 목적과 실천의 일관성

일관성은 구성원이 경험하는 조직의 일상적인 관행과 행동이 목적으로 설정된 원칙 및 방향과 일치하는지의 정도로 알 수 있다. 회사가 목적에 충실한 경우, 조직의 일상적 활동이 자연스럽게 회사의 목적과 부합하는 충분한 증거를 제공한다. 시설서비스 제공회사인 ISS는 고객으로부터 '감사' 인사를 받는 것 같은 사소한 이벤트도 목적의 일관성으로 표시로 전체 회사에 전해진다. 이는 회사가 정리해고와 같은 좋지 못한 일에 직면할 경우처럼 어려운 결정을 할 경우와 특히 관련이 있다. 회사가 이러한 상황에서 행동하는 방식과 마찬가지로 구성원이 이를 이떻게 인식하는가도 목적 개발에서 매우 중요하다. 회사가 진정으로 목적에 따라 운영될 경우, 구성원의 참여도를 높이는 힘이 된다. 그러나 구성원이 목적과 실천 간의 일관성을 인식하지 못하면, 목적은 신뢰성을 잃을 것이다. 이러한 상실은 회사의 경영에 관해 제한적인 부분만 알고 있는 구성원 사이에서 무지 혹은 잘못된 의사소통으로 인해 일어날 수 있다. 따라서 회사는 구성원 자신들의 노력이 다른 사람에게 어떻게 도움이 되는지를 보여줌으로써 그 상관관계를 '연결시키는 것'이 중요하다. 많은 실증적 연구에서, 목적과 실천 사이에서 인지된 일관성이 효과적인 목적의 내재화에 중요하다는 것을 보여준다. 그러나 구성원의 관점에서 볼 때 목록 3번 경영자의 리더십 검증은 5번의 목적과 실천 간의 일관성 인식과 동일하다. 즉, 구성원은 경영진의 약속과 회사의 일관성을 잘 구분하여 알고 있다. 이는 목적의 내재화와 실행 간의 상호연결과도 일치한다. '사람들의 삶을 개선'하는 것을 목적으로 하는 의료회사와 같이 그런 목적을 실천하는 회사조차도 구성원들이 이 목적에 대한 최고경영자의 헌신하는 모습을 보도록 해야 하며, 그렇게 하지 않을 경우구성원들은 경영자는 돈에만 관심이 있다고 생각하며 회사는 구성원들에 의해 일관성이 없는 것으로 인식될 것이다.

6. 목적에 대한 성찰

조직 내에서 목적이 실현되기 위해서는 사람들이 그것에 대해 성찰할 수 있는 수단이 필요하다. 즉, 최고경영자가 목적을 숙고하는 것으로만 충분하지 않고, 양방향 소통을 촉진하는 방법으로, 조직의 모든 구성원이 성실하게 수행해야한다. 이는 이스라엘의 첨단 신경과학 회사인 알파오메가(Alpha Omega)에서는 이 회사의 전 세계 구성원들이 소그룹으로 모여 회사 목적에 대한 그들만의 구체적인 기여를 성찰한다. 회사의 목적과 관련한 국제적 의사소통 수준은 구성원들이 목적에 관한 자신의 의견을 피력하면서, 동시에 신뢰를 구축할 수 있는 긍정적인 환경을 만든다. 보여주기 위한 성찰 없는 목적은 구성원들이 회사의 목적을 하나의 형식상 절차로 간주하여 그 의미를 내면화하지 않고 단순한 상징적 통합으로만 여기게 된다.

7. 자주 목적을 상기하기(비효과 항목)

목적을 자주 상기하게 되면 회사와 구성원의 내부 대화가 언제나 원활할 것이라는 믿음을 토대로 포스터, 스크린세이버, 회사 차원의 메시지, 단문 이메일 등과 같은 수단을 통해 회사는 매일 구성원에게 목적을 상기시키려 노력한다. 목적이 구성원들의 행동과 노력에 '의미를 준다는 것'을 상기시켜 주는 것이 그들에게 만족을 줄 것이라 생각했지만, 연구 결과에 의하면 목적의 내재화에 중요하지 않다는 것을 알게 되었다. 의사소통의 초기단계 또는 목적에 대한 중대한 변화가 있을 때 유용할 수 있지만 목록 1번의 목적에 대한 지식을 알기 위한 차원의 강화로만 그칠 뿐이다. 이는 오직 목적 상기를 바탕으로 하는 소통 계획은 목적 내재화에는 전혀 효과가 없을 것이기 때문이다.

효과적인 조직목적의 내재화를 위해서는 조직은 목적 의사소통과 관련하여 단순한 전술적 측면을 넘어서서, 구성원들이 일터에서 목적의 본질을 경험할 수 있도록 해야 한다. 즉, 회사의 의사소통은 목적이 번성하여 궁극적으로는 모든 구성원이 공유할 수 있는 필연적인 환경을 만드는 것에 집중해야 한다. 이런 의미에서, 조직목적의 내재화를 위한 6가지 차원은 효과적인 소통과 조직문화를 만들기 위한 가이드라인을 제공한다. 하지만 현실적으로는 이의 적용은 선형적으로만 이루지지 않는다. 예를 들면, 회사가 하나 혹은 두 개의 차원에만 초점을 맞추는 경우, 효과적인 목적의 의사소통이 이루어지기 어렵다.

제4절 목적 경영 조직의 목적 선언문 사례

반고흐 예술가조합 목적 선언문

가난한 모든 인상파화가가 배고픔 없이 편안하게 일하고
쉬며 재기할 수 있는 공동의 아틀리에를 아를에 만들어주는 것이다.

구글(Google)의 목적 선언문

세상의 정보를 누구나 쉽게 사용하고 접근할 수 있게 한다.
사악하게 기업하지 않아도 돈을 벌 수 있다는 것을 증명한다.

애플(Apple)의 목적 선언문

혁신적인 하드웨어, 소프트웨어와 서비스를 통해 고객에게 최고의 사용자 경험을 제공한다. 우리는 훌륭한 제품을 만들기 위해 지구상에 있다고 믿는다.

마이크로소프트(Microsoft)의 목적 선언문

지구상의 모든 조직과 개인이 더 많이 성장할 수 있도록 돕는다.
모든 사람이 컴퓨터로 세상과 소통할 수 있는 컴퓨터 민주화를 이룬다.

아마존(Amazon)의 목적 선언문

지구상에서 가장 고객 중심적 기업으로 인터넷과 기술을 이용하여 소비자가 원하는 모든 것을 구매하도록 하고, 콘텐츠 제작자가 성공을 극대화할 수 있도록 돕는다.

페이스북(Facebook)의 목적 선언문

우리는 사람들에게 커뮤니티를 구축하게 하여 세상을 더 가깝게 만들 수 있는 권한을 부여하는 것이다.

피엔지(P & G)의 목적 선언문

우리는 현재와 미래 세대를 위해, 모든 소비자의 삶을 개선할 수 있는, 가치 있는 브랜드 제품과 서비스 제공으로, 창출한 이익을 우리가 살고 일하는 지역 사회가 번영할 수 있도록 보상한다.

스타벅스(Starbucks)의 목적 선언문

직장과 집 사이에 제3의 장소를 제공함으로써 인간의 정신에 영감을 불어넣고 풍요롭게 한다.

사우스웨스트항공(Southwest Airline)의 목적 선언문

따뜻함, 다정함, 자부심의 기업정신으로 고객에게 최상의 서비스를 제공하기 위해 헌신한다.(직장)
개인의 성장에 공평한 기회를 통해 가족에게 안정적 직장환경을 제공할 의무가 있다.(가족)

한국경영 조직개발학회 진성경영연구원 목적 선언문

대한민국 중소기업 경영자들이 진성 리더십을 씨앗으로 그들만의 민주화 경영을 통하여 백년기업의 초석을 다질 수 있도록 돕는 플랫폼을 제공한다.

주식회사 첨단엔프라의 목적 선언문

우리는 대한민국이 세계제일의 자동차 강국이 될 수 있도록 자동차 엔지니어링 플라스틱 모듈 부품 히든 참피언기업으로 국가와 사회에 공헌한다.

연구문제

1. 목적 중심조직이란 무엇인지 설명해 봅시다.

2. 목적 중심조직에서 조직의 통합은 어떻게 이루어지는지 설명해 봅시다.

3. 목적의 유동성이란 무엇인지 설명해 봅시다.

4. 목적의 시너지효과란 무엇인지 설명해 봅시다.

5. 바람직한 조직목적의 내재화 방법은 무엇인지 설명해 봅시다.

6. 조직의 목적내재화의 7가지 차원은 무엇인지 설명해 봅시다.

7. 개인과 자신이 속한 조직의 목적 선언문이 있는지 논의해 봅시다.

CHAPTER 08

평생교육기관의 조직

학습목표

조직의 일반적 이해를 바탕으로 평생교육조직의 유형과 특성에 관해 살펴보고 평생교육기관의 효율적 경영을 위해 적합한 평생교육기관조직이 추구해야 할 방향에 관하여 고찰해본다.

제1절 조직 일반론

1. 조직의 개념 및 특성

1) 조직의 개념

인간은 다양한 이유에 의해서 조직을 필요로 하며 조직에 귀속된다. 인간은 사회적 동물로서 혼자 살아갈 수 없기에 조직 공동체를 만들고 공동체를 통하여 공통의 목표를 추구해 나간다. 조직에 관한 다양한 정의를 살펴보면 다음과 같다.

① 조직은 다수의 인간들이 공통된 목적 달성을 위하여 상호작용을 하고 조정을 행하는 유기적인 행동의 집합체이다(김영규, 2002).

② 조직은 일정한 환경하에서 특정한 목적을 추구하고 이를 위한 일정한 구조를 지닌 사회적 단위이다(Etzioni, 1964).

③ 조직이란 목적을 추구하고 활동에 참여하는 조직구성원 사이의 정당한 상호작용이다(Weber, 1947).

④ 조직이란 공동의 목표를 수행하기 위하여 사람들이 모여 상호관계를 형성하는 사회적인 구성체이다(임창희, 2010).

⑤ 조직은 공동의 목표를 가지고 내부관리를 위한 규제장치와 외부 환경관리를 위한 적응구조를 발달시키는 인간들의 집단이다(Katz & Kahn, 1966).

이와 같은 학자들의 정의를 종합하면 조직이란 "특정한 조직의 공동목표를 달성하기 위하여 분업체제를 구축하고 협동해서 행동하는 유기적 집합체"라고 할 수 있다.

2) 조직의 특성

일반적으로 조직은 다음과 같은 특성을 가지고 있다(오석홍, 2003).

① 조직은 구체화되고 특수화된 공동의 목적, 목표, 사명을 가지고 있다.

② 조직은 목표와 사명을 달성하기 위하여 고유한 운영법칙이나 규율을 가지고 있다.

③ 조직은 사람들로 구성되지만 개별적 구성원의 존재와는 별도의 실체를 형성하고 분업을 통하여 협력한다.

④ 조직은 계층구조와 권한체계를 가지고 있다. 조직의 구성원에게 각자의 역할에 따른 지위와 권한을 부여함으로써 원활하게 작동한다.

⑤ 조직은 내부 요소 간은 물론 외부의 환경과의 상호작용을 통해 영향을 미치면서 유지되고 발전되는 개방적 체제이다.

⑥ 조직은 수명을 갖고 있으며, 조직의 수명은 조직 목표의 성공적 달성 여부와 직결된다. 즉, 조직의 목표가 효과적으로 달성될수록 조직의 수명은 연장된다. 그러나 조직의 수명이 목표가 달성과 동시에 종식되는 한시적인 조직도 있다. 예를 들면, 올림픽조직위원회와 같은 특수목적을 위해 설립된 조직이 좋은 예시이다.

이와 같이 조직은 조직구성원들로 하여금 공동의 목표를 갖도록 필요한 업무를 할당하고 구성원들이 자연스럽게 조직의 공동 목표를 추구하도록 해야 한다. 또한 구성원 간 원만한 관계 형성을 통하여 협력할 수 있는 의사소통체제를 갖추어야 한다.

2. 조직의 구성요소

조직의 구성요소에 관해서는 다양한 이론이 있지만, 세계적 전략컨설팅 기업인인 파스칼 외(Pascal et al., 1981)와 맥킨지(Mckinsey & Company)에 의해서 연구되어 오늘날 글로벌 기업의 조직진단 및 조직관리 분야 등에서 널리 사용되고 있는 조직이론에 의하면 조직은 다음과 같은 7가지 구성 요소(7S)를 가지고 있다.

① 공유가치(Shared value)

조직구성원들이 함께 공유하는 가치관으로서 조직구성의 핵심요소이며, 조직운영에 가장 중요한 영향을 미치는 요소이다.

② 전략(Strategy)

조직의 장기적 방향과 기본적 성격을 결정하고 조직운영방식의 혁신에 영향을 미치는 요소로서 조직의 장기적인 계획과 이를 달성하기 위한 자원배분 과정 등이 포함된다.

③ **조직구조**(Structure)

조직의 전략수행에 필요한 틀로서 직무설계, 권한관계와 방침, 구성원들의 역할 및 상호관계를 결정하는 공식요소가 포함된다.

④ **제도**(System)

조직운영에 필요한 일련의 의사결정과 운영의 틀이 되는 보상제도 및 인센티브, 의사결정시스템과 경영정보, 목표설정 시스템과 경영계획, 결과측정 및 조정·통제 등 경영에 필요한 각 분야의 관리제도와 절차 등이 포함된다.

⑤ **구성원**(Staff)

조직의 인력구성과 구성원들의 능력, 신념, 전문성, 동기와 욕구, 태도와 지각력, 행태 등이 포함된다.

⑥ **관리기술**(Skill)

조직의 각종 물리적 하드웨어기술과 이것을 가동하는 각종의 소프트웨어기술, 조직 운영에 필요한 관리기법 등이 포함된다.

⑦ **리더십 스타일**(Style)

조직구성원을 이끌어가는 지도자의 관리 스타일로서 조직구성원들에 대한 동기부여, 상호작용, 조직 분위기 및 조직문화에 직접적인 영향을 미치는 요소이다.

위와 같은 7가지 요소들은 상호 간 밀접한 관계를 맺고, 조직 전체의 이미지를 형성한다. 7S 모형에서 7가지 요소가 일관성을 지니고 밀접하여 상호의존적으로 연계될수록 조직은 강한 조직역량을 구축하고 장기적으로 높은 성과를 거둘 수 있다.

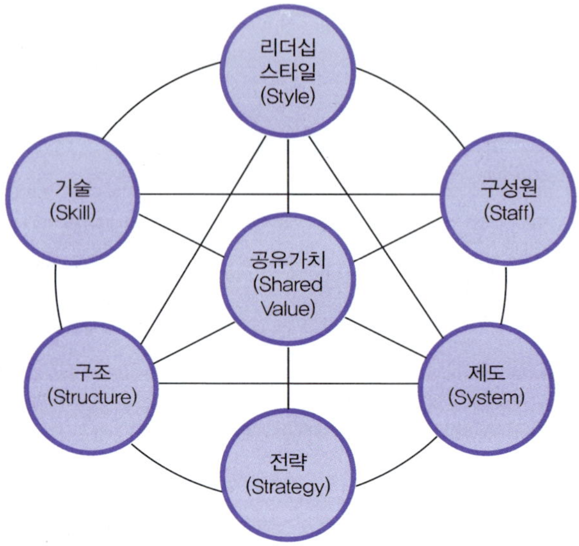

그림 8-1 7S 모형의 조직 구성요소

3. 조직의 유형

조직 유형에 관한 다양한 이론에 대하여 살펴보면 다음과 같다.

1) 파슨스의 AGIL조직유형

파슨스(Parsons)는 조직이 추구하는 사회적 기능이 적응(Adaptation), 목표성취(Goal attainment), 통합(Integration), 체제유지(Latency)에 따라 생산조직, 정치적 목표지향조직, 통합조직, 유형유지조직으로 분류한다(권두승·최운실, 2009).

① 생산조직(productive organization)

사회나 사회구성원이 소비하는 상품과 재화를 생산하는 조직으로서 민간기업 등이 해당된다.

② 정치적 목표 지향조직(political organization)

사회자원을 동원하여 사회적 목적과 가치를 창조하고 배분하는 역할을 수행하는 조직으로서 정부, 정당 등이 해당된다.

③ **통합조직**(integrative organization)

사회구성원의 갈등을 해소하는 역할을 수행하는 조직으로서 법원, 경찰 등이 해당된다.

④ **유형유지조직**(pattern-maintenance organization)

사회체제의 독특한 문화와 가치를 보존하고 문화 전승이나 교육적 기능을 수행하는 조직으로서 교육기관, 문화단체, 종교단체 등이 해당된다.

표 8-1 파슨스의 AGIL조직유형

사회적 기능	조직의 중분류	조직의 소분류
적응	생산조직	민간기업 등
목표성취	정치조직	정부, 정당 등
통합	통합조직	법원, 경찰 등
체제유지	유형유지조직	교육기관, 문화단체, 종교단체 등

2) 카츠와 칸의 조직유형

파슨스(Parsons)의 사회적 기능을 바탕으로 카츠(Katz)와 칸(Kahn)은 조직의 기본적 기능을 목표달성, 유형유지, 적응 그리고 통합을 근거로 해서 조직유형을 생산조직, 유지조직, 적응조직, 관리조직으로 구분한다.

① **생산조직**

목표달성은 생산조직에 중심을 두면서 사회 전체 또는 그 일부를 위해 이익을 창출하며 재화나 용역을 생산하고 공급하는 조직이다. 예시로 민간기업이 해당된다.

② **유지조직**

조직은 유형 유지에 무게 중심을 두면서 사회생활이나 조직생활에서 맡은 역할을 수행할 수 있도록 사람들을 사회화하는 기능을 맡는 소식이나. 예시로 교육기관, 종교단체, 병원이 속한다.

③ 적응조직

조직에의 적응에 초점을 맞추고 지식창출, 이론 구성, 실제 문제 적용 등 기능을 위한 조직이다. 여기에는 대학, 연구기관 등이 속한다.

④ 관리조직

조직의 통합에 초점을 맞추며 사람의 통제·조정 등에 관한 기능을 우선시하는 조직이다. 행정기관, 정당, 노동조합 등이 포함된다.

표 8-2 카츠와 칸의 조직유형

조직의 기본적 기능	조직의 중분류	조직의 소분류
목표달성	생산조직	민간기업 등
유형유지	유지조직	교육기관, 종교단체, 병원 등
적응	적응조직	대학, 연구기관 등
통합	관리조직	행정기관, 정당, 노동조합 등

3) 에치오니의 조직유형

에치오니(Etzioni, 1958)는 복종관계를 기준으로 상급자의 3가지 권력 행태를 강제적(coercive) 행태, 보상적(remunerative) 행태, 규범적(normative) 행태로 제시하고 이에 대응하는 하급자의 3가지 대응행태인, 소외적(alienative) 행태, 타산적(calculative) 행태, 도덕적(moral) 행태를 조합하여 9가지 조직유형을 제시한다.

상급자의 권력행태 중에서 ① 강제적 행태는 위협이나 신체적 탄압에 의거하는 권력이고, ② 보상적 행태는 급여와 같이 물질적 보상에 기반을 둔 권력이며, ③ 규범적 행태는 존엄·위신 등 상징성과 관련한 권력을 말한다. 하급자의 대응행태 중에서 ① 소외적 행태는 하급자의 강한 부정을 나타내는 대응이고, ② 타산적 행태는 획득한 보상에 따라 하급자가 무관심을 나타내는 대응이며, ③ 도덕적 행태는 하급자가 강한 인정을 나타내는 대응이다. 에치오니 복종관계에 따른 9가지 조직유형은 표 8-3과 같다.

표 8-3 에치오니의 복종관계에 따른 9가지 조직유형

구 분		하급자의 대응행태		
		소외적 행태	타산적 행태	도덕적 행태
상급자의 권력행태	강제적 행태	**I조직 (강제적-소외적 행태)**	IV조직 (강제적-타산적 행태)	VII조직 (강제적-도덕적 행태)
	보상적 행태	II조직 (보상적-소외적 행태)	**V조직 (보상적-타산적 행태)**	VIII조직 (보상적-도덕적 행태)
	규범적 행태	III조직 (규범적-소외적 행태)	VI조직 (규범적-타산적 행태)	**IX조직 (규범적-도덕적 행태)**

① I조직은 강제적 권력의 사용과 소외적 대응이 나타나는 유형으로 굴욕적인 복종에 부합되는 조직이다. 즉, 구성원을 통제할 때 강압적 수단에 기초를 둔 권한이 주로 사용되고 구성원들은 조직에 대해 강한 소외감을 느낀다. 여기에 속하는 조직은 강제수용소, 정신병원, 군대 등이 해당된다.

② V조직(보상적-타산적 행태)은 보상적 권력과 타산적 대응이 부합되는 조직이다. 보수, 근무조건 등 물질적 보상에 기초를 둔 공리적 권한이 구성원을 통제하는 데 주로 사용되며, 구성원들은 자기에게 돌아오는 이익을 계산하여 조직에 기여하려고 한다. 여기에 속하는 조직으로는 민간기업 등이 포함된다.

③ IX조직은 규범적 권한과 도덕적 대응이 부합되는 조직이다. 즉, 구성원의 통제에는 원칙적으로 규범적 권한이 사용되고 이에 대응하여 구성원들은 조직에 강한 충성심을 나타낸다. 여기에 속하는 조직으로는 정당, 종교조직, 복지시설, 각종 교육기관 등이 포함된다.

4) 블라우와 스콧의 조직유형

블라우와 스콧(Blau & Scott, 1962)은 주된 수혜자가 누구냐에 따라 조직유형을 호혜조직(mutual benefit organization), 사업조직(business organization), 서비스조직

(service organization), 공익조직(commonweal organization)으로 분류한다.

① **호혜조직**(mutual benefit organization)

주된 수혜자는 조직구성원이고, 조직원의 만족이 핵심과제이며, 정당, 노동조합, 전문직업단체, 공제회, 종교단체 등이 해당된다.

② **사업조직**(business organization)

주된 수혜자는 조직의 소유주이고, 이윤추구가 핵심과제이며, 민간기업, 보험회사, 은행 등이 해당된다.

③ **서비스조직**(service organization)

주된 수혜자는 고객이고, 고객에 대한 전문적 서비스 제공이 핵심과제이며, 학교, 사회복지기관, 병원 등이 해당된다.

④ **공익조직**(commonweal organization)

주된 수혜자는 국민 전체이고, 국민에 의한 통제를 확보하는 것이 핵심과제이며, 행정기관, 경찰, 군대 등이 해당된다.

표 8-4 블라우와 스콧의 조직유형

조직유형	주된 수혜자	핵심과제	종류
호혜조직	조직구성원	조직원의 만족	정당, 노동조합, 전문직업단체, 종교단체, 공제회 등
사업조직	소유주	이윤추구	민간기업, 은행, 보험회사 등
서비스조직	고객	전문적 서비스 제공	사회복지기관, 병원, 학교 등
공익조직	국민 전체	국민에 의한 통제 확보	행정기관, 군대, 경찰 등

5) 리터러의 조직유형

블라우와 스콧(Blau & Scott, 1962)은 주된 수혜자를 기준으로 조직유형을 구분하고 있는데, 유형 간 경계가 불분명하고, 특정조직이 여러 유형에 포함될 수 있는 등 명확하고 논리적인 이론제시에 한계가 있다. 리터러의 조직유형은 이러한 한계를 극복하기 위한 대안유형이다.

리터러(Litterer, 1973)는 소유와 수익을 기준으로 4가지 조직유형을 제시한다. 소유의 경우, 특정인이 그 조직을 소유하고 있는 것이고, 불특정인의 간접소유는 일반 국민 등 불특정인의 세금 등으로 이루어지는 조직을 말한다. 그리고 수익의 경우, 직접적 수익은 조직에 직접 참여해서 이익을 얻는 것을 말하고, 간접적 수익은 직접 조직에 참여하지 않으면서 매개적인 것에 간접적 투자를 통하여 이익을 획득하는 것을 의미한다.

① 호혜조직

특정인의 직접소유와 직접적 수익의 성격을 띠며, 조직원을 주된 수혜자로 하는 노동조합 등이 해당된다.

② 사업조직

특정인의 직접소유와 간접적 수익을 동시에 추구하는 조직으로 소유주를 주된 수혜자로 하는 민간기업 등이 해당된다.

③ 서비스조직

불특정인의 간접소유와 직접적 수익의 성격을 나타내며, 고객을 주된 수혜자로 하는 학교 등이 해당된다.

④ 공익조직

불특정인의 간접소유와 간접적 수익을 동시에 추구하는 조직으로 전체 국민을 주된 수혜자로 하는 행정기관 등이 해당된다.

표 8-5 리터러의 조직유형

구 분		소유	
		특정인의 직접소유	불특정인의 간접소유
수익	직접적 수익	호혜조직	서비스조직
	간접적 수익	사업조직	공익조직

제2절 평생교육기관 조직의 이해

1. 평생교육조직의 의의

1) 평생교육조직의 정의

우리나라 「평생교육법」에 따르면 평생교육의 정의는 "평생교육이란 학교의 정규교육과정을 제외한 학력보완교육, 성인 문자해득교육, 직업능력 향상교육, 인문교양교육, 문화예술교육, 시민참여교육 등을 포함하는 모든 형태의 조직적인 교육활동"이다.

평생교육조직에 관한 정의를 살펴보면 다음과 같다.

① 평생교육을 둘러싼 다양한 기관들의 행정적 도움을 주기 위한 평생교육 지원체제를 중심으로 그 산하에 산재되어 있는 여러 조직들을 말한다(최은수 외, 2008).

② 평생교육조직이란 평생교육법에 의거하여 학교교육을 제외한 모든 형태의 조직적인 교육활동을 하는 사회적 기관을 말한다(최운실·권두승, 2009).

③ 평생교육조직이란 구성원의 개인적 특성과 업무능력, 조직 문화와 지원활동, 관계형성 등의 지적자본을 효과적으로 관리함으로써 보다 효율적으로 평생교육의 가치를 실현하는 사회적 구성체를 말한다(신다은, 2018).

결국, 평생교육조직이란 "구성원을 가지고 있고 평생교육을 위한 특정한 목적을 수행하기 위하여 지속적 협력을 통하여 체계적인 평생교육을 실시하는 조직"을 말한다.

2) 평생교육기관에 있어서의 조직 개념

평생교육기관의 조직이란 '평생교육을 실천하기 위하여 평생교육기관의 조직화 과정을 통하여 구성된 조직'을 말한다. 대부분의 우리나라 평생교육기관은 조직의 규모가 작고, 기관에 종사하는 인력 규모도 작아 경영조직이라고 말할 수 있는 기관이 많지 않다. 평생교육기관의 조직은 기관의 유형과 성격에 따라 조직 형태와 규모에 많은 차이가 있다.

2. 평생교육기관의 조직 특징

평생교육기관의 목표는 평생학습자의 욕구를 충족시켜 그들의 삶의 질을 높이고 지역사회 및 국가 발전에 기여하기 위함이다. 평생교육기관은 교육조직으로서 가지는 특성이 있지만 학교교육조직과는 달리 교육수요자의 요구에 따라 운영되고 있어 학교교육조직과는 다른 특성을 지닌다. 또한 평생교육기관의 유형이 매우 다양하고 기관 설립의 운영 주체에 따라 다른 특성을 가지고 있으며, 일반 경영조직의 특성과도 매우 다른 특성을 가지고 있다. 따라서 평생교육기관은 학교조직이나 다른 기관과는 구별되는 독자적인 특성이 있기 때문에 일반 경영조직이론이나 학교조직이론을 적용하는 데는 한계가 있다. 평생교육기관 조직의 특성을 살펴보면 다음과 같다(최은수·배석영, 2008).

1) 교육조직으로서의 특성

① 평생학습자의 욕구에 따라 평생교육기관의 조직 목표가 달라질 수 있다. 즉, 조직 목표 측면에서 운영 주체가 영리를 추구하는가 또는 공공성과 공익성을 우선하는가에 따라 달라질 수 있다.

② 평생교육기관은 평생교육강사, 평생학습자, 행정직원 등이 함께 모여서 평생학습을 실천하는 곳으로 조직구성원이 매우 다양하며 복잡하다. 평생교육 강사는 대부분 조직의 전임자가 아닌 프리랜서이기 때문에 유동성이 매우 크다. 평생학습자들은 프로그램 유형에 따라 그 구성원이 매우 다르고 대부분 자발적 참여자들이다. 공공 평생학습기관에 종사하는 행정직원은 2년마다 인사이동이 이루어지기에 그 구성원이 산만하고 매우 유동적이다.

③ 평생교육기관조직은 행정체계의 범주에 있어서 합리성과 분업화, 전문화, 권위의 위계 등 추구하는 관료조직의 특성을 지닌다.

④ 평생교육기관조직은 고도의 지성을 요구하는 정신적 활동과 봉사 기능을 가지고 각 분야의 전문성을 요구하는 전문조직의 특성을 갖는다.

⑤ 평생교육기관조직은 형식적 교육기관과는 차별된 독자성을 갖는다.

2) 평생교육기관 설립 및 운영 주체에 따른 특성

평생교육기관은 운영 주체에 따라 조직의 특성이 매우 다르다. 즉, 공공성과 공익성을 요구하는 행정부 주도형, 산업현장에서 필요한 인력을 양성하기 위한 기관형, 민간 주도형 조직으로 비영리와 영리를 추구하는 기관들의 고유한 목적에 따라 평생교육기관의 조직의 특성이 매우 다르다. 기관의 설립 및 운영 주체에 따른 평생교육조직의 특성을 살펴보면 다음 표 8-6과 같다.

표 8-6 기관 운영 주체에 따른 평생교육조직의 특성

조직	특성	사례
행정부 주도형	•과업중심적, 기계적 분위기 •합리적 지침 준수 •국민세금으로 운영 •국민정신교육의 조직적 제공 •집중식 교육 •교육과정운영에 있어 학습자의 요구보다는 국가적, 기관적 요구 우선	•공무원 연수원 •행정부 연수원
비영리 민간주도형	•최신 학습기자재의 활용 •인간본위적 비형식적 분위기 •변화지향적 •최소경비 수익자 부담 •사회발전 및 사회봉사를 위한 민주시민교육 강조	•YMCA, 흥사단 •청소년단체, 여성단체, 종교단체 주관
기업식 민간주도형	•묵시적 형태의 영리 추구 •학습자의 개인적 요구충족을 위한 다양한 프로그램 운영 •도시 중심적, 소비지향적 교과목 편성 •특정연령층, 특성인을 위한 특정교과목 운영	•백화점 문화센터 •언론사 문화센터 •각종 학원
산업 인력 개발형	•직무능력개발, 조직개발 중심 교육 •고용관계유지 및 발전을 위해 참여(종업원) •생산성 향상, 기술혁신, 고객만족 도모를 위한 교육(기업) •특정 목적 달성을 위한 특정교육훈련	•기업체 연수원 •인력관리공단 등

출처: 권두승·최운실(2009). p. 235.

3. 평생교육조직의 평생교육경영학적 조망

평생교육조직경영은 일반경영학에서 강조하는 효율적·체계적인 운영을 위한 '평생교육기관의 경영'과 평생교육의 고유한 가치와 원리가 강조되는 '평생교육의 원리에 의한 경영'으로 구분된다(오혁진, 2003). 즉, '평생교육기관의 경영이란 평생교육조직의 목표달성에 중점을 두고 일반 경영학적 원리를 바탕으로 평생교육조직을 경영하는 것을 말한다. 그러나 평생교육조직의 가치 실현과 경쟁력 강화를 위해서는 경영 차원에서의 평생교육학적 접근도 필요하다. 평생교육조직을 경영할 때에는 조직의 효과성과 효율성을 강조하는 일반 경영기법과 전략, 인간의 성장을 중시하는 평생교육의 원리가 조화를 이루는 평생교육경영이 이루어질 때 평생교육조직이 체계적으로 발전할 수 있다.

평생교육조직을 경영할 때 유의해야 할 사항을 평생교육경영학적 측면에서 살펴보면 다음과 같다.

(1) 평생교육조직은 성인학습자에게 평생교육의 경험과 지식을 제공하는 전문조직으로서 개인의 학습능력 향상과 조직의 발전 및 지역과 국가사회의 발전 등 다원화된 가치를 동시에 고려해야 한다(한준상, 2001). 평생교육조직구성원은 다양한 배경을 가지고 있으며 상호보완적 조직구조를 형성하면서 각자 전문성을 발휘하고 있기 때문이다(권두승·최운실, 2009).

(2) 평생교육조직은 성인학습자의 평생학습 참여기회와 접근성 향상을 위하여 지식정보사회의 유용한 사회적 시스템을 통하여 다양한 책무성을 가져야 한다(평생교육진흥원, 2011). 즉, 평생학습사업이나 프로그램 기획시 관련 정보에 관해 철저한 조사와 분석을 해야 하고, 사업의 비전과 추진전략을 체계적으로 수립해서 통합적으로 추진하며 유관조직과의 참여를 촉진시키기 위한 생산적 네트워크를 구축해나가며 프로그램 개발과 분류 시 학습자의 특성과 요구를 고려해야 한다. 또한 사업에 필요한 인적·물적 자원을 효율적으로 확보하고 관리·지원을 통하여 학습자의 특성과 요구에 걸맞은 교수법 개발 및 강좌개설이 필요하다. 가장 중요한 것은 학습자의 생애설계를 통하여 평생학습이 효과적으로 이루어질 수 있도록 지원할 수 있는 상담 및 컨설팅이 적절하게 이루어져야 한다. 마지막으로 평생교육조직의 효율적인 경영전략을 추진해나가기 위해서는 구체적인 경영지침을 마련하여 경영 수지를 개선할 수 있도록 해야 한다(신다은, 2018).

(3) 효과적으로 평생교육조직을 경영하기 위해서는 권한위임과 조직의 정체성, 명확한 직무, 타 조직 및 기관 전체와의 융합과 조화, 적절한 물리적 위치 등을 고려해야 한다(Strother & Klus, 1982).

(4) 평생교육조직 경영은 평생교육가치와 원리를 반영하여 조직성장을 위한 학습의 필요성에 초점을 두어야 한다. 즉, 상호존중과 교류, 지속적 학습 등 평생학습원리가 조직에 도입되어서 강사 및 학습자뿐만 아니라, 관리자와 실무자 등 모든 구성원이 학습에 참여할 수 있는 조직학습의 형태로 운영되어야 한다.

(5) 평생교육조직은 급변하는 환경 속에서 지속가능한 성장과 발전을 하기 위해서 일반 경영학을 기반으로 하는 '평생교육기관의 경영'과 평생교육학을 기반으로 한 '평생교육 원리에 의한 경영'의 조화를 이루는 평생교육경영학의 차원에서 새로운 경영전략을 추구해 나가야 한다(신다은, 2018).

연구문제

1. 평생교육기관조직이 일반조직과 달리 가지고 있는 고유한 특성은 무엇인지 논의해 봅시다.

2. 영리형, 비영리형 평생교육기관조직의 특성은 무엇인지 논의해 봅시다.

3. 블라우와 스콧, 리터러의 조직유형의 차이점은 무엇인지 설명해 봅시다.

4. 평생교육기관에 알맞는 조직의 유형은 무엇인지 논의해 봅시다.

5. 평생교육조직을 효율적으로 운영하기 위해서는 어떠한 경영학적 전략이 필요한지 논의해 봅시다.

CHAPTER 09

평생교육기관의 리더십

학습목표

리더십의 일반적 이론을 살펴보고 평생교육기관의 효율적 경영을 위해서 필요한 리더십의 특성과 유형 및 기관경영에 있어서의 효율적인 리더십에 관하여 고찰한다.

제1절 리더십의 개요

1. 리더십의 정의

조직을 이끌어가고 있는 리더는 조직의 목표를 달성하고 성과를 창출하기 위하여 리더의 비전을 구성원들이 따르게 하고, 당면한 문제를 해결하기 위하여 리더십을 발휘해야 한다. 리더십을 이해하기 위해서는 우선, 리더(leader)와 관리자(manager)의 차이를 이해해야 한다.

우선, 우리가 혼동할 수 있는 'lead'와 'manage'의 차이점을 살펴보면, 우선 'lead'는 '선도하다, 지도하다'라는 의미로 조직의 목표를 달성하기 위하여 리더가 의도하는 방향으로 구성원들에게 영향력을 미치고, 동기를 부여하면서 지시하는 능력을 말하며, 'manage'는 '관리하다, 경영하다'라는 뜻으로 조직의 질서와 일관성을 추구하기 위하여 경영이라는 개념의 계획, 조직, 계산, 조정 등의 활동에 초점을 맞추고 있다. 따라서 관리자(manager)는 일반 행정가로서 현재에 중점을 두면서 규칙이나 법규, 방침을 준수하며 효과적인 관리를 위해서 통제의 수단을 사용한다. 이와 반대로 리더(leader)는 성과에 초점을 맞추고 위험을 감수하면서 변화를 추구하고 현실에 안주하기보다는 혁신적 마인드와 장기적 안목을 갖고 비전과 전략을 개발하면서 구성원들을 고무시키고 영감을 부여한다. 리더십에 관한 학자들의 다양한 정의를 살펴보면 다음과 같다.

① 피들러(Fiedler)의 리더십

리더십이란 과업을 지휘하고 조정하는 과정에서 보여주는 리더의 행동 특성이며, 이 과정속에서 리더와 구성원은 작업관계를 형성하고 있으며, 리더가 구성원을 칭찬하고 비판하면서 구성원들의 감정과 복지에 관하여 배려를 보여주는 행위이다.

② 제이콥(Jacobs)과 자크(Jacque)의 리더십

리더십이란 집난적인 노력에 대해 의미있는 방향을 부여하고 그 목적을 성취하기 위하여 노력을 확장시키는 과정이다.

③ 리처드(Richard)와 엔걸(Engle)의 리더십

리더십은 비전을 만들고 가치를 부여하며, 무언가를 성취할 수 있도록 환경을 조성하는 것이다.

④ 유클(Yukl)의 리더십

리더십이란 무엇이 이루어질 필요가 있고, 그것을 어떻게 하면 효과적으로 이룰 수 있을지에 관하여 구성원들이 이해하고 동의할 수 있도록 리더가 영향력을 미치는 과정이고, 구성원과 함께 공유된 조직의 목적을 달성하도록 개별적이면서도 집단적인 노력을 촉진하는 리더의 행동 과정이다.

이상과 같이 학자들의 정의를 종합하면, 리더십이란 "조직의 목표달성을 위해서 리더가 조직의 비전과 목표를 제시하고 구성원의 동기를 유발하여 조직의 변화와 성과를 창출하는 리더의 능력"으로 정의할 수 있다.

2. 리더십의 필요성

아무리 공식적인 명령체계와 목표수행을 위한 지원체계가 잘 갖추어져 있는 조직이라 해도 조직의 효과적인 운영과 성과 창출을 위해서는 리더십이 필요하다. 리더십을 통해 조직은 다음과 같은 성과를 얻을 수 있다.

① 조직의 불완전한 구조로 인하여 조직 내에 상존하는 과업추진의 불합리성은 리더십으로 극복할 수 있다.

② 조직 내외 환경의 급변에 구성원들이 능동적으로 대처할 수 있도록 하기 위해서 리더십이 필요하다.

③ 조직의 급격한 성장기와 쇠퇴기에는 조직 내부의 자생적 변화로 인하여 구성원들 간의 내적인 갈등이 자주 발생하는데, 이를 극복하기 위해서 리더십이 필요하다.

④ 수시로 구성원들에게 동기를 부여하고 그들이 업무에 매진할 수 있는 환경조성을 위해서 리더십이 필요하다.

3. 리더십에 필요한 기술

리더십이 효과적으로 발휘되기 위해서는 리더의 탁월한 리더십 기술이 필요하다. 리더십에 필요한 4가지 기술(skill)에 관해서 살펴보면 다음과 같다.

1) 권력행사(empowerment)

리더가 발휘하는 영향력의 이면에는 권력이 존재한다. 권력이란 "타인을 자신의 뜻대로 움직이거나 지배할 수 있는 공인된 힘이며, 타인을 타일러서 어떤 일을 하도록 하는 힘"이다. 리더가 행사하는 권력은 다음 5가지 권력으로 나뉜다(최은수 · 배석영, 2008).

① 합법적 권력

합법적 권력이란 공식적인 법률이나 규정, 규칙에 의해 조직의 위계상 지위나 역할에 부여되는 권력으로 권한이 약한 사람이 추종해야 된다고 믿는 경우 나타난다.

② 보상적 권력

보상적 권력은 타인과의 교환과정에서 바람직한 결과를 나타낼 수 있는 개인의 능력에서 비롯하며 부하들을 보상해 주기 위해서 리더는 늘 보상적 권력을 갖고 있다.

③ 강압적 권력

보상적 권력과는 달리 권력행사자가 수용자에게 징계를 가할 수 있다고 인식하는 기초에서 나타나며, 이러한 강압적 권력은 일시적인 부하의 복종을 이끌어낼 수 있지만 두려움, 복수심, 소외와 같은 부정적인 결과를 초래할 수 있다.

④ 전문적 권력

리더가 특정한 분야나 상황에 대해서 특수한 능력과 전문적 지식을 가지고 있다고 구성원들이 판단할 때 발생한다. 전문적 권력은 권력자가 많은 직무관련 지식과 경험을 갖추고 있다고 구성원들이 신뢰할 때 행사되는 권력이다.

⑤ 준거적 권력

부하들이 자신의 성격이나 능력을 개발하도록 하는 리더의 독특한 능력이다. 즉, 부하들이 리더를 닮으려고 할 때 발생하는 권력이다.

따라서 리더십을 효과적으로 발휘할 수 있기 위해서 리더는 합법적 권력과 같은 공식적인 권력과 리더의 개인적 특성에서 비롯하는 전문가적 권력, 준거적 권력과 보상적 권력과 같은 비공식적인 권력 배양을 위하여 항상 노력해야 한다.

2) 직관력(intuition)

유능한 리더에게 필요한 두 번째 리더십의 기술은 직관력이다. 직관력이란, "판단이나 추리 따위의 사유 작용을 거치지 아니하고 대상을 직접적으로 파악할 수 있는 능력"이다. 리더는 변화의 조짐을 신속하게 감지하고 상황을 유리하도록 만드는 능력이 필요하다. 애플의 창업자인 스티브 잡스(Steave Jobs)는 인간의 직관력은 지능보다 강력하다고 말했다. 알버트 아인슈타인(Albert Einstein)도, 직관력이란 인간만이 가지는 유일한 것이고 진정으로 가치있는 것이라고 했다.

인간의 직감은 우리를 안전하게 지켜주며, 자신의 감정을 고려하면서 결정을 내리는 데에도 도움을 주기도 한다. 직감은 즉각적인 위험이나 실현되지 않은 기회를 예고하는 레이더와 같은 역할을 하고, 때로는 우리의 삶에 있어서 우리를 인도하는 등대 역할을 한다.

그러나 인간은 자신의 직관력에 기반하여, 스스로 의사결정을 내릴 수 있는 선천적 능력을 가지고 있지만, 모든 사람들이 자신의 내면의 목소리에 귀를 기울이고 자기 자신의 행동과 연결하는 방법을 알아차리는 것은 아니다. 오직 유능한 리더만이 어려운 결정에 직면했을 때, 놀라운 직관력을 발휘하여 올바른 의사결정으로 난관을 극복할 수 있다.

3) 이해심(self-understanding)

이해심이란 "사리를 분별하여 해석하는 힘"으로 부하들의 강점을 파악하고 약점을 보완해주는 리더의 능력이다. 리더는 의사결정을 위임하거나 우선순위를 정할 때 동료지도자나 부하들로부터 평가를 받게 되는데, 이러한 평가를 통해서 리더는 자신이 부하들에게 무엇을 해주어야 할 것인지에 관한 이해심을 높일 수 있다.

4) 가치관의 일치(consistence of value)

리더십의 마지막 기술로서의 가치관의 일치란 리더가 조직의 규칙이나 규범, 부하들의 가치관을 충분히 이해하고 이것들을 얼마나 조화를 이루어 나갈 수 있는가 하는 리더의 능력을 말한다. 결국 조직을 효과적으로 운영하기 위해서는 리더는 끊임없이 조직의 목표와 개인의 목표와 가치관을 일치시킬 수 있도록 리더십을 발휘해야 한다.

제2절 리더십이론

전통적으로 리더십에 관한 연구는 주로 어떤 리더의 유형이 조직에 가장 효과적인가에 초점을 맞추고 진행되어 왔다. 리더의 천부적인 개인적 자질을 강조하는 '특성이론(1950년, 1960년대)', 리더와 구성원 간의 효과적인 관계에 유리한 리더의 행동을 중심으로 연구한 '행동이론(1970년대)', 조직의 다양한 상황을 고려한 '상황이론(1980년대)'이 중심이 되었으나, 1980년 이후에는 새로운 형태의 다양한 리더십이론이 제시되었다.

1. 리더십의 특성이론(trait theory)

'특성이론(trait theory)'은 리더의 개인적 특성을 중시한다. 리더의 특성이란 '성격, 기질, 욕구, 동기, 가치 등 리더가 천부적으로 가지고 있는 개인적 특질'을 말한다(Yukl, 2006). 즉, 리더는 만들어지는 것이 아니라 처음부터 리더의 자질을 가지고 태어난다고 보기 때문에 '위인이론(great man theory)'이라고도 한다.

특성이론은 역사적으로 알려진 위인은 일반 사람들과는 다른 특질이 있을 것이라 가정하고 위대한 사람들에게서 발견되는 공통된 특성을 찾는 데 연구의 중점을 두었다. 특성이론의 초기에는 리더의 특성은 '직관, 선견지명, 저항할 수 없는 설득력, 열정과 같은 비범한 능력을 리더의 능력'으로 귀속시켰다(Yukl, 2006).

특성이론을 학문적으로 정립한 스토그딜(Stogdill)은 1948년 1차 연구를 통하여 리더들이 가지고 있는 공통적인 8가지 특성을 '지성, 통찰력, 책임감, 주도성, 지속성, 자신감, 사회성, 민감성'으로 제시하였다. 1972년 2차 연구에서는 '책임감 및 과제 완수, 목표달성을 위한 열정과 지속성, 위험감수 성향과 독창성, 주도성, 자신감, 결과에 대한 승복, 스트레스 감수능력, 좌절감 극복능력, 타인의 행동에 영향을 미칠 수 있는 능력, 사회적 상호작용체계를 구조화할 수 있는 능력'을 제시하였다.

2. 리더십의 행동이론(behavior theory)

'행동이론(behavior theory)'은 리더가 아무리 타고난 재능과 자질을 가지고 있다 하더라도 이것이 행동으로 발현되지 않는다면 구성원들은 리더로 생각하지 않는다는 점에서 출발한다. 특성이론과 달리 리더는 천부적으로 리더의 특성을 가지고 태어났다기보다는 리더는 리더로서의 행동을 실천할 수 있도록 학습된다고 주장하였다. 따라서 '행동이론'에서는 리더가 직무수행 시 어떻게 행동하는가에 주목한다. 즉, 유능한 리더와 무능한 리더 간에는 행동유형의 차이가 존재할 것이라는 가정하에 접근한다. '행동이론'의 대표적인 연구로는 오하이오 대학과 미시건 대학의 연구, 블레이크와 무톤(Blake & Mouton, 1964)의 연구 등이 있다.

1) 오하이오 대학 연구(1945)

오하이오 대학의 경영연구소는 1945년 집단과 조직의 목표달성에 효과적인 리더십 행동을 파악하기 위하여 '리더십 행동기술 질문지(Leadership Behavior Description Questionnaire, LBDQ)'를 개발하고 집단과 조직 목표달성에 유리한 리더십 행동유형을 제시하였다.

구성원들이 지각한 리더의 행동을 '구조주도(initiating structure)'와 '배려(considerration)'의 2가지 차원으로 구분하였다. 리더들은 보편적으로 '구조주도'

라는 과업 지향적인 행위와 '배려행동'이라는 관계적 행동을 한다. '구조주도행동'은 리더가 조직의 목표달성을 위하여 부하 직원들이 일과 업무를 효과적으로 수행할 수 있도록 자신의 역할과 부하의 역할을 규정하고 구조화하는 행동, 즉 목표설정과 이에 대한 보상평가 등의 행동을 하는 것을 말한다. '배려행동'은 리더가 부하 직원과의 관계를 가치 있다고 믿으면서, 부하를 존중하고 소통하며, 우호적이고 지원적 태도를 갖고 정서적으로 공감하는 행동을 하는 것을 말한다.

연구 결과, 높은 구조주도와 높은 배려를 나타내는 리더가 효과적인 리더이고, 상대적으로 낮은 배려와 낮은 구조주도를 나타내는 리더가 비효과적인 리더이다. 한편 낮은 구조주도와 높은 배려의 리더는 인화 중심의 리더이고, 높은 구조주도와 낮은 배려의 리더는 과업지향의 리더이다.

2) 미시건 대학(1954) 연구

미시건 대학에서는 리더의 행동을 '종업원 지향'과 '생산지향'이라는 두 가지 차원에서 연구하였다. '종업원 지향행동'은 오하이오 대학의 '배려행동'과 유사하고 '생산지향'은 '구조주도'와 비슷하다.

표 9-1 미시건 대학의 리더행동 특징

리더십 유형	리더행동의 특징
생산 지향	•직원을 단지 목표달성을 위한 수단으로 인식 •과업 중시, 압력 행사 •생산 방법과 절차 및 세부규칙 지시 •행동 관찰 및 지적 •공식적 권한과 권력을 사용 •생산과 직무의 기술적 측면을 강조
종업원 지향	•인간관계 중시 •개인적 욕구, 개성, 능력 배려 •권한을 위임하며 자율적 재량을 인정 •효율적 작업 구축을 위한 노력

3) 블레이크와 무톤(1964)의 연구

오하이오 대학의 행동의 두 독립적인 차원의 가정을 수용하여 블레이크와 무톤(Blake & Mouton, 1964)은 '관리망이론(the managerial grid theory)'을 개발하여 사람에 대한 관심과 과업의 결과에 관한 관심의 차원을 두 차원으로 나누었으며, 차원의 높고 낮음에 따라 리더의 관심을 '인간 중심' 또는 '생산 중심'으로 나누었으며, 리더십 유형을 5가지, 즉 무관심형, 과업형, 중간형, 이상형, 컨트리클럽형으로 제시하였다.

① 무관심형

생산이나 인간에 대한 관심이 거의 없는 리더 유형이다.

② 과업형

생산에는 높은 관심이 있으나 인간에 대해서는 관심이 없는 유형이다.

③ 중간형

생산과 인간에 대한 관심이 적당하고 균형적인 리더 유형이다.

④ 컨트리클럽형

인간에 대한 관심은 많으나 생산에 대해서는 관심이 작은 유형이다.

⑤ 이상형

인간과 생산에 모두 높은 관심을 가지고 있는 유형으로 바람직한 리더 유형이다.

3. 리더십의 상황이론

상황이론은 특성이론의 리더의 특성과 행동이론에서의 리더의 행동에 상황을 추가한 이론으로 리더십은 사회적 상황과의 관계 산출물로 이에 따라 효과성이 나타난다는 이론이다.

대표적인 상황이론으로 허쉬와 블랜차드(Hersey & Blanchard, 1984)의 상황이론과 피들러(Fiedler, 1967)의 상황적합이론(contingency theory)이 있다.

1) 허쉬와 블랜차드 상황이론

허쉬와 블랜차드(Hersey & Blanchard, 1984)는 상황변수인 '구성원들의 성숙도'를 고려한 리더의 행동 유형을 '과업행동'과 '관계성행동'으로 구분하고 상황과 리더의 행동유형에 따른 효과적인 리더십의 유형을 '위임형, 참가형, 설득형, 지시형리더십'으로 구분한다.

① 리더의 2가지 행동

- 과업행동(task behavior): 리더가 집단의 구성원들의 역할을 조직화하고 그 역할의 범위를 리더가 정하는 행동
- 관계성행동(relationship behavior): 리더가 구성원들과 개방적 소통을 하고 사회정서적 지원을 하며 바람직한 행동을 하도록 구성원들과의 개인적 관계를 유지하려는 리더의 행동

② 상황변수

상황변수로서 '구성원들의 성숙도(maturity)'를 제시하였다. 성숙도의 요소는 성취동기, 교육수준과 경험, 책임감, 직무수행의 성숙성과 심리적 성숙성이다.

③ 리더십 효과성

구성원의 성숙도에 따라 리더십의 과업행동과 관계성 행동의 효과성은 달라진다.

- 지시형 리더십(telling leadership): 부하의 성숙도가 낮을 때 높은 과업과 낮은 관계성행동의 리더십이 효과적이다.
- 설득형 리더십(selling leadership): 부하의 성숙도가 낮은 곳에서 중간정도로 성숙할 때는 높은 과업과 높은 관계성을 추구하는 행동의 리더십이 효과적이다.
- 참가형 리더십(participating leadership): 부하의 성숙도가 중간에서 높은 수준으

로 성장하고 있을 때 높은 관계성과 낮은 과업행동의 리더십이 효과적이다.

- 위임형 리더십(delegating leadership): 부하의 성숙도가 높을 때는 낮은 관계성과 낮은 과업행동의 리더십이 유리하다.

2) 피들러의 상황적합이론(contingency theory)

상황을 결정하는 주요 변인으로 리더의 지위, 과업구조, 리더와 구성원을 조합한 상황의 호의성을 통하여 설명하고 있다(Fiedler, 1967).

- 리더십의 유형은 리더의 동기 체제에 의하여 결정됨
- 상황적 통제는 집단의 분위기, 과업구조, 지위 권한에 의하여 결정됨
- 집단의 성과는 리더의 유형과 상황의 통제에 따라 결정됨

즉, 집단의 성과는 리더의 유형과 상황 통제 간의 상호작용에 기초한다. 즉, 효과적인 리더십 유형은 상호의존성에 따라 좌우된다. 일반적으로 리더는 '과업 중심적 리더십'과 '관계 중심적 리더십' 중에서 하나를 선택하게 되는데, 피들러(Fiedler)는 '가장 꺼리는 동료 척도(least preferred coworker scale: LPC)'를 이용하여 LPC점수가 높은 리더와 낮은 리더의 두 집단으로 나누고, LPC 점수가 높은 리더는 과업수행을 위하여 인간관계를 중시하는 '관계 중심적 리더십'을 추구하고, LPC 점수가 낮은 리더는 '과업 지향형 리더십'을 추구한다.

리더십 유형과 상황의 우호성 정도의 관계를 살펴보면, 상황이 매우 우호적이거나 비우호적일 때는 과업 지향적 리더십이 효과적이고, 상황이 아주 호의적이지도 비호의적이지도 않은 중간 정도 상황에서는 관계 지향적 리더십이 효과적임을 알 수 있다.

4. 그 밖의 다양한 리더십이론

1980년대 이후부터 리더중심의 전통적 리더십의 한계를 넘어 다양한 리더십 이론들이 새롭게 제시되었다. 이 가운데에서 변혁적 리더십, 서번트 리더십, 감성 리더십, 진성 리더십에 관하여 살펴보면 다음과 같다.

1) 변혁적 리더십(transformational leadership)

변혁적 리더십(transformational leadership)의 명칭은 번스(Burns, 1978)에 의해 처음 사용되었고 바스(Bass, 1985)에 의해 체계적이고 실증적 연구가 시작되었다.

바스는 번스의 이론을 토대로 거래적 리더십과 변혁적 리더십을 차별화하였고 변혁적 리더십을 추종자가 리더를 신뢰·존경하게 함과 동시에 기대되는 요구 이상의 성과를 창출하도록 동기를 부여하는 과정으로 정의하였다. 그는 변혁적 리더십의 4가지 하위 행동 요소로 4I, 즉 이상적 영향(Idealized Influence), 영감적 동기부여(Inspiration motivation), 지적자극(Intellectual stimulation), 개별적 배려(Individual consideration)를 제시하였다.

① 이상적 영향(idealized influence)

리더는 구성원들이 자신의 직무에 몰입하게 히고 조직에 대한 충성심을 불어넣어 모든 구성원으로부터 존경과 신뢰를 이끌어낸다.

② 영감적 동기부여(inspiration motivation)

리더는 구성원들에게 비전을 제시하고 열정을 불어넣어 높은 수준의 업적과 발전을 창출하고자 하는 동기를 부여한다.

③ 지적 자극(intellectual stimulation)

리더는 구성들의 신뢰와 가치, 상상력, 사고력, 문제해결력 증진을 위하여 끊임없이 구성원들을 변화시키고 성장시키기 위하여 지적으로 자극한다.

④ 개별적 배려(individual consideration)

리더는 구성원 개개인의 욕구와 능력이 다름을 존중하고 개개인을 다르게 대접하고 배려한다.

변혁적 리더는 거래적 리더와 구분하여 설명되는데, 그 차이점은 다음과 같다.

표 9-2 거래적 리더와 변혁적 리더의 차이점

거래적 리더 (Transactional Leadership)	변혁적 리더 (Transformational Leadership)
단기적으로 달성해야 하는 목표와 목적을 명확히 한다.	중장기 비전을 제시한다.
통제 가능한 조직 구조와 프로세스를 확립한다.	신뢰의 문화를 조성한다.
문제를 해결한다.	조직원들에게 권한을 부여하고 스스로 문제해결을 할 수 있도록 한다.
현재 상황을 유지하면서 개선시킨다.	현재 상황을 바꾼다.
계획하고 조직하고 통제한다.	코치를 하고 사람을 육성한다.
조직 문화를 보호하고 방어한다.	도전적으로 문화를 변화시킨다.

Note 변혁적 리더의 특징

① 조직의 비전을 구체적으로 알려주고 어떻게 목표를 달성할지 설명해준다.
② 높은 윤리적 기준으로 모범을 보여준다.
③ 역경과 변화의 상황속에서 결정을 내려주고 조직 전략에 대한 방향성을 제시한다.
④ 팀워크를 장려하고 조직의 비전이 직원 개인의 목적이 되도록 구체화시켜준다.
⑤ 일상업무에도 의미를 부여할 수 있도록 조직의 목표를 개인에게 심어준다.
⑥ 높지만 달성가능한 목표를 세워 생산력을 촉진시키고 구성원들이 성취를 경험하도록 기회를 준다.
⑦ 구성원들의 지적 자극을 불러일으켜 조직의 이슈에 대해 적극적으로 관심을 갖도록 만든다.
⑧ 참신한 아이디어와 긍정적인 변화가 일어나도록 하며, 구성원들이 낸 생각과 행하고 있는 업무가 비판받지 않고 웃음거리가 되지 않도록 하며 안정적이고 지지적인 분위기를 만들기 위해 노력한다.
⑨ 직원들의 소리에 귀 기울이고 긍정적인 결과를 불러 일으키는 행동을 높이 평가한다.
⑩ 개인이 이룬 성과는 공유하고 개별적으로도 감사를 보여주는 행동을 통해 직원 개개인에게 관심을 표현한다.

2) 서번트 리더십(servant leadership)

서번트 리더십을 처음으로 주창한 사람은 그린리프(Greenleaf, 1970)이다. 그는 서번트 리더십을 타인을 위한 봉사에 초점을 두었으며 직원, 고객 및 공동체를 우선으로 여기고 그들의 필요를 충족시킬 수 있도록 도움을 주는 리더십으로 정의하였다. 따라서 서번트 리더란 먼저 섬기는 자이며, 부하의 욕구가 무엇이며, 이를 충족시켜 줄 방법이 무엇인지 늘 관심을 가지고 봉사하는 리더이다.

이후 서번트 리더십은 심스(Sims)와 데프트(Daft), 스피어스(Spears) 등에 의해 그 이론이 확장되고 발전하였는데, 심스(Sims, 1997)는 서번트 리더십이란 부하 직원을 인간의 존엄성과 가치를 존중해주고 그들의 창조적인 역량을 일깨워주는 리더십으로 정의하였고, 데프트(Daft, 2011)는 서번트 리더란 자신의 이익보다는 구성원들의 욕구를 채워주며 성장을 돕고 물질적·감성적 이득을 얻을 기회를 제공하는 자로 정의하였다.

결국, 서번트 리더는 구성원들의 욕구에 늘 관심을 기울이고 그들이 더욱 더 지적이고 자유롭게 독립적인 사람으로 남을 수 있도록 항상 도와주는 자이며, 공동체 안에서 구성원들의 말을 늘 경청하고 공감하면서 공동체 삶 속에 모든 구성원이 참여할 수 있도록 배려해야 한다.

서번트 리더십의 구성요소에 관해서 살펴보면 다음과 같다. 스피어스(1995)는 그린리프(1970)의 이론에 근거하여 서번트 리더십은 모든 사람의 존엄성과 가치에 대한 믿음을 바탕으로 하며, 리더의 권력은 부하 직원으로부터 기인한다는 원칙에 입각하여 서번트 리더십의 구성요소를 '경청, 공감, 설득, 치유, 통찰, 인지, 비전 제시, 청지기 정신, 구성원의 성장, 공동체 형성'이라는 10가지 하위 행동 특성으로 제시하였다. 위튼(Wheaton, 1999)은 '경청, 공감, 공동체 형성, 비전 제시, 통찰'을 제시하였고 패트슨(Patterson, 2003)은 '아가페적 사랑, 겸손, 이타주의, 신뢰, 비전 제시, 임파워먼트, 서비스', 데니스와 보까미아(Dennis & Bocarmea, 2005)는 서번트 리더십의 5가지 구성요소로 '임파워먼트, 사랑, 신뢰, 겸손, 비전'을 제시하였다.

Note 서번트 리더의 특징

① 타인의 말을 하나하나 귀담아 듣는 데 집중한다.
② 타인을 이해하고 그들과 공감하기 위해 노력한다.
③ 타인의 고유한 재능과 정신을 그대로 인정한다.
④ 동료들의 선의를 믿으며 인간적으로 거부하지 않는다.
⑤ 사람들과 조직이 온전해지도록 도울 수 있는 기회가 자신에게 주어져 있음을 인정한다.
⑥ 조직 내에서 결정을 내릴 때 직권이 아니라 설득에 의지한다.

⑦ 동의를 강제하기보다는 타인을 납득시키기 위해 노력하고 합의를 이끌어 낸다.
⑧ 상황을 통합적이고 전체적인 관점에서 바라본다.
⑨ 과거의 교훈과 현실, 의사결정이 가져올 결과를 선견할 줄 안다.
⑩ 원대한 꿈을 꾸는 능력을 키워나간다.
⑪ 구성원들의 인간적, 직업적, 정신적 성장을 위해 헌신한다.
⑫ 조직구성원들의 공동체 의식을 형성하기 위해 노력한다.

3) 감성 리더십(emotional leadership)

리더의 감성 지능 역량의 중요성이 주목받으면서 콜린스(Collins, 2001)에 의해 감성 리더십이 리더십의 성공 지표로 연구되기 시작하였다.

감성 리더십의 대표적인 학자인 골만, 보이애치스와 메키(Goleman, Boyatzis & Mckee, 2002)는 리더의 감성 지능은 업무성과와 가장 관련성이 높은 변인이며 리더십 발휘에 있어서 필수요소임을 강조하였다. 또한 네프, 씨트린과 브라운(Neff, Citrin & Brown, 1999)은 미국에서 성공한 기업을 이끈 최고경영자 50명의 성향을 분석한 결과, 이들이 가진 15가지 공통적인 자질 가운데 3가지 요인만이 지적·기술적 능력과 관련되어 있고 나머지는 모두 감성 지능과 밀접하다는 연구 결과를 발표하였다. 메이어, 디플로와 샐로비(Mayer, Dipaulo & Salovey, 1990)는 감성 지능과 이성 지능의 차이점에 관한 연구를 통해서 감성지능이란 자신의 감정을 정확히 인식하며 표현하는 능력이며 감정과 감정 지식을 이해하는 능력이고, 감성발달과 지적발달을 촉진하기 위해 자신의 감정을 조절하는 능력이며, 나아가 자신의 감정을 정확하게 지각하고 인식하여 표현하는 능력이라고 하였다. 골만(Goleman, 1998)은 감성 지능이란 개인의 삶과 생애에 성공을 가져다주는 주요한 지적능력이며, 개인의 모든 성공적 삶을 예측할 수 있는 중요한 변인이라고 하였다. 세르미스와 아들러(Chermiss & Adler, 1999)는 현실적인 자신감, 개인의 강점과 약점에 대한 지식, 정직성, 변화나 역경 상황 속에서의 탄성력, 자신에 대한 사기진작, 인내심, 타인과의 친화력 등이 감성 지능의 요소라고 하였다.

결국, 감성 리더십이란 리더가 자신의 내면을 파악하고 성찰하고, 타인의 감성을 파악·이해·배려함으로써 자연스러운 관계를 형성하고 감성 역량을 높여 감성적인 관계를 만들어 가는 리더십을 말한다(Goleman et al., 2002).

Note **감성 리더의 특징**

① 타인의 입장이 되어 남을 존중하고 배려한다.
② 자신의 감정을 조절하고 쉽게 화를 내거나 흥분하지 않는다.
③ 남이 잘못을 지적하면 공감할 줄 알고 잘못을 되풀이하지 않는다.
④ 매사에 긍정적이며 타인을 신뢰하고 쉽게 좌절하지 않는다.
⑤ 자신의 정서를 자주 표현하여 대인관계 기술이 뛰어나다.
⑥ 고통과 어려움을 참을 줄 알고 스스로에게 동기를 부여하며 목표를 향해 끝까지 노력한다.
⑦ 감정을 느끼되 감정에 휩싸이지 않고 자신의 감정을 조절하여 올바르게 표현할 줄 안다.
⑧ 심신상태가 안정되고 항상 명랑하고 매사에 창의적이며 낙관적이다.

4) 진성 리더십(authentic leadership)

진성 리더십은 미국 네브라스카-링컨 대학의 갤럽 리더십 연구소의 변혁적 리더십과 윤리적 리더십의 연구 결과를 바탕으로 구성원으로부터 존경과 신뢰를 받을 수 있는 리더십에 대한 연구에서 출발하였다. 오늘날 진성 리더십은 긍정 심리학, 변혁적 리더십, 윤리적 리더십, 서번트 리더십 등과 같은 리더십의 이론적 논의들을 통합하려는 과정을 통하여 연구되고 있다.

진성 리더십은 진정성(authenticity)을 바탕으로 한 리더십이다. 진성 리더십의 정의에 관해 살펴보면 테리(Terry, 1993)는 자신과 조직 속에서 진실되고 올바른 상황판단에 기초하여 행동하는 리더십으로 정의하였고, 조지(George, 2003)는 타인에게 봉사하고자 하는 진실한 욕구와 명확한 삶의 목적을 가지고 명확한 가치관에 따라서 행동하는 리더십이라고 하였다. 또한 샤미르와 엘림(Shamir & Eilam, 2005)은 명확한 자아개념을 가지고 있으며, 자아에 일치하는 목표를 갖고 자기 표현적인 행동을 하는 리더십이라고 정의하였다.

진성 리더십의 구성요인에 관한 연구는 2000년대 초반부터 심리학을 중심으로 진행되었고 학자들마다 구성요인에 대한 차이가 있다. 학자들의 다양한 연구를 살펴보면 다음과 같다.

루선스와 아볼리오(Luthans & Avolio, 2004)는 진성 리더십의 구성요소를 자아인식, 자기규제, 긍정적 심리역량, 긍정적 조직상황으로 제시하였다. 아볼리오와 가드너(Avolio & Gardner, 2005)는 진성 리더십의 구성요소를 긍정적 심리자본, 긍정적인 도덕적 관점, 리더의 자아인식과 자기규제 등으로 제시하였고, 자기 자신에 근거한 진성 리더십의 모형을 제시하였는데, 이 모형에서는 자아인식 및 자기규제 요소를 중시하였다. 즉, 자아인식이란 자신의 가치와 정체성, 감정, 목적과 동기성찰 및 자기반성을 통하여 추구하는 가치를 중시하면서도 타협하지 않고 자신의 행동을 동기와 목적에 부합하려고 노력하는 것으로 정의하였다. 또한 자기규제란 균형 잡힌 정보처리, 진정성 있는 행동, 관계적 투명성으로 설명하였다. 발룸와(Walumbwa et al., 2008)는 진성 리더십의 4가지 중요한 구성요소로서 자아인식(self-awareness), 관계적 투명성(relational transparency), 내재화된 도덕관점(internalized moral perspective), 균형적 정보처리(balanced processing)으로 제시하였다. 자아인식이란 타인들이 자신을 어떻게 생각하며, 자신이 타인에게 어떤 영향을 미칠 수 있는지, 자신의 장점과 결점을 분명하게 인식하는 것을 말한다. 관계적 투명성은 타인에게 자신의 생각과 의견을 드러낼 수 있는 기회를 제공하여 타인들과 개방적인 관계를 형성하는 것을 말한다. 균형적 정보처리는 특정 사안에 대한 의사결정을 위해서 주변 사람의 의견을 충분히 파악하고 다양한 관점을 고려하는 것을 말하고, 내면화된 도덕적 관점이란 리더가 자신의 가치와 신념에 따라 높은 수준의 윤리적, 도덕적 기준을 설정해서 행동하는 것을 말한다.

결국, 진성 리더십이란 '리더와 구성원들의 긍정적 자기계발 촉진 측면에서 자기인식, 내재화된 도덕적 관점, 정보의 균형있는 프로세스와 관계적 투명성 등을 더욱 발전시키기 위하여 긍정적 심리역량과 긍정적 도덕적 분위기를 창출해서 향상시켜 나가는 리더의 행동 양식'으로 정의된다.

진성 리더란 '자신이 어떻게 생각하고 행동해야 하는지 충분히 지각하여 그들과 다른 사람들의 도덕적 관점과 가치, 지식과 강점을 알고 있는 구성원들에 의해 인식되는 사람으로서 그들이 행동하는 맥락을 인식하면서 항상 자신감이 넘치고, 희망적이며, 복원력 있는 높은 도덕성을 가진 리더이다.

Note 진성 리더의 특징

① 자신이 무엇을 잘하는지 못하는지 잘 인식하고 있다.
② 명확한 자기인식을 바탕으로 옳고 그름을 정확하게 판단할 줄 안다.
③ 자신의 강점을 중심으로 조직을 운영하고 자신의 약점을 늘 보완하기 위해 노력한다.
④ 업무가 잘못되었을 때는 솔직하게 부하직원에게 자신의 실수를 인정하고 도움을 요청한다.

⑤ 부정한 압력이나 청탁에 굴하지 않고 윤리적 기준에 맞춰 옳지 않은 결정은 하지 않는다.
⑥ 공정한 평가를 하기 때문에 늘 부하로부터 신뢰와 지지를 받는다.
⑦ 자신이 생각하는 내용에 관해 모든 것을 부하직원들과 솔직하게 소통한다.
⑧ 중요한 의사결정 시 부하의 의견을 경청하고 그들의 판단에 대해서 솔직한 대화를 나누며 항상 수평적 관계속에서 함께 일한다.
⑨ 직원들에게 일의 의미를 찾고 업무 현장속에서 늘 가슴이 뛰게 한다.
⑩ 항상 직원들을 신뢰하고 지지함으로써 업무 몰입을 하도록 지원한다.

제3절 평생교육기관에서의 리더십

1. 평생교육 리더의 개념

일반적으로 평생교육 리더는 '평생교육현장에서 학습자를 대상으로 교육적인 영향력을 제공하는 교수자, 프로그램 개발자 및 운영자, 기관의 경영자' 등을 말한다. 평생교육법 제24조 제2항에 의하면, 평생교육사란 "평생교육 진흥을 위하여 평생교육현장에서 평생교육 프로그램의 기획·진행·분석·평가 및 교수업무 등 평생교육 관련업무의 전반적인 영역을 담당하는 평생교육 현장전문가"를 말한다. 따라서 평생교육 리더란 '평생교육기관의 목표달성을 위하여 구성원들이 조직의 목표에 매진할 수 있도록 자발적 복종을 이끌어 내는 사람'으로 정의할 수 있다.

2. 평생교육 리더의 자질

평생교육 리더의 자질은 '평생교육기관에 종사하고 있는 구성원들로 하여금 목표달성을 위해 매진하도록 구성원들의 자발적인 복종과 헌신을 얼마나 이끌어낼 수 있는가'와 관련이 있다. 이를 위한 평생교육 리더에게 필요한 능력과 자질은 다음과 같다(권인탁, 2009).

① 평생교육기관의 기능에 관한 충분한 인식을 갖추고 이해하며 헌신해야 한다.

② 평생교육기관의 구조에 관한 충분한 이해를 바탕으로 참여한다.
③ 평생교육기관에서 발생하는 감독, 요원개발, 평가 등 일련의 과정에 관한 충분한 이해를 바탕으로 관련된 역할을 잘 수행할 수 있도록 숙달되어야 한다.
④ 프로그램 개발에 필요한 검증된 개념적 모델을 이해하고 적용할 수 있도록 숙련이 필요하다.
⑤ 학습자들의 지속적인 변화와 요구를 수용하여 객관적이고 체계적인 분석을 할 수 있는 능력이 필요하다.
⑥ 평생교육기관의 사회문화적 환경에 대한 철저한 이해가 필요하다.
⑦ 고객의 철저한 진단을 바탕으로 평생교육기관의 임무를 철저히 점검하여 평생교육의 잠재적 대상자를 사전에 파악하는 능력이 필요하다.
⑧ 잠재적 평생교육대상자의 리더를 파악할 수 있는 전략이 요구된다.
⑨ 잠재적 평생교육 리더와 대상자들과의 공동노력을 통하여 학습자의 교육요구를 확인하고 분석할 수 있는 능력이 필요하다.

3. 평생교육 리더의 역할

1) 평생교육기관에서의 리더의 기본 역할

평생교육기관의 상황에 따라 다소 차이는 있지만 일반적으로 평생교육 리더는 교육전문가, 관리자, 대외협력자로서의 역할을 수행하고 있다(오혁진, 2003).

① 교육전문가로서의 역할

- 교수자: 교육내용의 전달, 교육매체의 활용, 워크숍 진행, 학습자 평가
- 프로그램 기획자: 학습자들의 수요 및 요구 분석, 사회적 환경 및 기관 내부의 상황 분석, 교육목표 설정 및 교육과정 구성
- 프로그램 운영자: 개발된 교육과정을 효율적으로 진행·운영, 프로그램 정보 제공, 강사 섭외 및 관리, 프로그램의 효과 분석·평가, 학습자 집단의 관리 및 상담, 교육매체의 관리

② 관리자로서의 역할

- 프로그램 관리자: 기관내 다양한 프로그램들의 효율적 조합 및 평가
- 인사관리자: 조직의 효율성, 효과성을 제고하기 위한 인력배치 및 직무 연수
- 재무관리자: 예산의 편성·운영, 자원의 효율적 집행과 관련된 역할
- 정보관리자: 학습자, 강사, 유관기관 등의 다양한 정보를 수집·관리·배분하는 역할

③ 대외협력자로서의 역할

- 자원개발자: 교육활동에 필요한 인적·물적 자원의 확보, 정보의 획득, 기금 및 예산지원 확보, 공공기관으로부터의 행정적·재정적 지원 획득
- 학습자 시장 개척자: 잠재적 학습자 집단 섭외 및 확보
- 대외 네트워크 구축자: 지역사회 여러 유관기관과의 네트워크 구축

2) 평생교육조직의 발달단계와 평생교육 리더의 역할 변화

평생교육조직의 발달단계와 조직형태에 따라 평생교육 리더의 역할은 변한다.

(1) 평생교육조직의 발달단계

소규모 학습집단→프로그램 중심 일반 교육기관→전문경영 중심 교육기관으로 평생교육조직은 발달한다.

① 소규모 학습집단

교수자와 학습자가 자연스럽게 만나 학습이 이루어지는 비공식 학습집단

② 프로그램 중심 일반 교육기관

교수자가 의도적으로 교육 프로그램을 개발하여 일정 규모 이상의 교육 시설에서 체계적으로 제공하는 일반적인 평생교육기관

③ 전문경영 중심 교육기관

보다 체계적인 프로그램 기획과 마케팅, 실무자의 역할분담 등 전문경영 기법이 요구되는 전문 평생교육기관

(2) 조직형태별 평생교육 리더의 주요 역할

평생교육조직의 규모가 커지고 체계화됨에 따라 평생교육 리더에게는 점차 더 큰 경영능력이 중요하게 요구되며, 조직의 발달 형태에 따라 리더의 역할도 변화한다.

표 9-3 평생교육조직의 발달과 조직형태에 따른 평생교육 리더의 역할

조직형태	주요 직무	구체적 역할
소규모 학습집단	일상생활 속에서 작은 학습집단을 운영해 나가는 소그룹 지도자, 교수자	교수자, 상담자 역할
프로그램 중심 일반교육기관	정해진 시간 및 시설 속에서 정해진 프로그램을 운영해 나가는 전문가	프로그램 개발자, 강사 및 학습자 집단 관리자, 시설관리자
전문경영 중심 교육기관	고도의 전문성, 효율성을 추구하는 전문경영인	전략적 프로그램 기획자, 직원의 직무개발 전문가, 마케팅 전문가, 네트워킹 전문가

4. 평생교육기관에서 요구되는 리더십

1) 평생교육기관 리더십

평생교육기관의 경영자에게 요구되는 리더십은 일반기업에서 요구되는 리더십과는 차이가 있다. 에델슨(Edelson, 1970)은 평생교육기관의 지도자에게 요구되는 리더십은 프로그램 리더십(program leadership), 정책 리더십(policy leadership), 정치적 리더십(political leadership) 대중 리더십(leadership of people), 전문직 내 리더십(leadership within the profession)으로 분류하였다.

또한 평생교육 리더십의 영역이 성인교육 조직의 효율성과 밀접한 관련이 있다는 측면에서 평생교육기관의 리더십을 행정관리 리더십(administrative leadership), 장학 리더십(supervisory leadership), 교수 리더십(instruction leadership), 조직문화 리더십(organizational leadership), 팀 리더십(team leadership), 권한위임 리더십(empowering leadership)의 여섯 가지의 범주로 제시하기도 한다(최은수, 2006; Brundrett, Burton & Smith, 2003). 결국, 평생교육기관에서 경영자가 리더십을 발휘해야 하는 영역은 실제로 매우 다양하고 복잡하며, 다면적이고 복합적인 역할과 광범위한 영역의 성인교육 리더십 발휘가 요구된다(최은수, 2011). 평생교육 현장에서 지식만을 전달하는 학습을 넘어, 자기 주도적 학습을 통해 스스로 질적인 삶을 만들어 갈 수 있는 프로그램 내용 개발 및 교육 방법 등 실용적인 학습을 위한 리더십을 발휘해야 한다.

따라서 평생교육기관의 경영자는 자신의 특성, 즉 카리스마, 전문성, 성품 등을 바탕으로 관계된 이해 관계자의 구성원과의 신뢰관계를 구축하고 의사소통을 하며, 영향력을 미쳐서 조직의 변화를 모색하여 비전을 달성하고 성과를 창출해야 힌다.

에델슨(Edelson, 1970)의 평생교육기관의 리더에게 요구되는 5가지 리더십에 대해서 살펴보면 다음과 같다.

(1) 프로그램 리더십(program leadership)

평생교육기관의 핵심 사업은 교육 프로그램 운영이다. 따라서 평생교육기관의 리더는 프로그램에 대한 전문적 지식이 필요하며, 프로그램 개발, 프로그램 편성과 더불어 프로그램의 질관리를 할 수 있는 전문성이 필요하다.

(2) 정책 리더십(policy leadership)

평생교육기관의 리더는 평생교육정책 개발의 리더로서 평생교육정책 개발과 평생교육을 위한 새로운 비전을 개발해야 한다. 또한 기관의 구성원들이 새로운 평생교육정책 개발을 추진할 수 있도록 리더십을 발휘해야 한다.

(3) 정치적 리더십(political leadership)

평생교육기관의 리더는 기관 내외에서 발생할 수 있는 다양한 수요자의 요구에 직면하여 정치적 리더십을 발휘하고 문제해결에 노력해야 한다. 즉, 자신이 책임지고 있는 조직의 목표와 이익을 위하여 정치적으로 행동하고, 다른 조직과의 갈등 해결과 경쟁을 위하여 정치적 리더십을 발휘해야 한다.

(4) 대중 리더십(leadership of people)

평생교육의 리더십은 조직구성원들로부터 발휘된다. 평생교육 리더는 대중리더십을 통하여 조직 내 구성원들이 자율성과 책무성을 가지고 자신의 업무를 수행할 수 있도록 도와주어야 한다.

(5) 전문직 내 리더십(leadership within the profession)

평생교육기관은 전문조직체로서의 지식과 기법을 독점하고 있으며, 평생교육 리더는 전문조직체가 갖고 있는 전문인의 기법과 기술을 가지고 이 분야에 새롭게 들어오는 것을 적절히 규제하면서 전문조직체 안에서 리더십을 발휘해야 한다.

2) 평생교육기관경영을 위한 리더십

(1) 평생교육기관경영자에게 요구되는 능력

평생교육기관경영자가 되기 위한 가장 핵심적인 것은 평생교육적 가치관과 사명감이며, 이를 바탕으로 기관경영에 필요한 기술적 능력, 인간관계 능력, 의사결정능력이 필요하다.

① 기술적 능력

평생교육을 실시하기 위해 필요한 구체적인 방법이나 기술 등을 활용할 수 있는 능력, 즉 프로그램 개발기법, 홍보기법, 마케팅기법, 교수매체 활용기법 등이 필요하다.

② 인간관계능력

평생교육기관과 관련된 여러 분야의 사람들과 효과적으로 일할 수 있는 능력, 즉 평생교육 직원과의 접촉, 강사관리, 학습자 관리, 후원자 관리, 지역사회 관계자 접촉하기, 정부 관계자와 만나기 등이 필요하다.

③ 의사결정능력

환경의 변화와 기관 내부의 자원을 종합적으로 파악하여 평생교육기관을 가장 바람직한 방향으로 이끌어 나가기 위해 중요한 결정을 내리는 판단능력, 즉 평생교육기관의 설립 목적 및 운영 방향에 대해 결정하기, 핵심 프로그램 및 학습대상자의 종류 결정하기, 직원 채용 및 배치 결정하기 등이 필요하다.

(2) 평생교육기관에서의 효과적인 리더십

평생교육기관의 효과적인 경영을 위해서 리더는 기관경영에 필요한 지식 경영마인드뿐만 아니라 구성원들이 자율적인 리더십의 역량을 개발하여 평생교육기관의 경영 혁신을 위한 마인드를 갖출 수 있도록 리더십을 발휘해야 한다. 리커트(Likert)의 성공적 리더의 특성을 바탕으로 평생교육기관의 경영에 필요한 효과적인 리더십을 제시하면 다음과 같다(최은수 · 배석영, 2008).

① 평생교육 리더는 구성원들과 좋은 인간관계와 같은 사회적 지원을 최대로 활용해야 한다.

② 평생교육 리더는 평생교육을 사랑하고 기관의 목표와 비전을 명확하게 설정하고 구성원들에게 제시해야 한다.

③ 평생교육 리더는 평생교육에 관한 다양한 정보와 지식을 수집하여 전문성을 제공해야 한다.

④ 평생교육 리더는 개별적 배려를 통하여 구성원들의 역할 차별성을 유지하고 격려한다.

⑤ 평생교육 리더는 세부적인 지시보다는 전체적인 시각에서 일반적인 지시와 감독만을 한다.

연구문제

1. 역사 속 인물 가운데 변혁적 리더의 행동을 보여준 사람들을 찾아봅시다.

2. 평생교육기관에 적합한 조직의 형태는 어떤 것이 있으며 평생교육조직이 확장되었을 때 리더는 어떠한 리더십을 발휘해야 할 것인가에 대하여 생각해 봅시다.

3. 미래에 진성리더가 되기 위해서 여러분들이 갖추어나가야 할 자질에 대해서 생각해 봅시다.

4. 실제로 여러분들이 속해 있는 조직 속에서 구성원들은 여러분들을 어떠한 리더로 생각하고 있는지에 관해 생각해 봅시다.

5. 평생교육기관을 운영하기 위해서 필요한 리더의 행동 특징에 대해서 생각해 봅시다.

CHAPTER 10

평생교육의 경영전략론

학습목표

일반적인 경영에 있어서 경영전략의 개념과 유형, 특성을 고찰하고, 평생교육에 있어서 경영전략 수립모델과 수립방법을 고찰한다. 그리고 평생교육기관의 경영전략 고유성과 전망, 경영전략 활성화방안을 모색한다.

제1절 경영전략

1. 전략의 개념

전략(strategy)은 원래 군사적 용어로 기술의 획기적 발전과 기업경영 환경의 급속한 변화에 따라 1950년대에 경영학에 도입되었다(손은호, 2006). 즉, 기업이 지속가능경영을 위해 성장된 중장기적 비전과 경영목표를 설정하고 이를 성취하기 위한 효율적인 경영활동과 내재된 자원의 효과적 배분을 포함한 종합적인 경영활동을 전략이라고 정의하면서 전략 개념을 가장 먼저 경영학 분야에 도입하였다. 특히 경영전략은 1980년대에 급격한 글로벌 환경변화와 혁신을 극복하고 새로운 성장과 발전을 위해 기업을 둘러싼 경제시장환경의 불확실성 시대로 접어들면서 이를 극복하고 대응하여 새로운 성장과 발전을 추구하는 과정에서 경영학의 주요 관심 분야로 급부상하게 되었다(허태규, 2016).

즉, 기업의 성장과 발전의 주요 요인 측면에서 시장과 제품의 한계와 범위, 지속성장 요인, 경쟁우위 요인, 상호시너지 효과 증진에 관한 의사결정을 도출하는 절차와 방법을 전략이라 하며, 의사결정의 종류를 전략적 결정, 관리적 결정, 업무적 결정 등 세 가지 유형으로 분류한다. 또한 전략적 결정은 외부와의 관계에 의한 것으로 주요 핵심요인은 시장에서의 제품의 선택으로 시장 및 제품의 성취목표, 시장과 제품의 다각화 및 확대전략, 재무·마케팅전략, 신 성장 기회의 창출이 여기서 결정된다.

전략의 개념은 첫째, 전략이 본질적으로 다차원적(multi-dimensional)인 개념이다. 둘째, 전략이 상황적(contingent)인 요소로 전략에는 진행과정(process)과 실행내용(content)이 포함되어야 하며, 의도된 전략과 실현된 전략이 다르다.

또한 기업 차원의 전략과 사업 단위의 전략이다. 즉, 기업은 역사, 이념과 철학, 특징, 능력과 역량, 방침과 규범 등이 각기 다르며, 모든 산업도 경영환경변화에 따라 주어진 상황이나 핵심성공 요인이 각기 차별화되어 나타내고 있다.

2. 전략의 유형 및 특성

전략유형의 분류와 접근방법은 선행자료를 기반한 이론적 고찰과 연역적 고찰을 통한 개념적 기준 정립을 바탕으로 사전에 의한 분류 방법과 귀납적·실증적 자료를 기반으로 한 사후적 분류에 의한 전략유형으로 구분한다. 이론적인 측면이 강조된 전략유형의 분류는 실제 경영현실을 보다 구체적이며 명확하게 반영되지 못할 가능성이 높으며, 실증적인 연구에 의해 전략유형 분류는 전략에 대한 개념적 명확성과 합리적 해석에 대한 문제점을 나타낼 수 있다(진광영, 2013).

따라서 전략유형의 이상적인 분류 방법은 선행이론에 근거한 연역적 분류 방법과 현실에 대한 객관적인 관찰과 분석을 통한 귀납적 방법을 함께 고려하여 접근하는 통합적 접근방법이 바람직하다고 볼 수 있다(Ginsberg & Venkatraman, 1985). 기업의 전략적 특성을 나타내는 방법은 경영환경 변화에 대해 기업의 적용과 활용 측면에서 공격자(prospector), 분석자(analyzer), 방어자(defender), 반응자(reactor) 등의 전략유형으로 나타낼 수 있다(Miles & Snows, 1978).

이 중에서 공격형을 추구하는 기업들은 시장의 추세분석 및 신제품개발에 대하여 보다 많은 자원을 배분하며, 마케팅과 연구개발 기능에서 많은 전문가들을 보유하는 지배적인 연합을 통해서 기업을 경영해 간다.

방어형은 기업의 효율성의 증대에 높은 비중을 두는 기술적인 문제에 주요한 경영의 초점을 두며, 재무부서와 생산부서의 인적자원을 지배적으로 연합시킴으로써 기업을 경영해 나간다고 하였다.

분석형 전략을 추구하는 기업들은 방어형과 공격형의 중간 형태로서 기능적으로 너무 복잡하여 이에 대하여 균형을 유지한다고 하였고, 시장영역 내에서는 비교적 안정적인 생산을 강조하면서 효율성 증대를 위해 노력하는 유형이다(함정식, 2014). 그리고 이 유형에 속하는 기업들은 보다 복잡하고 경쟁이 치열한 제품–시장 영역에서 주요 경쟁기업들을 감시하며, 강한 시장 잠재력을 가진 혁신제품만을 수용한다(옥주수, 2009).

마지막으로 반응형 기업의 최고경영자가 흔히 그 기업환경에서 일어나는 변화와 불확실성을 인식하지만, 이를 효율·효과적으로 경영환경 변화에 대응할 수 없는 기업으로서 이들 기업은 체계적이며 일관성 있는 전략 실행구조의 연계성을 유지 및 강화할 수 있는 실행능력이 미흡함에 따라 경영환경 변화를 활용하지 못하여, 시장환경 변화에 대처하기 위한 경영여건 개선의 결과를 도출하기까지는 임의적으로 어떤 유형의 조정도 거의 하지 않는 기업들이다(손은호, 2006). 즉, 이와 같은 전략을 추구하는 기업은 경영환경 변화를 적극적으로 대처할 일련의 대응전략이 부족한 기업이다(Shaker & Pearce, 1990).

한편, 시장의 범위와 제품의 특징과 특성을 고려한 전략은 원가우위(cost leader ship) 전략, 차별화(differentiation) 전략, 집중화(focus) 전략인 세 가지의 본원적 경쟁전략유형을 구분하였다. 이와 같은 전략유형을 구분하는 이론적인 기반은 경제이론을 중심으로 한 산업조직론을 근간으로 하고 있으며, 기업들은 산업상황과 시장현황에 대한 분석을 통해 적용 가능한 최선의 전략을 선택한다(Porter, 1980). 또한 기업이 추구하고자 하는 경영성과는 기업이 외부환경 변화에 어떠한 관계형성을 통해 나타낸 결과에 따라 결정된다(Porter, 1980). 특히 외부환경 요인에서도 기업이 속한 산업환경 변화 요인이 가장 중요한 요인으로 작용되며, 산업 내 구조가 곧 산업환경 요인을 결정짓는 핵심구성요소이다.

산업환경 변화에서 기업이 다른 기업과의 차별적 경쟁력 확보 및 유지를 위해서는 명확한 본원적 전략 중의 하나를 집중 선택하여 효율적이며 효과적으로 실행하는 것으로서 '전략적 우위(strategic advantage)'와 '전략적 목표(strategic target)'라는 두 가지 측면을 고려한 전략을 유형화하여야 한다(조민, 2014). 이는 전략적 우위 측면에서는 낮은 가격과 차별화된 특성을, 전략적 목적의 측면에서는 전체 시장에서 전략유형을 구분하였다. 먼저, 원가우위를 추구하는 기업은 기업 내부의 효율성과 효과성을 강화하기 위해 다양한 간접비를 통제하며, 경험축적을 기반으로 최적의 원가절감을 추구함은 물론 연구개발, 서비스, 판매원, 광고에 원가를 최소화를 통해 원가상의 우위를 확보한다(옥주수, 2009). 이러한 전략은 자사 제품의 시장점유율이 비교적 높은 경우 사용할 수 있다는 것으로 기업이 제공하는 차별화된 제품과 서비스는 생존과 지속가능경영을 위해 산업전반에 걸쳐서 그 기업이 다른 기업과 명확한 차별성을 지닌 것으로 인식될 수 있는 그 무엇을 창조하여 경쟁우위를 달성하는 것이다(손은호, 2006).

기업은 이를 통하여 소비자에게 차별화에 대한 대가로 보다 높은 프리미엄 제품 가격을 요구하는 전략으로 이 가격은 일반적으로 원가우위 기업이 추구하는 가격보다 상대적으로 높음에 따라 소비자들이 구매한 제품은 차별화된 제품으로 인식하여 지불 가치가 있다는 강한 믿음으로 높은 프리미엄 가격을 지불하고도 제품을 구입하게 된다(이장우, 1999).

집중화란 특정 시장을 선정하여 집중적으로 공략하는 전략으로 실행내용에 있어서는 원가우위 전략 또는 차별화 전략 중 자사의 특성을 명확히 나타낼 수 있는 전략을 선택하여 실행하는 독립된 전략유형으로, 산업구조론의 대표적인 연구이며 본질적으로 기업 내적인 특성이나 동태적인 전략 과정을 설명하지 못하는 정태적인 모형이라는 비판에 직면하고 있다.

제2절 평생교육전략의 중요성

경영전략의 조직 운영자에게 중요한 이유는 조직경영에 영향을 미치는 환경의 급속한 변화에 준비하고 대처할 능력을 부여하기 때문이다. 현대와 같이 미래를 예측할 수 없고, 많은 것들이 매우 빠르게 변화하고 있는 상황에서 이에 대비한 전략수립은 장래에 발생할 수 있는 위험요소를 최소로 줄일 수 있는 방안이다. 변화의 속도가 느리고 완만했던 과거에는 단순히 경험에 입각하여 목적과 계획을 수립하면 되었다. 그러나 불확실성의 미래를 준비하기 위해서는 경험보다는 보다 체계적인 준비가 필요하다.

따라서 조직은 막대한 시간과 돈, 인력의 투자가 소요된다 할지라도 체계적인 전략을 수립하기 위해 많은 노력을 기울여야 한다. 더욱이 많은 학자들의 연구결과 조직이 경영전략을 공식적으로 수립하는 경우가 그렇지 않은 경우에 비해 높은 이익과 같은 성과를 초래하고 있음이 발견되었다(J. Scott Armstrong, 1982).

1. 경영전략 수립모델

경영전략의 수립모델은 수립과정을 거쳐서 만들어지므로 전략수립의 기본적인 과정을 설명하면 다음과 같다.

첫째, 기관의 비전을 검토해야 한다. 비전이 명확하지 않으면 먼저 비전을 자세히 검토하는 것이 필요하다. 비전은 그 기관의 핵심가치와 목적과 직결되기 때문이다.

둘째, 경영전략을 수립하기 위해서는 현상에 대한 객관적인 분석이 선행되어야 한다. 즉, 기관의 외부환경과 내부역량에 대한 체계적인 분석을 통해 외부환경의 기회요인과 위협요인 그리고 기관내부의 강점과 약점을 파악할 필요가 있다.

셋째, 현상에 대한 객관적인 분석이 이루어지면, 몇 개의 전략적 대안을 도출한다. 새로운 전략적 대안을 도출하기 위해서는 기존의 관행이나 고정관념에서 탈피하여 과감하고 혁신적인 사고의 발상을 하는 것이 중요하다.

넷째, 선정된 전략안이 성공적으로 실행되기 위해서는 현장부서의 적극적인 참여하여 세부적인 활동계획이 준비되고, 명확한 책임소재와 명확한 계획 하에 경영자원의 배분이 이루어져야 한다. 그리고 경영전략의 실행여부 및 중간결과가 수시로 관리되고 평가될 수 있어야 한다. 이 과정을 거쳐 만든 수립모델로는 프로그램 수명주기 모형 BCG 매트릭스, 포터(Porter) 모델이 있다.

1) 프로그램 수명주기 모형

프로그램 수명주기 모형은 하나의 프로그램이 개발되어 운영되고 폐기될 때까지 프로그램이 있는 시장에서의 단계를 일컫는다. 새로운 프로그램이 개발되면 새로운 제품이 생산되어 판매되는 것과 같이 같은 단계의 주기를 갖게 된다. 그 단계를 보면 계획기, 도입기, 성숙기, 쇠퇴기의 다섯 단계로 구성되어 있다. 프로그램 수명주기를 구체적으로 살펴보면 다음과 같다.

① 계획기

새로운 프로그램이 개발되기 전에 새로운 프로그램에 대한 아이디어가 창출되고 선정되는 과정을 거쳐 최종설계가 이루어지는 단계이다. 이 시기는 새로운 프로그램에 대한 준비단계로 프로그램 개발의 타당성을 충분히 검토하고 계획하는 단계이다. 따라서 프로그램에 의한 수익창출은 전혀 이루어질 수 있는 단계는 아니다. 다만 비용의 지출만 발생할 뿐이다.

② 도입기

도입기는 새로운 경쟁시장에 첫발을 내딛는 단계로서 경쟁자가 거의 전무한 상태이고, 새로운 프로그램을 알리기 위한 홍보비용이 많이 필요한 시기이다. 따라서 프로그램개발에 따른 비용을 조기에 회수하기 위해 다소 수강료가 비싸게 책정될 수 있는 시기이다.

이 시기의 주요 전략은 프로그램의 수익과 비용이 교차하는 손익분기점까지 도달할 마케팅 계획과 업적평가, 연구개발계획과 업적평가, 생산·물류계획과 업적평가, 매입·외주계획과 업적평가, 조직·인사계획과 업적평가, 재무계획과 업적평가, 정보·네트워크계획과 업적평가를 포함시켰다. 그렇다면 경영에서 전략은 왜 필요하고 때로는 변화되어야 하는가?

왜냐하면 전쟁터가 바뀌면 전략도 바뀌어야 하기 때문이다. 만약 우리가 큰 틀에서 결코 전략을 바꾸기가 쉽지 않다면, 환경 및 상황 변화에 따른 판단에 따라서 지엽적인 전술(Tactic)을 변화시켜 가면서 궁극적으로 큰 틀에서 수립된 경영전략을 구현해낼 수도 있다. 경영다각화 전략이나 브랜드마케팅 전략, 이미지마케팅 전략 등은 전술적 변화를 통하여 본래의 경영전략을 구체화시키는 대표적인 방식이다.

2) 경영전략 수립 : 절차와 방법

① 경영전략의 수립 절차

경영의 전략은 비전(Vision)으로부터 도출해내야 한다. 우리가 어디로 가야 하는지, 이를 위해 우리가 구체적으로 무엇을 해야 하는지를 모른다면, 어떤 전략도 수립할 수 없으며 성공할 수 없다. 비전이 먼저이고 전략이 다음이다. 니와 데츠오에 의하면, 경영전략의 수립은 한마디로 비전 달성의 시나리오 수립이다. 그는 비전 달성의 시나리오 작성을 위한 5단계의 절차를 소개하고 있다. 우선 비전 수립을 위해서 비전 집약이 요청된다. 이는 비전의 기본전략과 성공요인 분석과 비전의 일체화로 구성된다. 이러한 비전 집약이 이루어진 후 개별전략에의 미션(Mission, 使命, 課題)이 부여되는데, 이를 위해서는 사업의 가치평가와 등급평가, 사업별 미션 명시, 기능별 미션 명시가 이루어져야 한다. 왜냐하면 전략은 사명달성방법론이기 때문이다.

니와 데츠오는 경영전략의 수립 절차를 다음 10단계로 제시하였다.

- 1단계 : 임원과의 검토회의 개최
- 2단계 : 비전의 수립
- 3단계 : 외부환경의 분석
- 4단계 : 내부환경의 분석

- 5단계 : 비전달성의 시나리오 작성
- 6단계 : 사업전략과 기능별 전략의 통합
- 7단계 : 신규 사업계획의 수립
- 8단계 : 기존 사업의 선별 집중
- 9단계 : 경영조직의 개혁전략
- 10단계 : 경영전략 보고서의 작성

이와 같이 10단계를 나타낸 것을 정리하자면, 경영전략의 수립과정 및 절차는 다음과 같다.

첫째, 비전을 수립·제시한다. 둘째, 조직의 외부환경 및 내부환경을 분석한다. 이러한 분석은 정량적 분석과 정성적 분석으로 구성된다. 셋째, 전략적 대안을 제시한다. 넷째, 비전의 실현가능성을 중심으로 전략수행을 위한 구체적인 활동계획을 명시한다. 여기서 중요한 점은 비전으로부터 전략이 구상되지만, 전략은 비전 달성을 위한 조건으로서 외부환경 및 내부환경이 적절하고 적합한지에 대한 정합성(Contingency)의 검토이다.

조직의 내부환경과 외부환경에 대한 분석은 비전 달성에의 가능성과 한계를 가늠할 수 있게 해 준다. 즉, 외부환경 및 내부환경의 분석은 비전달성 및 목표달성에의 전망을 위한 준거(criteria)가 된다. 따라서 내·외부 환경의 분석은 객관적이고 과학적으로 이루어질 필요가 있다. 결국 이러한 객관적－과학적 환경분석을 통하여 우리는 이미 수립된(임시) 전략을 검토하면서 구체적인 (최종)전략을 확정적으로 수립할 수 있다. 한편, 전략수립의 과정에서는 반드시 3E의 법칙이 적용되어야 한다. 즉, 부하들이 “참여하게 하고”(Engagement), 전략을 정확하게 “설명하여 주고”(Explanation), 이로 인한 “기대치를 명확하게”(Clarity of Expectation) 밝혀 주어야 한다.

2. 경영전략 수립방법

1) 경영전략과 경영목표

챈들러는 경영목표와 경영전략을 구분하지 않았다. 즉, 그는 경영의 목표를 결정하고 실행하는 것 자체를 경영전략으로 보았다. 반면, 안소프는 경영목표와 경영전략을 별개의 영역으로 다루었다. 그에 의하면, 경영목표가 경영의 내부적 문제라면, 경영전략은 주로 경영의 외부적 문제로서 특히 시장상품화 및 시장구조결정에 관한 사안이다.

그러나 경영목표와 경영전략은 별개의 두 영역으로 간주될 수 없다. 경영목표가 없다면 경영전략도 무의미하며 경영전략이 없다면 목표달성에의 예측은 보다 불명확하기 때문이다. 어쩌면 경영전략의 수립은 경영목표에서 출발한다. 경영전략과 마찬가지로 경영목표 역시 기업의 비전(Vision)으로부터 도출된다. 누가기업의 비전을 제시하는가? 원칙적으로는 비전을 수립하고 제시하는 역할은 기업주나 CEO(Chief Executive Officer)의 몫이다. 비전은 경영목표(또는 사명)의 달성에 의해 성취된다. 경영목표(Goal)는 상위목표와 하위목표로 구분된다. 여기서 전자는 목적(目的)이라고 표시되기도 하며, 후자는 목표 또는 세부목표(Objectives)이다.

일반적으로 비전은 추상적, 개념적이며 거시적이다. 이에 비하여 목적이나 목표는 보다 구체적이며 미시적이다. 특히, 목표(또는 세부목표)는 구체적(Specific)이며, 측정이 가능하고(Measurable), 현실화의 가능성이 높고(Attainable), 합리적이며(Reasonable), 기한이 명시되어야(Time-bounded) 한다.

경영의 목표는 일명 SMART 이론에 맞추어져 수립되어야 한다. 왜냐하면 목표(또는 세부목표, 하위목표)는 나중에 경영평가의 척도로 작용해야 하기 때문이다. 즉, 궁극적으로 목표를 달성했는가 하는 것이 평가의 기준이다. 결국 비전으로부터 목표가 도출되지만, 세부목표들이 경영 평가의 척도로서 정확한 기능과 역할을 해내기 위해서는 경영환경분석이 이루어진 후 분석의 결과가 비전에서 도출되는 목표수립에 적극 반영될 필요가 있다.

비전수립 및 목표수립의 과정은 경영전략의 수립에도 직접적으로 작용한다. 왜냐하면 경영전략은 특정 기관이 추구하고자 하는 미래 비전을 달성하기 위해 진행해 나갈 방향성을 제시하는 일종의 시나리오를 의미하기 때문이다. 오늘날 목표는 미션(Mission, 課題, 任務)과 동일시되기도 한다. 즉, 미션 수행의 여부가 비전달성 또는 목표달성을 위한 구체적인 조건으로 간주된다. 즉, 미션과 목표(또는 세부목표)가 동일시될 수 있다. 아울러 단계적인 목표달성을 통해서 미션이 완수되며, 이때 미션완수는 곧 비전달성을 의미하기도 한다.

2) 경영환경 분석

경영환경의 분석은 경영전략의 수립에 결정적이다. 왜냐하면 분석하고 파악된 문제가 다르면 전략도 달라지기 때문이다. 고전적 관점에서 경영환경 분석은 직접요인 분석과 간접요인 분석으로 구성된다. 주로 직접요인 분석에는 경영능력 분석과 경영성과 분석이 해당되고, 간접요인 분석에는 시장동향 분석, 업계동향 분석, 경쟁기업 분석, 신기술개발 상황 분석, 산업구조 변화 분석 등이 포함된다.

그러나 오늘날 경영환경을 구성하는 직접요인과 간접요인 간의 구분이 불분명할 정도로 상호 교호적이고 상호 순환적이 되었다. 특히 실현가능한 경영전략을 수립하기 위해 경영환경을 내적 환경과 외적 환경으로 구분하여 경영환경을 직접 분석해내는 방식을 선호하고 있다. 이러한 경영환경 분석의 방법은 내부환경 분석과 외부환경 분석으로 구분된다.

니와 데츠오는 외부경영환경의 분석의 대상 영역으로서 환경 변화의 이해를 기반으로 거시환경 분석, 시장동향 분석, 업계동향 분석, 경쟁기업 분석, 벤치마킹 수행 그리고 신규사업 참여의 영역지도 작성 등을 들고 있다. 아울러 그는 내부경영환경의 분석으로서는 크게 업적 분석, 조직력 분석, 경영시스템 분석 등을 들고 있다. 업적 분석에는 과거의 전략 정리, 자사의 업적 분석, 사업단위의 업적 분석, 모델기업의 벤치마킹 등을 토대로 하는 기업이미지 창출, 상품·서비스 분석, 영업력·고객 분석, 기술력 분석, 각종 경영자원의 분석 등이 해당된다.

조직력 분석에는 환경적응도 분석과 임직원의 의식조사 등이 속한다. 마지막으로 경영시스템 분석에는 전략적 의사결정 분석, 관리·업무·교육 시스템 분석 그리고 혁신과 창출에 대한 분석 등이 해당된다. 경영환경의 요인들(Factors)에는 구체적으로 요구(Needs)들이 파악·분석, 반영되어야 한다는 사실이다. 왜냐하면 어떠한 경영환경이라도 오늘날과 같은 공급자가 아닌 수요자 및 소비자가 왕인 시대에 이들의 니즈를 충족시켜주지 못하면 성공하기 어렵기 때문이다.

필수적인 분석의 대상과 내용들은, 첫째, 사회 환경적 니즈로서 기업주(CEO), 기관, 기업(산업)환경 및 시장의 요구, 둘째, 고객의 니즈로서 수요자의 요구, 셋째, 직무적 요구로서 역할과 지위가 요구하는 과제가 그것이다. 즉, 우선 기업주(CEO) 또는 기관에서 요구하는 것이 무엇인가, 산업환경변화의 추세와 시장동향이 무엇인가? 수요자(고객)의 요구가 무엇인가? 조직구성원 개개인이 맡은 자신의 업무 영역에서 요구하는 것이 무엇인가에 대한 이해가 분석 내용으로 반영되어야 한다. 특히 평생교육의 경영(기획 및 전략) 역시 교육수요자 중심의 새로운 교육 패러다임으로서 '학습자의 요구조사 분석(Needs Analysis)'에서 시작된다.

제3절 평생교육기관의 경영전략

1. 평생교육기관의 경영전략 고유성

평생교육기관의 경영전략 수립은 일반 경영전략과 맥락을 같이한다. 그러나 평생교육기관경영의 고유성 때문에 경영전략 수립을 위해서 다음과 같은 평생교육의 기본원리가 경영전략의 요소로서 반영될 필요가 있다.

첫째, 탈정형성, 둘째, 자발성, 셋째, 상호학습성, 넷째, 현실성과 실제지향성, 다섯째, 다양성과 이질성, 여섯째, 과정중심성, 일곱째, 참여와 공존성, 여덟째, 경험중심성, 아홉째, 즐거운 학습 등이다.

교육의 목표는 국가별, 지역별, 시대별, 교육기관별로 천차만별이다. 한국의 교육목표는 '홍익인간'(弘益人間)이다. 미국의 교육목표는 시민(Citizen)이고, 영국의 교육목표는 신사(Gentleman)이다. 일본의 교육목표는 무사, 즉 사무라이의 정신을 양성하는 것이며, 중세서구의 교육목표는 하나님의 자손을 양육하는 것이었다.

또한, 듀이(J. Dewey)나 몰렌하우어(K. Mollenhauer)에게는 개인의 교육적 '성장'이 교육의 목표이며, 대부분의 학자들에게 교육의 목표는 '전인격적 성장 또는 전인격적 도야'이다. 그러나 일반적으로 이러한 모든 교육과 학습의 목표는 학습자 개인의 '자아실현'(自我實現)으로 귀결된다. 왜냐하면 교육은 인간을 대상으로 하고 인간됨을 목표하기 때문이다. 아리스토텔레스(Aristotles)에 의하면, 가능태로 태어난 인간은 현 실태로 성장한다. 그에게서는 잠재성 또는 가능성을 현실로 끌어내는 것이 교육이다. 결국 자아실현이다. 따라서 교육은 교육과 학습을 통하여 학습자의 잠재능력을 끌어내어 마침내 자아실현을 하는 데에 도움을 주어야 한다. 이렇게 본다면, 위에서 제시한 평생교육의 기본원리 역시 학습자의 '자아실현'을 조력하기 위한 조건이 된다.

그러나 학습자의 자아실현은 개인적 차원과 사회적 차원에서 함께 추구된다. 따라서 평생교육은 학습자의 개인적 자아실현과 동시에 사회적 자아실현에의 목표를 가지고 있다. 이렇게 본다면 평생교육기관경영에서도 평생교육의 원리 준수는 학습자의 개인적-사회적 자아실현을 조력하는 중요한 미션에 해당된다. 결국 평생교육기관경영은 학습자가 자기학습을 통하여 자아실현을 할 수 있도록 도와주면서 이를 통해 '기관의 이윤추구'라는 경영의 목표를 달성하기 위한 전략을 구사해야 한다. 이러한 평생교육기관경영의 특수성을 고려하여 두 마리의 토끼를 함께 잡을 수 있는 경영전략의 사례가 등장하고 있다. 원칙적으로 평생교육에 자발적으로 참여하는 교육수요자, 즉 학습자들의 "학습권(Learning Right, 學習權)"의 보장을 최적화해 줌으로써 학습자의 자아실현을 돕는 동시에 이를 통한 경영의 최종 목표인 기관의 이윤추구를 도모한다.

구체적으로 평생교육기관은 학습자의 "경험"(Experience)을 촉진시켜 주면서 이들의 경험을 관리해 주는 질적 경험경영전략(EQM; Experience Quality Management)을 들 수 있다. 일반적으로 평생교육에 참여하는 학습자들은 자신들의 독특하고 다양한 경험세계를 기반으로 학습충동, 학습요구, 학습목표를 가지고 있으며, 이러한 자신의 경험 영역을 보다 전문적이고 심도 있게 학습하고자 하는 열망으로 자기 주도적으로 평생학습에 참여한다.

따라서 평생교육기관은 이들 학습자들에게 경험학습 프로그램 참여를 통한 자아실현을 도와줌으로써 교육기관으로서의 기능과 역할을 해내는 동시에 기관의 경영이윤창출을 도모할 수 있다.

2. 평생교육기관의 경영전략 전망

1) 경쟁전략

오늘날과 같이 치열한 경쟁의 시대에 보편적인 경영전략은 앞으로 '경쟁전략'으로 급격하게 진화될 전망이다. 경쟁전략이론의 선두주자격인 포터(M. Porter)에 의하면, 경쟁전략이란 남과 다르게 되는 것에 관한 것이며, 경쟁우위를 지속시키는 유일한 방법은 경쟁우위를 계속 개선하는(점점 더 첨단형태로 옮겨가는) 것이다(Woodworth, M., and Porter, S, 2002). 그는 국가, 기업, 지역, 조직이 경쟁의 우위를 점하는 4가지 기본속성을 찾아냈다.

첫째, 요소조건, 둘째, 수요조건, 셋째, 연관산업 및 지원산업, 넷째, 기업전략 및 경쟁관계가 그것들이다. 그리고 이들이 상호 역학관계에 들어 있다는 사실을 다음과 같은 다이아몬드 모형으로 그려낸 바 있다.

우선 기업은 자신들만의 경쟁전략을 구현하려면 요소조건의 현재 포지셔닝(Positioning)을 명확하게 파악해낼 수 있어야 한다. 왜냐하면 요소조건의 포지셔닝은 시시각각으로 변하기 때문이다. 즉, 현재의 포지션을 분석하고 전략적인 포지션을 결정해야 한다. 요소조건은 요소의 양과 원가로 구성되는데, 기업과 기관이 현재 취득할 수 있는 천연자원, 인적자원, 금융자원, 물적 하부구조, 관리 하부구조, 정보 하부구조, 과학 및 기술 하부구조를 말한다. 이는 요소의 질과 요소의 전문화를 결정한다.

두 번째, 수요조건의 포지셔닝이다. 이를테면, 가장 까다롭고 요구가 많은 고객의 니즈는 무엇인지, 현재 시장을 선도하고 있는 고객의 니즈는 무엇인지, 글로벌 시장을 주도하면서도 특화되어 있는 세부시장에 대한 독특한 수요는 무엇인지에 대한 조사 분석이 중요하다.

세 번째, 연관 산업 및 지원 산업 또는 경쟁 산업에 대한 포지셔닝이다. 과연 역량 있고 기반이 있는 공급자의 존재와 실체는 무엇인지? 주변에 경쟁력이 높거나 경쟁력을 갖춘 연관 산업은 무엇이고, 전략적 제휴 등의 가능성이 있는 기업이 존재하는지? 협력이나 네트워킹 등을 통하여 상생할 수 있는 기업여건은 가능한 것인지?

넷째, 기업전략 및 구조 그리고 경쟁여건에 대한 포지셔닝이다. 즉, 현재 실천되는 경영전략은 적정 수준의 투자, 합리적인 투자, 지속적인 개선의 촉진 등의 조건을 반영하고 있는가? 현재의 경영전략으로 경쟁우위의 확보는 어느 정도 성취되었는가? 아니면 도태되었는가? 이러한 질문들에 대한 객관적이고 과학적인 분석이다. 마지막으로 성공적인 경쟁전략을 위해서는 이러한 4가지 기본요소의 역학관계에 대한 분석이 요청된다.

한편, 안소프는 경영전략을 성장전략과 경쟁전략으로 구분하면서, 성장전략으로부터 점차 경쟁전략으로 나아갈 수 있는 전략적 매트릭스를 제시했다. 즉, 기업은 기존의 제품을 가지고 시장 침투와 시장 개척을 통하여 기업이 성장할 수 있는 경영전략을 추구하면서 점차 기존의 시장에서 우위를 점할 수 있는 제품 개발의 전략을 실현하고 더 나아가 궁극적으로는 신제품으로 새로운 시장을 선점할 수 있는 블루오션 전략을 추구해야 경쟁전략은 성공적으로 완수될 수 있다. 따라서 평생교육기관에서의 경쟁전략 역시 현재 실현되고 있는 경영전략의 포지셔닝에 대한 종합적 분석과 해석에서 시작될 필요가 있다. 아울러 성장전략으로부터 경쟁전략으로 나아가는 경영전략의 로드맵이 수립, 구현될 수 있어야 한다. 특히 성공적인 평생교육기관의 경쟁전략은 '학습권 보장의 최적화'와 이를 통한 '경영이윤창출의 극대화'에 초점이 주어져야 한다.

2) 전략경영

경영전략의 개념이 보편화되면서 '전략경영(戰略經營)'이라는 새로운 용어가 등장했다. 이는 1950년대부터 기업경영의 영역에 도입되기 시작하였는데, 1960년 전후에 챈들러(A. Chandler), 젤즈니크(P. Selznick), 안소프(H. Ansoff), 드러커(P. Drucker) 등에 의해서 경영학의 영역에서 크게 부각되기 시작했다.

오늘날 기업의 환경변화가 급격하게 이루어지면서 전략경영이라는 개념은 보다 부각되고 있다. 경영을 최적화하고 최대화하기 위한 특별방안으로서 '전략'이 수립·실천될 필요가 있다는 것이 경영전략의 의미라면, 경영의 모든 과정이 처음부터 전략적으로 수립, 실천되어야 한다는 논리가 '전략경영'이다.

일반적인 경영전략에 비해서 전략경영은 소유주, CEO 그리고 전문가의 입장에 비중을 두고 있다(R. Nag et al., 2007). 따라서 이는 긴급, 돌발, 위기상황 등 특별하고 특수한 상황에서 보다 실질적이고 추진력 있는 경영전략을 수립하여 추진하겠다는 경영진의 강한 의지의 표출이기도 하다.

니와 데츠오는 전략경영을 구현하기 위한 최우선의 전제 조건으로서 '경영조직의 개혁'을 꼽았다. 그는 이를 위한 구체적 전략으로서 첫째, 조직진단으로 개혁필요도 측정, 둘째, 조직의 활성도 점검, 셋째, 조직개혁의 목적 수립, 넷째, 조직개혁의 일정계획 수립, 다섯째, 조직 혁신방안 수립, 여섯째, 혁신조직 승인, 일곱째, 혁신조직으로의 이행 등이 이루어질 필요가 있다고 주장한다. 드러커(P. Drucker)는 어떤 조직도 늘 혁신하지 않으면 쇠퇴한다고 한다. 조직의 혁신은 전략경영을 위한 전제조건이면서 동시에 기업경영의 생존조건이다.

특히, 전략경영을 수립하기 위한 전제조건은 진략형태인데, 이는 자기평가(Self-evaluation), 경쟁상대 분석(Competitor Analysis), 상황분석(Situation Analysis)이다. 1980년대부터 보스턴컨설팅 그룹에서는 SWOT 분석기법을 'TOWS 전략경영 분석 매트릭스'로 전용하여 일반화시켜 왔다. TOWS 모델의 특징은 위협(Treats)으로부터 시작한다는 점이다. 즉, 오늘날 시장이나 경쟁은 '외부의 위협'으로부터 시작된다. 따라서 경영전략은 외부의 위협으로, 독자적 경쟁에서 보다 배가(倍加)될 수 있다. 1940년부터 등장하기 시작하여 수차례에 걸쳐 노벨경제학상을 수상하게 했던 '게임이론'(Game Theory)은 상생전략의 원리가 매우 합리적이라는 사실을 입증해 준 바 있다.

오늘날 글로벌 위기 앞에서 기업과 기관 조직이 공동으로 대처하는 공동 투자, 공동개발, 공동 마케팅, 공동 유통, 공동 서비스, 장기조달계약 등의 방법으로 구체화되는 '전략적 제휴', 하나의 패키지로 묶어서 처분하는 번들링전략(Bundling Strategy), 공생전략, 경쟁적 협력(Co-petition)전략 등은 대표적인 상생전략의 범주에 속한다. 결국 평생교육의 현장에서도 전략경영이 성공적으로 이루어지기 위해서는 성장전략으로부터 시작해서 새로운 프로그램을 개발하고 이를 다각화하여 새로운 시장에 내놓는 전략경영으로 전환하는 로드맵을 구축해야 할 것이며, 아울러 상생전략에 기반을 둔 전략경영의 기회를 활용할 수 있어야 할 것이다. 특히, 평생교육기관의 경영전략으로서의 전략경영에서는 '학습권 보장의 최적화'와 이를 통한 '경영이윤 창출의 극대화'에 초점이 맞추어져야 한다.

제4절 평생교육기관의 경영전략 활성화 방안

1. 파트너십 구축

평생교육 활성화 저해요인 중 프로그램 개발과 담당 전문 인력지원 및 유관기관과의 네트워크 교환을 위한 전략이 필요하다. 평생교육이란 지방자치단체, 교육기관, 민간부문에서 별도의 시설과 프로그램을 갖고 운영되는 교육이다. 즉, 평생교육은 지역사회의 평생교육 자원을 유용하게 활용하여 유한의 교육자원을 통해 효과적이며 효율적으로 사용하여야 하겠다.

따라서 평생교육을 실행하는 교육기관, 민간기관 및 구청, 교육청과 같은 관련 기관은 상호 유기적인 기관 간 관계형상 강화와 함께 실무자 간 상호 파트너십 체계를 강화하여야 한다. 즉, 기관 및 실무자들 간의 상호 연계 협력관계 구축을 통해 평생교육사업의 활성화로 비용과 시간이 효율적이며 효과적인 운영을 통해 평생학습활동을 촉진할 수 있다. 한편, 네트워크의 정비를 위해서는 선행적으로 비전 공유를 통한 평생교육 관련 기관의 특징을 구분할 필요가 있다. 즉, 공공부문은 지자체를 중심으로 운영하는 각종 평생교육기관 및 교육청과 민간부문을 중심으로 한 초·중·고·대학과 기업, NGO 등으로 구분할 수 있다. 또한 공공부문 간, 공공과 민간부문 간, 실무자 네트워크 간과 같이 3가지 유형의 네트워크 구축이 선행적으로 시급하게 이루어져야 하겠다.

즉, 민간–공공의 파트너십 구축, 교육기관 간의 파트너십 구축, 평생학습 실무자 파트너십 구축, 평생학습 관련자 간의 역할 분담 방향이다.

2. 정보시스템 및 네트워크 구축

21세기 정보화 사회는 장소와 시간, 공간에 있어 컴퓨터나 네트워크 여건에 구애받지 않고 정보기술(IT) 환경을 기반으로 자유롭게 네트워크에 접속할 수 있으며, 이와 같은 패러다임의 변화는 유비쿼터스(Ubiquitous)의 시대를 가속화하고 있다. 즉, ICT를 활용한 평생교육에 대한 효율성 향상 방법을 보다 극대화하기 위해서는 사이버 네트워크를 구축하는 것이 바람직하다.

사이버 네트워크는 사이버공간 안에서 지식구축전략(지식 생성, 공유, 축적)을 실현하는 것으로서 사회적 네트워크에 기반한 사회적 자본을 획득해 가는 과정으로 평생교육이 추구하는 학습조직 또는 학습공동체 형성에 핵심 요인으로 작용한다. 따라서 사이버 네트워크는 종합적인 정보시스템 구축이 요구된다. 즉, 종합적인 정보시스템 구축은 온라인 평생학습상담 시스템 구축, 평생교육 종합정보망 구축, 평생교육기관 및 교·강사 DB 구축, 원격교육(e-learning)체제 구축, 학습자 E-커뮤니티 구성 등이 있다.

3. 사이버 학습도시 웹사이트 구축

학습자들이 사이버 공간에서 평생학습정보를 손쉽게 확인하며, 학습의욕을 향상하기 위해서는 사이버공간에서 프로그램 참가신청을 곧바로 신청할 수 있는 사이버 공간 환경 제공으로 평생학습도시 건설 기반을 선행적으로 구축하여야 한다. 이를 위해 기존의 평생학습 관련 정보를 통합할 수 있는 DB 구축과 이를 온라인상에서 필요한 정보를 종합적으로 원활하게 제공하여 누구든지 평생교육 관련 정보를 한곳에서 편리하게 이용할 수 있도록 그림 10-1과 같이 구축되어야 한다.

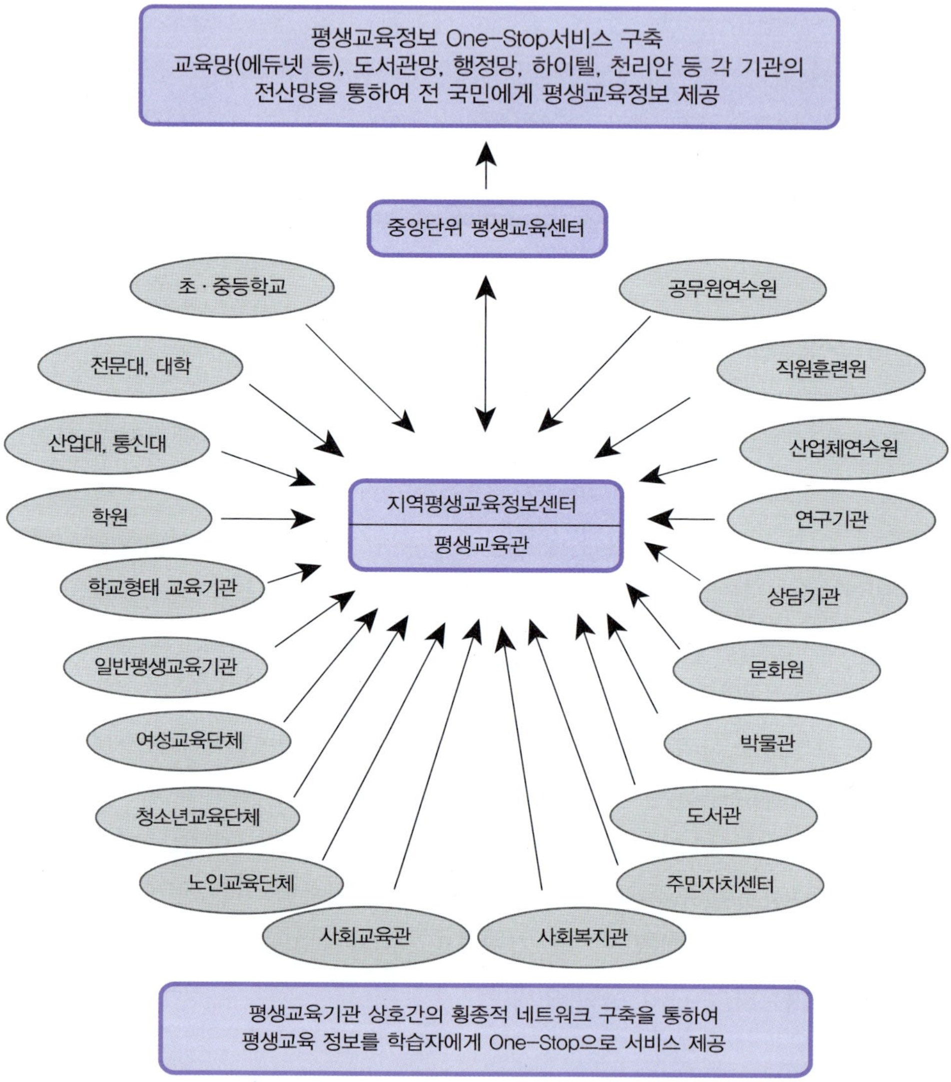

그림 10-1 시민 평생교육 네트워크 구축

출처: 이형교(2002). p. 425.

4. 교육과 학습의 일체형사회 구축

가르치고 배우는 교육학습활동에 있어서 학습자는 피동적이며 수동적 존재가 아닌 능동적이고 적극적인 존재가 되어야 한다. 학습자의 측면에서 교육은 받는다는 개념이 아닌 자신의 능력향상을 위해 학습 기회를 제공받고 학습활동을 지원받는다는 개념으로의 전환이 평생교육에 대한 평생학습 개념이라 할 수 있다. 모든 인간은 일생에 걸쳐 누구나 교육을 통해 보다 가치있는 새로운 시대의 사회를 요구한다. 특히 지식기반 사회에서 요구되고 있는 평생교육과 평생학습은 개개인의 가치있는 삶과 생활을 추구할 수 있는 생존권 차원의 시대적 정신이라 할 수 있다.

평생동안 받는 그 모든 교육은 나름의 가치를 지니고 있다. 그러나 현대의 학교중심교육은 국민교육을 최대 목표로 두어 실행되어 왔으므로 교육의 주체는 전달자 중심의 교사, 학교, 국가 또는 사회로 교육 공급자 중심의 교육을 실행해왔다. 따라서 학습자는 교육 수혜 중심이 아닌 실시 대상으로만 인식되었다. 만약 이와 같은 교육 공급(전달)자 중심이 지속된다면 평생교육은 자율이 아닌 타율에 의한 평생교육시대를 맞게 될 것이다. 즉, 교육은 공급자 중심으로 학습자는 수동적 대상이 아닌 학습자가 주체가 되는 동적인 교육으로 전환되어야 한다. 한편, 평생학습은 개개인이 주체적 학습자로서 평생에 걸쳐 학습생활을 주체적으로 관리하도록 국가와 사회가 지원하는 제도이다. 평생학습은 교육활동에 있어 학습자는 수동적 존재가 아니라 보다 주체적이며 능동적이고 적극적인 학습주체로서의 인식전환과 학습자의 입장에서 평생에 걸쳐서 교육문제가 다루어져야 한다. 즉, 평생교육은 공급자 중심인 기존 교육관을 개선하고 시대적 환경변화에 따라 학습자 중심의 새로운 교육관을 추구하는 대안적 교육방법 또는 교육론이라 할 수 있다.

연구문제

1. 경영전략의 수립모델은 수립과정을 거쳐서 만들어지므로 전략수립의 기본적인 4개 과정은 무엇인지 설명해 봅시다.

2. 경영의 전략은 비전(Vision)으로부터 도출해내야 하는 과정입니다. 경영전략의 수립 10단계의 절차는 무엇인지 생각해 봅시다.

3. 평생교육기관의 경영전략 수립은 일반 경영전략과 맥락을 같이합니다. 그러나 평생교육기관경영의 고유성 때문에 경영전략 수립을 위해서 평생교육의 어떠한 기본원리가 경영전략의 요소로서 반영되어야 하는지에 관해서 생각해 봅시다.

4. 평생교육기관의 경영전략 활성방안은 무엇인지 생각해 봅시다.

5. 평생교육기관의 경영전략 실행에 있어서 전략경영이 궁극적으로 추구하는 것은 무엇에 초점을 맞추어져야 하는지 생각해 봅시다.

CHAPTER 11

평생교육의 마케팅관리론

학습목표

일반적인 마케팅의 개념과 발전과정을 고찰하고, 평생교육기관에 있어서 마케팅이 중요시되는 배경과 마케팅의 개념, 마케팅 모형, 마케팅 접근방법에 대하여 고찰한다.

제1절 마케팅 개념과 발전과정

1. 마케팅 개념

마케팅의 개념은 학자나 상황에 따라 여러 가지로 이야기되고 있으며, 1950년대 중반에 소비자 중심의 감지와 반응(sense-and-respond) 철학으로서 등장하였다.

피터 드러커(Peter Drucker, 1973)는 마케팅을 판매 지향적인 개념과 마케팅 지향적 개념으로 구분하였다. 판매 지향적 마케팅은 제품에 초점을 두고 대량 판매를 통해 이익을 획득하는 촉진과정이다. 반대로 마케팅 지향적 마케팅은 고객의 욕구를 파악하기 위해 통합적 마케팅을 실시함으로써 고객의 욕구충족을 통한 이익을 획득하는 과정이다. 이러한 개념의 차이는 고객이 원하는 제품이나 서비스를 제공할 수 있다면, 별도의 판매활동 없이도 제품이나 서비스가 판매될 수 있다는 개념이다.

마케팅이란 조직 및 기업이 소비자들에게 제공되고 있는 제품이나 서비스 이미지를 강화 및 향상하는 기업이다(Gilley & Eggland, 1992).

즉, 마케팅이란 고객과 소비자들이 조직이나 기업이 제공하는 상품, 제품, 서비스에 대한 긍정적인 이미지 또는 인식 정도를 긍정적으로 발전시키고 향상하는 기능을 수행한다는 것이다. 한편, 마케팅을 개인이나 집단이 제품과 가치가 있는 것을 창출하고 이를 타인들과 교환함으로써 자신들의 욕구와 욕망을 획득할 것을 목적으로 하는 하나의 사회적 내지 관리적 과정이다(Kotler, 1991). 이러한 교환과정에는 판매자뿐 아니라 구매자의 활동도 포함된다. 또한 마케팅활동을 사회적 내지 관리적 과정이라고 보는 이유는 영리를 추구하는 기업에서 사용하기 시작한 마케팅이 비영리기관에까지 확대됨을 의미한다(여운승, 2007). 이처럼 마케팅이란 제품에 맞는 고객을 찾는 것이 아니라 고객에 맞는 제품을 찾는 것이다(Kotler & Keller, 2012).

이와 같이 마케팅의 일반적 개념은 고객과 소비자 요구를 파악하고 이들의 요구를 촉진시키려는 다양한 활동이며, 고객과 소비자 요구에 대응하는 제품, 상품, 서비스를 긍정적 인식으로 제공함으로써 경영목표를 달성하는 활동을 의미한다. 마케팅 지향적 마케팅에 가까운 개념으로 고객의 요구를 파악하고 다양한 활동을 전개한다는 점에서 고객지향적인 조직 전반의 경영활동을 의미한다.

2. 마케팅 발전과정

마케팅의 발전과정은 일반적으로 경영에서 논의되는 마케팅의 패러다임으로서 마케팅의 발전과정은 그림 11-1과 같다.

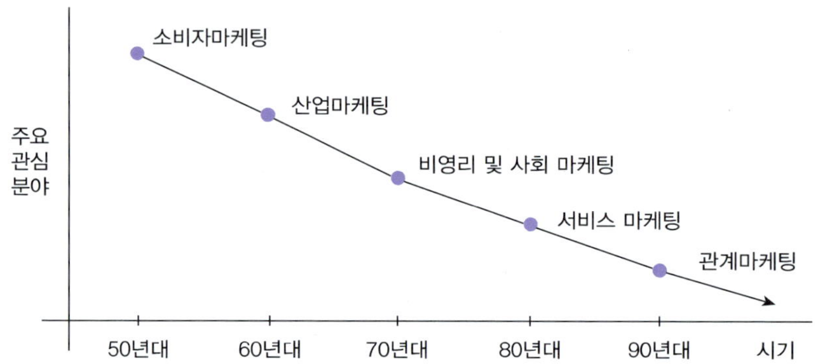

그림 11-1 **마케팅의 발전과정**

출처: Christopher 외(1991).

마케팅에 대한 관심은 1950년대 미국 소비재 시장을 대상으로 하는 것에서 출발하였다(여운승, 2008). 소비재 시장을 중심으로 기업, 즉 영리기관에서 시작되었다. 그 이후 1960년대는 산업재 시장, 1970년대는 비영리 조직 및 사회적 조직에서 집중되었다. 이때까지 마케팅은 대다수 특정 형태를 가지고 있는 유형의 제품을 대상으로 이루어졌다.

한편, 1980년대에 들어서면서 서비스 부분에 대한 관심이 확대되었고, 점차 서비스마케팅에 집중하였다. 1990년대에 들어서는 제품이나 서비스에 대한 거래 중심의 마케팅의 개념이 관계마케팅으로 확대되었다. 상호작용마케팅은 고객의 주체성을 강조하고, 조직과 고객, 조직과 내부구성원 간의 관계에 초점을 두었다.

평생교육기관의 측면에서 서비스는 생산과 소비가 동시에 발생하기 때문에 고객은 직원과 상호작용하며 생산과정에서 일정 역할을 담당한다. 그러므로 서비스마케터들은 고객과 의사소통하고 그들을 만족시키기 위해 추가적 변수를 사용한다.

즉, 서비스마케팅 믹스는 전통적 마케팅 믹스(4P)에 추가적으로 과정(Process), 물리적 근거(Physical evidence), 사람(People)을 포함하여 확장된 마케팅 믹스(7P)를 의미하며, 아래 그림 11-2와 같이 나타났다. 이와 같이 확장된 마케팅 믹스는 평생교육기관과 학습자 사이의 거래에 관한 마케팅 현상을 구체적으로 보여줄 수 있다. 또한 평생교육 담당자가 실무에 바로 적용할 수 있는 마케팅이론이다. 그러나 확장된 마케팅믹스는 평생교육 현장의 다양한 모습을 조망하기에는 한계가 있다. 또한 확장된 마케팅믹스는 상품(프로그램)의 거래에 중심을 두고 있어, 학습자 지향적인 평생교육기관의 특성을 반영하기에는 한계가 있다.

기본적 마케팅 믹스 4P	상품 (product)	가격 (price)	촉진 (promotion)	장소 (place)

확장된 마케팅 믹스 7P	상품 (product)	과정 (process)	사람 (peopl)	물리적 근거 (physical Evidence)	가격 (price)	촉진 (promotion)	장소 (place)
	물리적 특성, 품질, 보조 서비스, 상품계열 브랜드	서비스활동의 흐름 (표준화/개별화) 서비스 제공단계 (단순/복잡) 고객참여 수준	직원 고객관계	시설, 장비/설비 건물 직원복장 명함, 팜플렛 계산서 등	유연성 가격수준 거래조건 차별화 할인	인적 판매 광고, 판촉, 홍보, DM	채널유형 중간상 매장위치 채널관리

그림 11-2 확장된 마케팅 믹스 7P

출처: 이유재(2004). p.44.

제2절 평생교육기관의 마케팅 배경

1. 평생교육기관에 마케팅이 중요시되는 배경

평생교육에 대한 요구 증가는 평생교육시장을 확대시키고, 공급자인 평생교육기관의 경쟁을 가열시키고 있다. 따라서 타 평생교육기관과 차별화된 프로그램뿐만 아니라 더 나은 서비스를 제공하고, 이를 알리는 것이 중요하게 되었다. 평생교육기관의 마케팅이 중요시되는 배경은 다음과 같다.

첫째, 급증하고 있는 평생교육기관 간의 경쟁에서 살아남기 위함이다. 2016년 기준 우리나라의 평생교육기관 수는 4,153개이다(교육부·한국교육개발원, 2016).

학습자들은 본인의 요구와 필요에 맞는 프로그램과 서비스를 찾아서 평생교육기관을 선택할 수 있다. 평생교육시장에서 수요와 공급의 변화로, 평생교육기관의 경영 관점에서 변화가 일어나게 되었다. 하나는 평생교육기관 간의 심화된 경쟁의 결과로써, 평생교육기관의 교육 내실화와 경영에 대한 관심과 중요성의 증가이다(권인탁, 2014). 다른 하나는 학습자 선택 혹은 결정권과 관련된 힘의 이동이다. 평생교육기관의 증가는 학습자 선택의 폭을 넓혀주게 되었다. 결과적으로 고객으로서 학습자들의 요구에 맞는 교육 프로그램을 개발하고 서비스를 제공함으로써 평생교육기관의 경쟁력을 확보해야 하는 것이다.

둘째, 평생교육기관의 재원 확충과 이익화가 경영환경 변화이다(남정걸, 2007). 평생교육에 대한 요구가 늘어나고 있지만, 국가적인 지원은 여전히 미흡한 상태로 자체적인 생존경쟁을 하고 있다. 평생교육기관은 정부가 지원하는 미흡한 예산으로 경영하는 것을 탈피하여 적극적인 마케팅 전략 실천으로 평생교육기관 운영을 활성화해야 한다.

셋째, 저출산 고령화의 사회문제로 인하여 평생학습에 대한 수요는 높아지고, 평생학습자 수는 갈수록 증가하고 있다. 2016년 기준 평생학습자 수는 11,336,564명이며, 대학부설 평생교육원의 경우만 902,600명으로 10년 사이 72.44%가 증가하였다(교육부·한국교육개발원, 2016). 이처럼 평생교육 프로그램에 참가하는 연령대, 직업, 교육수준 및 평생학습 참여를 통한 성취 목적 등이 다양해지고 있으므로, 이들의 요구와 수요를 정확히 파악하고 대응하기 위해 통합적 마케팅관리가 필요하다.

넷째, 시민들의 학습권이 신장되고 있다. 지식사회의 발전과 정보화기술의 발달로 학습자는 필요한 지식과 정보를 탐색하고 결정하며, 학습과정의 주체자로 학습 정향성을 가진다(신다은, 2015). 주체자로 참여하는 학습자의 요구를 수용하고 운영에 적극 참여시키기 위해 평생교육기관의 학습자 지향적 마케팅이 필요하다. 이와 같이 평생학습 시장체제 속에서 평생교육기관의 경쟁은 가속화되고 있다. 평생교육기관의 경영은 기관 중심에서 벗어나 학습자 중심으로 접근해야 한다. 평생교육기관은 학습자의 요구를 적극적으로 반영하면서도, 평생교육기관의 이념과 가치를 고려해야 하는 딜레마에 빠지게 되었다. 이러한 상황에서 결과적으로 평생교육에 경제적 관점의 마케팅이라는 경영전략 개념이 도입되었다.

2. 평생교육기관의 마케팅 개념

평생교육기관의 마케팅에 대한 개념은 일반적으로 두 가지 관점에서 논의된다.

첫 번째 관점은 평생교육기관을 경영하는 철학으로서의 마케팅이다. 학습자들이 현재 요구를 이해하고 반영하며, 향후 기대되는 요구사항을 미리 예측하여, 반영하는 것이 평생교육기관의 성장과 발전을 달성하는 지름길이라는 믿음을 기반으로 한다(성낙돈 외, 2010). 학습자의 요구와 수요에 민감하게 반응하고, 이를 충족시켜 주기 위해 전 조직이 협력하여 움직이는 기관차원의 통합 마케팅(company-wide integrated marketing)이다.

이는 앞서 이야기한 피터 드러커(Peter Drucker, 1973)의 마케팅 개념 중 마케팅 지향적 마케팅과 동일한 관점이다. 평생교육기관의 경영철학으로서의 마케팅은 생애가치가 높은 학습자에게 경쟁자보다 더 큰 가치를 제공하는 것을 평생교육기관의 비전으로 삼고, 충실하게 경영함으로써 이익은 자연스럽게 얻어지는 결과로 보는 것이다(최은수 외, 2008).

경영철학으로서의 마케팅을 실시하는 평생교육기관들은 그렇지 않은 평생교육기관보다 높은 성과를 얻을 수 있으며, 마케팅을 실행하는 평생교육기관은 고객 지향성, 경쟁 지향성, 통합 지향성의 특성을 가지고 있다(김창엽, 2012). 이들 기관의 특성을 정리하면 다음 표 11-1과 같았다.

표 11-1 경영철학으로서 마케팅을 수행하는 평생교육기관의 특성

구분	특성
고객 지향성 (Customer orientation)	학습자의 눈으로 보고 학습자의 입장에서 생각
경쟁 지향성 (competitor orientation)	현재 그리고 미래의 경쟁 프로그램을 분석하여 이들의 움직임을 예측
통합 지향성 (interfactional coordination)	학습자에게 더 큰 가치를 제공할 수 있도록 평생교육기관의 부서 간 협조가 잘 이루어짐

출처: 김창엽(2012).

두 번째 관점은 평생교육기관활동으로서의 마케팅관리를 의미한다. 평생교육기관의 활동으로서의 마케팅은 학습자의 관점에서 더 큰 가치를 제공하기 위한 노력이 아니라, 경쟁 평생교육기관의 프로그램보다 더 큰 가치를 제공하기 위하여 제품(program), 가격(price), 촉진(promotion), 유통(place)을 계획하고, 실행 및 통제하는 과정으로서의 마케팅관리(marketing management)를 가리킨다(김창엽, 2012). 이때, 마케팅관리는 평생교육기관을 총체적인 개념으로 관리하는 것이 아니라, 단위 프로그램이나 프로그램 카테고리 차원에서 이루어진다.

기관의 마케팅이란 조직의 목표를 달성하기 위해 표적시장과 자발적인 가치의 교환을 초래하도록 신중하게 고안된 프로그램의 분석, 기획, 시행 및 통제이다(Kotler & Fox, 1989). 즉, 프로그램을 위한 전략적 마케팅을 통해 고객에 대한 파악, 적절한 틈새시장의 포착, 고객과의 의사소통, 경쟁자 분석, 브랜드 형성, 원하는 고객에게 적시에 정확히 교육상품을 전달하는 것, 유통경로의 탐색, 약속한 대로 교육서비스를 전달하는 것이다(Shore, 1997).

한편, 평생학습자의 참가유도와 촉진을 목적으로 하여 평생교육기관과 수요자인 학습자가 상호 추구하는 가치의 교환활동으로 평생교육기관의 마케팅이란 기업이 소비자의 요구와 필요를 파악하고 그것을 충족시키기 위한 제품이나 서비스를 제공하는 활동이다(김진화, 2001). 이를 평생교육 프로그램 토대 구축(프로그램개발 영역 선정, 프로그램 개발 주제 선정, 환경분석, 목표수립, 표적시장 선정, 프로그램 시장성 평가, 요구조사)과 평생교육 프로그램 실제(프로그램의 생산, 수강료, 촉진, 유통)의 영역으로 정리한다.

또한, 평생교육기관의 마케팅이란 학습자의 요구를 파악하고, 그 요구를 충족시키기 위해 사회문화적 요인과 개인적 특성을 고려한 필요(want)를 개발하고

제공함으로써 궁극적으로 학습자 가치를 높여 평생교육기관목표를 달성하고자 하는 활동이다(권두승 외, 2014). 이와 같이 평생교육기관의 마케팅의 개념은 단지 기관의 효율, 기관의 생존을 위한 전략이 아니라 수요자, 즉 학습자 지향적 마케팅의 수행을 의미한다. 평생교육기관의 마케팅 개념은 학습자의 필요와 요구에 민감하게 반응하여 이를 예측하고 대응할 수 있도록 하는 기관원의 다양한 활동을 통해 학습자의 가치를 실현하고, 기관목표를 달성하는 것이다.

제3절 평생교육기관의 마케팅 모형

평생교육기관의 마케팅 모형은 시머리와 어소시에트(Simerly & Associates, 1989)의 마케팅 모형, 코터와 폭스(Kotler & Fox, 1995)의 모형을 중심으로 진행되어 왔다(권두승 외, 2014).

1. 시머리와 어소시에트(Simerly & Associates)의 마케팅 모형

시머리와 어소시에트(Simerly & Associates, 1989)는 마케팅과 성인교육기관의 관련성에 대해 직접적으로 연구하여, 마케팅에 관한 매뉴얼을 제작하였다. 성인교육기관의 운영에 적용한 마케팅의 다양한 요소들을 평생교육기관의 마케팅에 적용하면 표 11-2와 같다.

표 11-2 시머리와 어소시에트(1989)의 성인교육기관마케팅 적용 모형

구분	전통 모형	교환 모형	적응 모형
초점	평생교육기관	평생교육기관, 학습자	학습자
관점	학습자는 기관의 프로그램 및 서비스를 수용해야 하기 때문에 학습자의 사상, 태도, 가치를 변화시키는 관점	학습자들이 자신들에게 혜택을 주는 프로그램 및 서비스와 교환한다는 관점	학습자들의 요구와 필요에 맞는 평생교육 프로그램을 기관이 수용하는 관점

구분	전통 모형	교환 모형	적응 모형
장점	마케팅 수행시 타 고려 사항 없음	요구분석과 협상을 통해 기관의 지속적 변화 유도	학습자의 만족을 강조하기 때문에 변화촉진에 적극적임
단점	학습자에 대한 무관심	계속적인 협상과 장기간의 요구분석으로 점진적 변화	평생교육기관의 사명과 임무를 도외시하는 경향

출처: 김진화(2001). p.346.

둘째, 교환 모형은 평생교육기관 및 단체들이 앞으로 개발할 평생교육 프로그램의 가치를 학습자의 욕구와 요구의 교환을 통해 획득할 것에 초점을 맞춘다. 이는 평생교육기관과 학습자의 협상과 교환을 통한 가치의 교환 과정을 마케팅의 목적으로 한다. 여기서 평생교육기관과 학습자 간의 공생관계가 확립된다. 이러한 관계에서는 평생교육기관을 둘러싼 여러 이해집단들과 끊임없는 협상과 정보공유의 과정이 기관의 운영, 프로그램 기획, 서비스 등에 관한 의사결정에 있어서 중요한 역할을 한다. 교환 모형은 평생교육기관이 지향해야 할 모형으로 지속적인 변화를 촉진하는 장점은 있는 반면, 변화가 점진적이라는 단점을 가지고 있다.

셋째, 적응 모형은 학습자의 요구와 흥미에 대한 평생교육기관의 대응을 강조한다. 마케팅의 목적은 학습자가 원하는 프로그램을 제공하는 것이다. 적응 모형은 학습자의 만족을 강조하기 때문에 변화촉진에 적극적이다. 제시한 전통 모형, 교환 모형, 적응 모형은 시장체제에서 마케팅의 중요성이 부각되면서 마케팅의 대상과 개념이 확장되고 있다. 적응 모형은 신자유주의교육이 확산되면서 많은 평생교육기관이 적용하고 있지만, 평생교육기관으로서 가져야 할 사명감을 도외시할 수 있다.

즉, 시머리와 어소시에이트(Simerly & Associates, 1989)는 평생교육기관의 차원에서 마케팅을 접목했다는 의의가 있다. 전통 모형, 교환 모형, 적응 모형은 사회적 환경에 따라 마케팅이 발전하는 상황을 보여준다. 전통 모형에서 평생교육 프로그램은 평생교육기관이 일반적으로 기획하여 프로그램을 제공하지만, 적응 모형에서는 학습자의 요구와 필요가 반영되는 프로그램을 기획하는 학습자 중심으로 발전한다. 이러한 학습자 중심의 평생교육기관의 마케팅활동은 서비스마케팅의 특성을 반영할 수 있다.

2. 코터와 폭스(Kotler & Fox)의 마케팅 모형

코터와 폭스(Kotler & Fox, 1995)는 교육기관을 위한 전략적 마케팅에 관한 저서에서, 교육기관들은 오래전부터 이미 마케팅활동을 수행해 왔지만, 이를 인식하지 못한다고 있다. 교육기관이 마케팅에 대한 개념을 수용하고 수행하는 과정을 6단계로 정리하였다. ① 불필요, ② 촉진, ③ 세분화와 마케팅 조사, ④ 포지셔닝, ⑤ 전략적 기획, ⑥ 등록 관리이다.

첫째, 불필요의 단계는 교육기관이 마케팅의 필요성, 즉 수강생 모집에 큰 관심을 갖지 않고 활동하는 것이다. 초기 대다수의 교육기관은 교육적 가치에 관심을 가지고 있었으나, 학습자를 모집하는 데에는 무관심하였다. 시간이 흐름에 때라 평생교육기관이 증가함에 따라 학습자 모집에 대한 관심이 생겨나게 되었다.

둘째, 학생들 모집을 위해 촉진(프로모션)을 수행하는 과정이나.

셋째, 한정된 자원을 효율적으로 활용하고 특성화하기 위해 학습시장을 세분화하고 교육기관에 대한 수요시장을 분석하는 활동을 펼치게 된다.

넷째, 학생유치와 홍보활동이 세분화되고 시장에 대한 조사 분석이 수행될수록 교육기관은 경쟁에서 살아남기 위해 새로운 기반차별화 전략으로 포지닝하게 된다.

다섯째, 포지셔닝의 단계가 자연스럽게 전략적 기획단계로 확대된다.

여섯째, 등록 관리단계는 학습자가 교육기관의 파트너 집단으로 가치를 지니고, 교육기관은 그들의 요구와 반응을 살피게 된다.

학습자들이 교육기관의 정책이나 절차, 서비스 등에 지대한 영향력을 행사하는 파트너 집단으로서의 가치를 지닌다는 점을 인식하고 그들의 요구와 반응을 살피는 현상이 곧 마케팅활동이라고 인식한다는 것이다. 이후 교육기관들은 마케팅관리 차원의 활동에서 학습자 중심의 사고로 인식을 전환하게 되었다. 학습자에 대한 반응의 정도에 따라 교육기관을 불만족 건의체계나 만족도 조사, 요구와 선호에 대한 조사, 고객 지향적 인사관리의 수준에 따라 표 11-3과 같이 분류하였다.

표 11-3 코터와 폭스(1995)의 평생교육기관 유형

구분	무반응	형식적 반응	고도반응	완전 반응조직
불만족 건의	×	○	○	○
만족도 조사	×	○	○	○
충족되지 않는 욕구에 조사	×	×	○	○
학습자 지향적 인사관리	×	×	○	○
자발적인 학습자집단의 구성 및 운영참여 보장	×	×	×	○

출처: 강은이(2018). p.22.

첫째, 무반응 평생교육기관은 학습자들의 불평, 불만 등에 관심을 두지 않으며, 학습자의 만족이나 요구를 조사하지 않고, 평생교육 담당자들은 학습자 지향적 태도를 훈련받지 못했다.

둘째, 형식적 반응 평생교육기관은 학습자들의 질문, 불만, 아이디어 제안을 하도록 유도하고 만족도를 조사하지만, 잠재적 학습자에 대한 요구나 선호에 대해서는 조사하지 않는다.

셋째, 고도반응 평생교육기관은 학습자의 만족, 충족되지 않는 욕구에 대해 조사하고, 학습자 지향적 태도를 가진 담당자를 채용하거나 교육한다.

넷째, 완전반응조직은 학습자들이 조직의 사업에 적극적으로 참여하도록 고무하며, 의견수렴이나 학습자 대표에 의해 수렴된 의견대로 학습자들의 바람에 대응한다.

이와 같이 평생교육기관의 마케팅 연구에 적용된 모형은 전통적 마케팅의 교환개념에서부터 학습자의 운영참여에 대한 개념을 담고 있는 서비스마케팅까지 폭넓은 스펙트럼을 가지고 있다. 그럼에도 불구하고 그 동안의 평생교육기관의 마케팅 연구는 평생교육기관 고유 상품인 평생교육 프로그램의 서비스 특성을 핵심적으로 반영하지 못한 한계를 가진다.

제4절 평생교육기관의 마케팅 접근법

1. 평생교육기관의 서비스 특성

평생교육기관의 마케팅은 주요 상품인 평생교육 프로그램과 관련 서비스가 가지는 서비스의 특성으로 인해 특징을 갖게 된다(Newman & Jahdi; 2009). 즉, 평생교육기관의 마케팅은 무형성, 이질성, 비분리성, 소멸성과 일치한다.

첫째, 무형성은 평생교육 프로그램이 어떤 것인지 보거나 만질 수 없으며, 교육에 참여하기 전에는 상상하기 어렵다. 이와 같이 무형성으로 인한 문제점을 해결하기 위해 기관의 운영목적, 프로그램의 성과 등을 강력한 이미지로 창출하고 판매 후 커뮤니케이션에 신경을 써야 한다.

둘째, 이질성은 강사의 강의진행과 학습자의 참여가 동시에 이루어진다. 이와 같이 이질성으로 인한 문제를 해결하기 위해 서비스의 표준화를 위한 노력과 함께 상황에 따른 개별화를 시도할 수 있는 기회를 제공해야 한다.

셋째, 비분리성은 동일한 평생교육 프로그램도 참가하는 학습자, 교육환경에 따라 그 효과도 달라질 수 있다. 이와 같이 비분리성으로 인한 문제를 해결하기 위해서는 서비스를 전달하는 직원의 역할이 중요하다. 우수한 직원 채용에 신중을 기해야 하고, 지속적인 교육이 필요하다.

넷째, 소멸성은 평생교육 프로그램에 참여하지 못하면 동일한 조건의 학습에 참여할 수 없다. 이와 같은 소멸성으로 인한 문제를 해결하기 위해 요구조사, 가격, 촉진 등 수요와 공급의 조화를 이룰 수 있는 전략이 필요하다.

평생교육기관이 서비스마케팅을 실행해야 한다는 관점은 평생교육기관의 주요 상품인 평생교육 프로그램이 서비스이기도 하지만, 교육기관이 갖는 특성이 반영되기도 한다(권두승 외, 2014). 또한 평생교육 프로그램이 갖는 서비스의 특성 반영뿐만 아니라, 교육기관이 갖는 특성을 반영해야 할 것이다. 지식정보사회에서는 평생교육기관의 교육기자재의 중요성이 점차 커지고 있다(이상환 외, 1998).

평생교육기관의 서비스는 지속적인 거래관계이며, 서비스의 내용을 기록에 의해 분석할 수 있다. 또한 학습자와 보다 밀접한 관계를 유지할 수 있으며, 학습자의 만족도를 높일 수 있으며, 교육기관의 특성상 강사와 학습자, 평생교육 담당자와 학습자, 평생교육 담당자와 강사 개개인과의 상호작용의 수준이 높다(신길수 외, 2006).

이와 같이 평생교육기관의 마케팅은 서비스마케팅의 관점에서 평생교육실천 현장의 마케팅 현상으로 평생교육기관의 서비스마케팅은 기관은 프로그램과 서비스를 통하여 학습자와 약속을 실행하고, 고객과의 약속을 이행할 수 있도록 내부구성원을 지원하고, 내부구성원이 약속을 지키는 학습자 초점의 통합적인 활동이다.

2. 서비스마케팅의 삼각모델

평생교육기관의 서비스마케팅은 평생교육 프로그램과 서비스를 통하여 학습자와 약속을 실행하고, 학습자와의 약속을 이행할 수 있도록 평생교육 담당자를 지원하고, 내부구성원이 약속을 지키는 학습자 초점의 통합적인 활동이다. 서비스마케팅 삼각모델은 성공적인 서비스를 제공하기 위해 외부마케팅, 상호작용마케팅, 내부마케팅이라는 세 가지 유형의 마케팅이 균형을 이루는 모델이다. 이러한 서비스마케팅 삼각모델은 평생교육기관의 서비스마케팅 현상을 분석하는 데 의미 있는 준거로 활용될 수 있다.

첫째, 외부마케팅은 평생교육기관이 학습자들을 대상으로 차별화된 프로그램과 서비스를 약속하는 활동이다. 외부마케팅은 제품(program), 촉진(promotion), 장소(place), 가격(price), 물리적 근거(physical evidence), 과정(process), 사람(people)으로 구성된다(황선영, 2015). 외부마케팅은 평생교육기관과 학습자 사이의 거래에 관한 마케팅활동을 구체적으로 나타낸다.

둘째, 내부마케팅은 평생교육기관의 평생교육 담당자가 학습자와의 약속을 지킬 수 있게 하는 마케팅활동이다. 내부마케팅은 적임자 채용, 인력개발, 지원시스템으로 구성된다(정기수, 2009). 내부마케팅은 평생교육기관이 평생교육 담당자를 대상으로 하는 마케팅활동을 구체적으로 나타낼 수 있다.

셋째, 상호작용마케팅은 평생교육 담당자가 학습자에게 약속을 지키는 마케팅활동이다. 상호작용마케팅은 커뮤니케이션, 학습자 지향성, 관계 지향성으로 구성된다(Zeithaml et al., 2013). 상호작용마케팅은 평생교육 담당자가 학습자에게 하는 마케팅활동을 구체적으로 나타낸다.

즉, 평생교육기관의 서비스마케팅은 평생교육 프로그램과 관련 서비스를 상품으로 제공하여 평생학습자의 참여를 확대하고, 경영의 효율성을 높이기 위해 수행하는 경영 전반의 전략적 활동을 의미한다. 서비스마케팅 삼각모델은 경영 철학으로서 서비스마케팅을 실행하는 평생교육기관의 특성(학습자지향성, 경쟁지향성, 통합지향성)을 통합적으로 나타낼 수 있는 준거이다. 평생교육기관의 서비스마케팅 삼각모델의 구성요소는 그림 11-3과 같다.

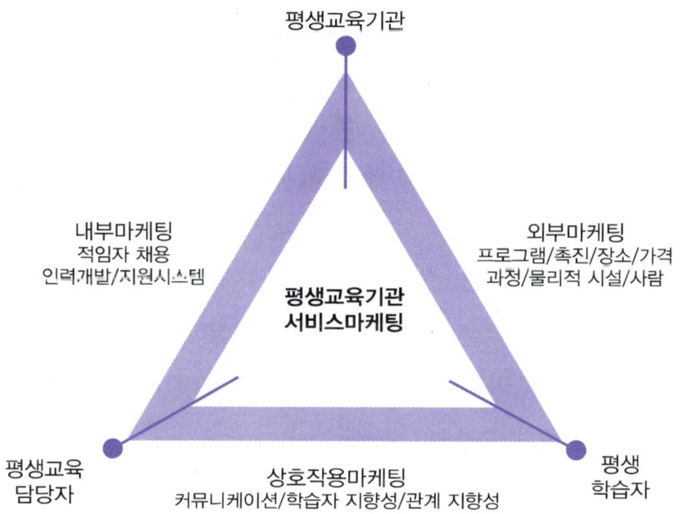

그림 11-3 평생교육기관의 서비스마케팅 삼각모델

출처: 강은이(2018). p. 27.

첫째, 평생교육기관 외부마케팅은 확장된 마케팅 믹스로 구성요소는 다음과 같다. 평생교육기관의 제품(program)은 평생교육 프로그램과 평생학습자에게 제공되는 서비스이다. 평생교육기관의 촉진(promotion)은 평생교육 프로그램을 잠재적 학습 소비자에게 알리기 위한 다양한 활동을 의미한다. 평생교육 프로그램이 고객에게 주는 이익은 무엇이며, 이러한 평생교육 프로그램을 어디에서 어떻게 제공받을 수 있는가에 대한 정보를 알리는 적극적인 활동이다. 평생교육기관의 장소(place)는 프로그램이나 서비스를 얼마나 효과적으로 학습자에게 전달할 것인가와 관련이 있다.

평생교육기관의 가격(price)은 수강료를 의미한다. 평생교육기관의 과정(process)은 평생교육 프로그램이 기획되어 학습자에게 전달되는 과정이다. 평생교육기관의 물리적 증거(physical evidence)는 물리적 환경과 기타 유형적 요소로 구성된다. 평생교육기관의 사람(people)은 기관 평생교육 담당자와 프로그램을 실질적으로 운영하는 강사가 있다.

둘째, 평생교육기관의 내부마케팅 개념은 평생교육기관이 내부 고객인 평생교육 담당자의 중요성을 인식하고, 우수한 평생교육 담당자를 채용하여, 좋은 환경에서 근무할 수 있도록 지원하는 것을 의미한다. 평생교육 담당자를 만족시킴으로 인해 고객지향성이 높아지고, 학습자에게 마케팅을 효율적으로 수행할 수 있도록 하는 마케팅활동으로 다음과 같은 구성요인을 지니고 있다. 내부마케팅의 출발은 적임자, 즉 알맞은 사람(right people)의 채용이다. 적임자 채용이란 직무가 설계되고 무슨 직무에 어떤 사람이 어느 정도 필요한가가 정해졌으면 거기에 알맞은 사람을 구해서 배치하는 것으로 인력모집과 선발의 과정을 말한다(김난경, 2017). 이는 기관의 업무 특성에 맞는 직무역량과 태도를 가진 인재를 확보하는 것을 의미한다. 또한, 내부구성원에 대한 인력개발은 기관의 목적을 달성하기 위하여 인력의 지식과 기능을 향상시키고, 기관 환경에 적응하는 태도를 길러 맡은 바 직무를 효과적으로 수행할 수 있도록 지원하기 위하여 계획된 조직적인 활동이다. 내부마케팅의 지원시스템은 내부구성원이 업무할 수 있는 환경을 제공해 주는 것이다. 지원시스템에는 보상시스템, 내부커뮤니케이션, 업무프로세스, 사무환경 및 공간 등이 포함된다.

셋째, 평생교육기관의 상호작용마케팅은 평생교육 담당자가 학습자와의 관계를 유지하고 지속함으로서 새로운 이익을 창출하는 마케팅활동을 의미한다. 상호작용마케팅은 평생교육 프로그램과 서비스가 상품이기 때문에 그 서비스를 제공하기 위해서 학습자와의 상호작용은 매우 중요한 역할을 하게 된다. 학습자와의 쌍방향 커뮤니케이션에 의한 신뢰감 형성과 그에 따른 상호작용을 통해 약속을 지키는 활동으로 다음과 같은 구성요인을 지니고 있다. 즉, 평생교육기관과 학습자와의 관계는 커뮤니케이션을 통해 정보를 교환함으로써 발생되고 또한 지속적인 의사소통을 통해서 관계가 유지, 발전하게 된다. 따라서 보다 장기적인 관계 유지를 위해서는 커뮤니케이션이라는 요소가 필수적이라 할 수 있다. 또한, 평생교육기관의 관점에서는 학습자가 무엇을 원하고, 왜 원하는지 파악하는 학습자지향성이 중요하다. 특히, 학습자의 기대와 요구가 발생하는 상황을 확인하고, 기존 학습자는 물론 잠재적 학습자의 필요와 요구를 충족시키는 것이 무엇보다 중요하다. 한편, 관계지향성은 장기적인 관점에서 평생교육기관과 학습자간의 상호의존적인 관계에 초점을 두고 형성되며(Boyle & Dwyer, 1992), 이는 상호간의 이익이라는 결과로 이어지는 것으로 볼 수 있다. 지속적이고 반복적으로 이루어지는 거래 관계는 이러한 관계지향성을 형성하는 토대가 될 수 있다.

연구문제

1. 서비스마케팅 믹스는 전통적 마케팅 믹스 4P에 추가적으로 3P를 포함하여 7P로 나타내고 있다. 이에 7P는 무엇인지 생각해 봅시다.

2. 평생교육기관에서 마케팅이 중요시된 배경은 무엇인지 생각해 봅시다.

3. 평생교육기관의 마케팅 개념에 대한 일반적인 관점은 무엇인지 생각해 봅시다.

4. 평생교육기관의 마케팅은 주요 상품인 평생교육 프로그램과 관련 서비스가 가지는 서비스의 특성으로 평생교육기관의 마케팅이 지니고 있어야 할 구성 요인 네 가지의 일치는 무엇인지 생각해 봅시다.

5. 평생교육기관의 특성(학습자 지향성, 경쟁 지향성, 통합 지향성)을 통합적으로 나타낼 수 있는 준거인 평생교육기관의 서비스마케팅 삼각모델의 구성요소는 무엇인지 생각해 봅시다.

CHAPTER 12

평생교육 서비스 질관리론

학습목표

평생교육 서비스가 단순히 학습이 일어나는 교실로 한정되지 않고 경영 측면에서 어떻게 높은 수준의 서비스가 제공되어야 할지, 평생교육의 질 개념을 적용하여 전사적인 측면의 관리에 무엇이 해당되는지를 파악할 필요가 있다.

평생교육현장에서는 학습자가 원하는 교육 서비스를 제공하기 위하여 수요분석과 벤치마킹 그리고 트렌드 분석을 면밀히 수행하고 있다. 한정된 자원을 가지고 있는 기관은 요구되는 다양한 프로그램들을 선택해야 하며, 그에 따른 학습자원을 배분하게 된다. 이후 선택에 따른 계획 대비 운영결과가 기관 전략에 부합되는지, 전반적인 교육 서비스 실태와 향후 나아가야 할 방향을 논의하게 된다.

제1절 평생교육 프로그램의 관리

1. 평생교육기관의 정체성

평생교육기관의 정체성은 무엇으로 알 수 있을까? 정체성이란 독립적 존재로서 다른 것과 구분되는 변하지 않는 성질을 의미한다. 대부분 공공기관의 정체성은 설립목적에 기록되어 있다. 비영리기관인 평생교육기관은 규정집에 설립목적을 수록하고 최고 의사결정 기구를 통해 목적에 맞게 기관이 운영되는지를 살피고 그와 관련된 전문적인 자문을 받고, 관련 예산을 승인하고 있다. 실무입장에서 평생교육기관의 교육 프로그램이 우리 기관에 맞는지를 생각해 보는 것은 해당 평생교육기관의 설립목적을 관리하는 것과 일치한다.

그 기관의 설립목적이 평생교육기관의 프로그램으로 나타나며, 외부 이해관계자가 분명하게 평생교육기관이 무엇을 하는 곳이라는 것을 알게 되었을 때 성공적으로 기관운영이 되었다고 보아도 무방하다.

많은 평생교육기관들이 내·외부적으로 기관평가를 받고 있으며 프로그램이 기관의 특성을 잘 반영하였는지에 관한 평가지표로 기관 적합성을 평가받게 되어 있다.

평생교육기관의 설립목적 실현을 위한 중장기적 발전계획에 따른 경영목표와 전략이 수립되고 그에 맞추어 평생교육기관의 과정개발과 운영이 진행된다. 경영목표에 따른 전략이 세부 프로그램까지 정렬되는 과정에 있어야 한다. 그러기 위해서 평생교육 프로그램의 운영방향과 기준을 제공하는 평생교육 프로그램의 체계를 갖추어야 한다. 이것은 내부적인 의사결정회의와 평가, 분석의 구축프로세스이다.

그림 12-1과 같이, 기관 안에서 설립목적에 부합하는 경영목표와 전략에 맞추어 평생교육 프로그램이 개발되고 과정 운영이 되어 중장기적인 체계를 갖는 것이 요구되며, 예를 들면 그림 12-2와 같이 조직구성원들의 참여를 통해 각 개인의 사업이 전략 체계도에 한 자리를 차지하고 구성원 모두의 협업을 통해 비전과 목표가 달성되는 것으로 이어진다.

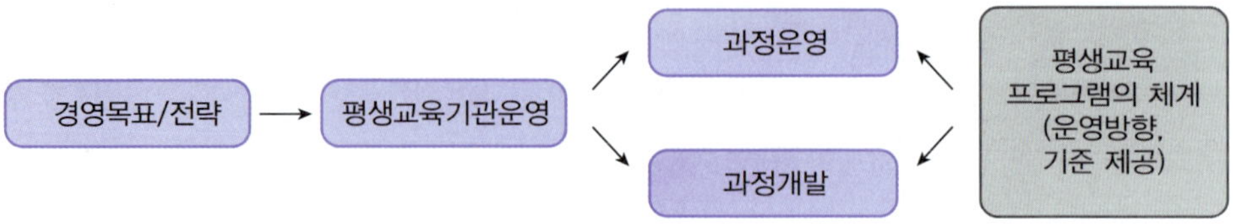

그림 12-1 평생교육기관 전략체계

비 전	여성과 청소년이 함께 성장하는 성평등한 마을공동체 조성			
가 치	참 여	소 통	사 람	확 장
전략목표	여성·청소년의 권리와 참여활동을 지원하는 마을거점기관 조성 마을변화를 꿈꾸며 즐거운 상상력이 발휘되는 Village Maker space 구축			
전략과제	참여실현	세대융합	젠더균형	상상드림
	여성·청소년의 주도적 참여활동을 지원하는 마을기획자 양성	일상의 즐거움을 지역주민들과 나누는 세대 간 공감과 이해	여성·청소년사업의 성인지성 적용을 통한 내적 성장 지원	생애주기별 맞춤형 메이킹 공간 운영
주요사업	청소년마을참여연구소 여성마을참여연구소 청소년자치조직네트워크 청소년운영위원회	마을 메이커스 청소년친화마을축제 별난마을탐구생활 골목놀이행복학교	여성마을플래너 양성 마을여성역량강화교육 젠더리더양성교육 성인지메뉴얼 적용	마을문화사랑방 청소년문화공간 '퍼닛' 청소년카페무지개 운영 메이커스페이스 운영

그림 12-2 부천여성청소년센터 사례

현재 운영 중인 교육뿐만 아니라 과거의 교육 등 전체 교육을 분석하여 개선방향이 설정되어야 하고, 학습자의 만족도가 좋지 않은 과정과 만족도가 높은 과정을 구분하여 개선방향을 찾아야 한다. 무엇보다도 중요한 것은 전사적인 경영의 관점에서 기관의 정체성을 높이는 교육과 그렇지 않은 교육을 구분하여 정체성을 높이는 교육에 대한 자원의 효과적 배분이 요구된다.

기관의 정체성을 높이는 교육 프로그램 개발과 운영은 그에 맞는 교육환경과 재무지원이 뒷받침되어야 한다.

2. 경영목표를 이루는 교육체계

평생교육 서비스 질관리를 이야기하기 전에 교육 프로그램이 평생교육기관의 정체성을 담고 있어야 하고, 경영목표와 전략에 연결되어야 함을 밝혔다. 평생교육기관의 설립목적을 실현하기 위하여 교육 프로그램이 경영목표와 전략에 연결되어 체계적으로 관리되어야 한다. 물론 이것은 평생교육기관이 설립목적과 사회적 책임을 잘 담은 경영목표와 전략을 담은 비전체계를 수립하고 있다는 전제가 선행된다.

경영목표 달성을 위해서 효과적인 평생교육 프로그램이 필요한데, 이를 위해서 제일 먼저 필요한 것이 요구분석이다.

인문사회과학 분야의 학습자들이라면 아래의 요구분석방법을 한두 번씩은 들어 알고 있을 것이다. 이번에는 평생교육경영 입장에서 전사적인 요구분석의 측면으로 요구분석을 인식하고 적용해 볼 필요가 있다. 특히 교육 프로그램 개발자와 운영자는 학습참여자 이외에 기관 운영차원에 내부적 요구에도 귀를 기울일 필요가 있다.

다양한 니즈 분석 도구의 장단점을 간략하게 살펴보면 표 12-1과 같다. 우선 문헌조사의 경우 적은 비용으로 검증된 자료를 활용할 수 있는 장점이 있지만 적합한 자료가 제한적일 수 있다는 단점이 있다. 인터뷰 같은 경우에는 조사자와 응답자간의 상호작용이 용이하고 심층적인 자료수집이 가능한 반면, 조사자의 편견이 개입되고 자료 수집에 많은 시간이 소요될 수 있다는 점 등을 고려할 필요가 있다.

포커스그룹 인터뷰 같은 경우에는 특정 주제에 대한 집중적인 자료조사가 가능하다는 점 등의 장점들을 꼽을 수 있지만 반면에 전문역량을 가진 사회자가 필요하다는 점과 참여자의 성격에 따라 조사결과에 많은 영향을 받을 수 있다는 점 등을 한계점으로 가지고 있다. 아울러 설문조사의 경우에는 적은 비용으로 많은 양의 자료를 수집할 수 있고 표준화된 자료를 수집할 수 있다는 점에서 널리 쓰이고 있으며, 반면에 응답자가 질문을 잘못 이해하여 답한다거나 낮은 회수율과 같은 장애요인도 뒤따를 수 있음에 유념하여 상황에 맞게 활용할 필요가 있다.

표 12-1 니즈분석 도구

구 분	장 점	단 점
문헌조사 (자료 분석)	•자료의 재구성 없이 즉시 활용 가능함 •다른 작업을 방해하지 않음 •도구제작이나 실시에 따른 노력이 절약됨 •적은 비용으로 정확한 자료를 수집할 수 있음	•문헌 작성시 편견이 있을 수 있음 •적합한 자료가 한정되고 사용이 제한적일 수 있음. •이름 있는 사람이 작성한 문헌에 의존하는 경우가 많음
면접법 (인터뷰)	•심층적인 자료의 수집이 용이함 •보충자료의 수집이 용이함 •융통성과 신축성을 발휘할 수 있음 •응답자의 이해를 도울 수 있음 •조사자와 응답자 간에 상호작용이 용이함	•조사자의 편견이 개입될 수 있음 •자료를 통합, 분석하기가 곤란한 경우가 있음 •자료를 수집하는 데 많은 시간이 소모됨 •면접기법이 필요함
관찰	•현장과 밀착되어 관찰함으로써 필요한 정보를 획득할 수 있음 •집단역학, 조직문화, 분위기 파악에 유리함 •사전 조사된 정보(설문, 면접)를 확인하는 방법으로 활용될 수 있음	•한 사람이 많은 수의 관찰을 할 수 없음 •관찰 명세서 작성이 곤란함 •동일한 관찰내용을 가지고 관찰자에 따라 다르게 판단하는 문제가 있음 •시간이 많이 소모됨 •피관찰자가 불편해 할 수 있음
포커스 그룹 (워크샵)	•비구조화 되어 여러 관점에서 자료의 수집이 용이함 •특정 주제에 관한 자료의 집중적 수집이 용이함 •적은 비용으로 많은 정보를 수집할 수 있음 •피조사자들의 참여의식을 높일 수 있음	•체계적인 정보수집이 어려움 •전문적인 능력을 가진 사회자(facilitator)가 필요함 •사회자의 성격에 많은 영향을 받음 •참여자의 성격에 따라 많은 영향을 받음 •참여자를 선정하는 데 많은 어려움이 따름 •특수한 시설이 필요함
설문조사	•짧은 시간에 많은 자료를 수집할 수 있음 •수집되는 양에 비해 적은 비용이 듦 •수집된 자료의 분류와 해석이 용이함	•응답자가 질문을 잘못 이해할 소지가 큼 •질문지 구성에 전문적인 기술이 요구됨 •일방적인 의사소통이 이루어짐

구 분	장 점	단 점
	•표준화된 자료를 수집할 수 있음	•낮은 회수율로 자료의 정확성에 문제가 있음 •서술식 질문인 경우 자료를 분석 조직화하기가 곤란함

요구분석은 문제를 도출하고, 그에 따른 원인분석과 해결안을 도출하여 프로그램의 목적을 수립 또는 기존의 목적을 달성하는 것을 도와야 한다.

실제 현장에서 가장 많이 사용되는 교육개발모델(모형)인 ADDIE(애디모델) 모형은 그림 12-3과 같다.

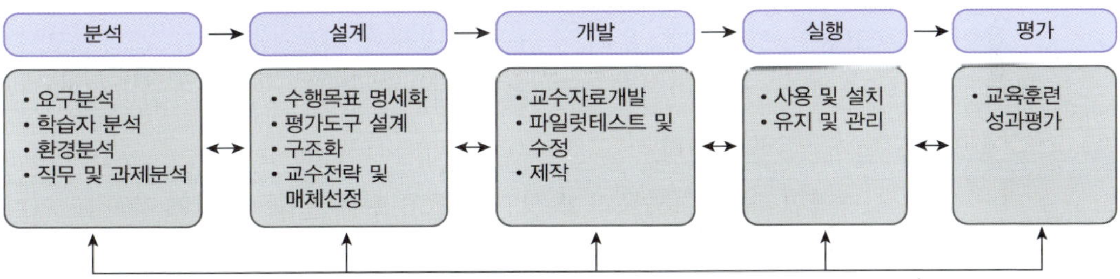

그림 12-3 **교육개발 모형(ADDIE)**

ADDIE 모형은 교수 체제 설계 과정의 일반적 형태를 나타낸, 가장 널리 활용되는 모형이다. ADDIE(애디모델)은 5단계로 이루어져 있으며, 각 단계의 알파벳 첫글자인 Analysis(분석), Design(설계), Development(개발), Implementation(실행), Evaluation(평가)를 따서 ADDIE(애디모델)라 부른다. 이 단계들은 대부분은 평가에 의한 개선점들이 도출되어 각 단계에 반영되면서 전체적인 서비스의 질을 개선하도록 피드백과 수정의 환류체계를 갖추고 있다.

경영목표를 이루는 교육체계를 위해서는 ADDIE의 요구분석단계에서 무엇보다도 개발하고자 하는 프로그램이 기관의 비전체계와 목표의 어느 지점에 위치를 두고 있는지를 분석하는 단계가 중요하다. 예를 들어, 제대군인 삶의 질 향상을 위해 설립된 기관에서 취업지원을 위한 프로그램을 개발하는 데는 다양한 종류의 학습자 단계별 프로그램이 개발될 것이다. 실제 현장에서는 개발 프로그램은 경영목표와 경영전략 어디에 위치하는지를 보고 관련한 프로그램 코드를 생성하게 된다. 그러나 이러한 일련의 경영측면의 코드화 작업없이 소규모 인원으로 운영되는 평생교육기관은 단일 교육 프로그램의 개발과 운영만을 보는 것이 아니라, 기관 설립목적을 보고 전반적인 운영에 있어서 다른 실무자와의 결합 등을 고려한 교육개발이 요구되어야 한다.

제2절 평생교육 서비스의 품질관리

1. 서비스의 질관리

우리는 일상생활에서 '양보다는 질'이라는 말을 자주 사용한다. 양과 질은 사물이 갖는 고유한 성질인데, 우리는 이를 구별해서 서로 대비되는 개념으로 쓴다. 따라서 우리가 '질관리'라는 말을 쓸 때에 이 '질'이 갖는 고유한 특성이 무엇인지를 먼저 알아야 한다.

'질'은 사전적인 의미로 사물의 속성, 가치, 유용성, 등급 따위의 총체를 의미한다(국립국어원, 2021). 경영학에서는 '질'이라는 말보다는 '품질'이라는 말을 흔히 쓴다. 이때 품질이란 제공되는 서비스 또는 제품이 수요자를 어느 정도 만족시키는지 그 정도를 의미한다.

'질관리'란 서비스나 제품의 속성, 가치, 등급 따위를 인위적으로 개입하여 유지·향상함을 목적으로 한다. 그러므로 질관리가 일정하게 지속되기 위해서는 품질의 유지와 향상을 위한 시스템적인(조직적인) 접근이 이루어져야 한다.

교육에서의 질은 무엇보다도 학습자의 학습에 도움이 될 때, 즉 학습자의 학습 요구에 적절히 부응할 때 제대로 평가받을 수 있다. 교수자의 입장에서 아무리 훌륭하고 질 높은 프로그램이라 하더라도 학습자가 외면한다면 좋은 프로그램이라고 할 수 없다. 뿐만 아니라 그러한 프로그램을 기획하고 운영하는 과정에서 평생교육기관의 직원이나 교·강사의 업무 만족도 또는 교수 만족도가 떨어진다면 마찬가지로 좋은 '질'의 프로그램이라고 할 수 없다.

'질'의 문제는 단순히 상품 또는 프로그램 자체가 가지는 공유의 성질만을 의미하지 않는다. 시장에서는 상품의 쓰임새와 매력도, 교육현장에서는 프로그램을 필요로 하는 학습자의 요구와 사회적 상황 등이 그 질의 수준 정도를 평가하기 때문이다. 따라서 평생교육기관 운영에서도 질의 문제는 더욱 복합적인 요인과의 관계 속에서 파악될 필요가 있으며, 평생교육기관의 질 제고를 위한 전략 또한 이러한 다층적 맥락 속에서 이루어져야 한다.

2. 총체적 질관리(TQM)

시장 또는 평생교육의 복잡한 상황 속에서 성공적인 질관리를 위해 도입된 개념이 '총체적 질관리(TQM: Total Quality Management)'이다. 1970년대 일본과 독일이 미국시장을 잠식하면서 위기의식이 팽배해지고, 세계시장의 경쟁이 심화되면서, 미국을 중심으로 품질 및 서비스 경쟁력을 높이기 위한 고민이 대두되면서 TQM개념이 도입되었다(정민승, 2016).

여기에서 종합(total)은 '모든 부서 포함, 모든 직무 관련, 모든 구성원의 책임'이라는 의미를 갖는다. 따라서 총체적 질관리란 수준 높은 품질관리의 원리를 넘어 조직관리이자 고객관리의 원리를 동칭한나. 이러한 총체적 질관리의 개념은 다음과 같은 점에서 전통적 품질관리와는 차이점이 있다(정민승, 2016).

① 전통적 품질관리의 경우 제품이 설계와 기호에 맞게 얼마나 잘 만들어졌는가에 비중이 있다면, 총체적 질관리에서는 고객의 취향과 평가가 중요한 요소가 된다. 따라서 상품이나 서비스 자체가 갖는 질적인 수준도 중요하지만 그것을 이용하는 고객의 평가가 무엇보다 중요하다.

② 전통적 품질관리는 수직적인 조직관리체계하에서 이루어지는 단선적이고 위계적이며 부분적 관리를 의미하지만, 총체적 질관리는 조직의 모든 부서와 모든 직위의 사원이 참여하는 입체적이고 수평적이며 총체적인 관리를 의미한다.

③ 전통적 품질관리가 최종 생산물 관리에만 집중하고 있다면, 총체적 질관리는 최종 생산품의 관리뿐만 아니라 제품이 생산되는 과정, 즉 공정관리(process management)까지 포괄한다.

④ 전통적 품질관리는 공급자 중심의 관리라면 총체적 질관리는 고객의 취향과 요구에 맞춤 고객 중심 관리체제라고 할 수 있다.

표 12-2 전통적 품질관리와 총체적 질관리

전통적 품질관리	총체적 질관리
제품의 적합성 중요	고객에 성향에 맞추고 고객평가가 중요
단선적·위계적·부분적 관리	수평적이며 총체적 관리
제품관리(product management)	공정관리 + 제품관리 (process management + product management)
공급자 중심	수요자 중심

이러한 총체적 질관리 개념을 평생교육기관 질관리에 적용할 수 있는 정당성은 어떻게 획득할 수 있을까?

① 평생교육이 인간 삶의 질향상에 중점을 둔다는 점에서 총체적 질관리는 평생교육과 상통한다. 평생교육기관은 끊임없이 학습자의 요구와 처지, 그리고 상황을 고려한 프로그램을 기획하여 운영해야 한다. 프로그램의 성공 여부도 학습자의 학습요구를 얼마나 충족시켰는가, 그리고 그러한 학습성과가 평생교육기관과 지역사회에 얼마나 기여하는가가 중요해진다.

표 12-3 총체적 질관리와 평생교육

총체적 질관리(TQM)	평생교육
고객 중심	학습자 중심
공정관리를 통한 제품관리	학습성과와 함께 학습과정 중요
전 구성원의 참여	참여자의 성장

② 총체적 질관리는 제품관리뿐만 아니라 공정관리를 중요하게 생각한다. 평생교육에서는 학습결과 뿐만 아니라 학습과정이 얼마나 교육적으로 조직되고 운영되었는가가 중요하다. 이 점에서 제품의 결과만을 관리하는 전통적인 관리방식보다는 공정관리까지 포괄하여 학습과정관리까지 도움을 줄 수 있는 총체적 질관리 개념이 더 적합하다.

③ 총체적이라는 것은 현장의 각 부분에서 일어나는 것으로 총체적 질관리는 전 구성원의 참여를 요구한다. 이는 학습자뿐만 아니라 교수자와 실무자의 학습과 성장을 도모하는 평생교육 참여의 원리와도 통하는 부분이다.

요컨대, '고객 중심, 과정 중심, 참여 중심'이라는 총체적 질관리의 주요 원리는 평생교육의 주요 이념을 실현시킬 수 있는 요소들을 담고 있다. 그러나 평생교육기관은 고객으로서 학습자의 요구를 수동적으로 충족시키는 역할을 하지 않는데, 이는 평생교육기관이 공유의 사명과 철학을 갖고 있기 때문이다. 이 점에서 평생교육기관이 질관리의 관점에서 총체적 질관리의 개념을 도입할 때, 학습자 만족도 제고의 측면도 중요하지만 평생교육기관이 갖고 있는 사명의 실현과 지역사회 문제의 해결 등에 대한 더욱 복합적인 고려도 필요하다.

3. 평생교육기관의 질관리

1) 전통적인 의미와 현대적 적용

평생교육기관의 질관리에 대해 논의함에 앞서 전통적인 의미에서 교육의 질이란 무엇을 의미하는지 살펴볼 필요가 있다. 전통적으로 교육의 질에 대한 논의는 다음과 같다.

① 교육의 질은 교육기관의 질이라고 간주하는 경향이 있다. 그러나 교육기관이 우수하다고 해서 그 안에서 이루어지는 교수활동이나 학습활동도 우수하다고 할 수 있을까? 옛 성인들은 국가나 대중들이 공인하고 인정해주는 교육기관이 아니라 길거리에서도 훌륭한 가르침을 전파하였다. 교육기관의 질적 수준이 높다고해서 그 안에서 이루어지는 교육의 질도 높다는 논리적 근거는 없다. 따라서 교육기관의 질은 교육의 질을 담보할 수 있는 하나의 요소일 뿐이며 더욱 복합적인 요소에 대한 고려가 필요하다.

② 교육의 질에 관한 기존의 논의는 교육에 대한 투입요소로서의 '교육여건'을 교육의 질로 간주했다. 이러한 접근은 교육이 이루어지는 장을 중심으로 그 장을 둘러싼 행정적·재정적 기반이나 도서관, 연구소, 실험실습 시설, 강의시설 등이 종전에 비하여 얼마나 개선되었는가를 따짐으로써 교육의 질을 정의하려는 입장이다. 그러나 이러한 방식으로 규정되는 교육의 질은 교육 그 자체의 질적 개선이라기보다는 교육이 이루어지기 위해서 사전에 요청되는 교육여건의 개선을 의미하는 것에 불과하다(부경희, 2000). 물론 교육여건이 좋아진다면 양질의 교육이 이루어질 가능성이 커지는 것은 사실이지만, 교육여건의 질적 개선을 통해 반드시 양질의 교육

이 이루어질 가능성이 커지는 것은 아니다. 이러한 점에서 교육여건의 질과 교육의 질은 구분되어야 할 개념이다(부경희, 2000).

③ 교육의 질에 관한 전통적인 논의에서는 교육체제의 최종 산출물을 교육의 질로 간주하는 경향이다. 교육의 질을 졸업률, 이수율, 취업률, 진학률 등의 지표로 평가해야 한다는 것이다. 이 입장에 따르면, 과거보다 많은 졸업생이 배출되고, 이들이 사회 각 분야에 진출하며, 상급학교에 많은 학생이 진학한다면 그만큼 교육의 질은 개선된 것이다. 그러나 과거보다 졸업생 수나 졸업률이 증가하고, 취업률이나 이수율이 좋아졌다고 해서 반드시 교육의 질이 좋아졌다고 확언하기는 어렵다. 이러한 지표는 교육의 여러 가지 결과 가운데 일부에 지나지 않는 것으로, 교육기관의 질을 평가하는 하나의 준거는 될 수 있을 것이다. 요컨대, 교육의 질을 논의하기 위해서는 교육 현장과 그 과정에 대한 고려가 요구된다고 할 수 있다. 이러한 논의는 평생교육의 경우에도 기관의 질과 교육의 질에 관한 논의에 그대로 적용될 수 있다.

교육이 갖는 외형이나 결과보다는 교육에 참여하는 주체나 참여과정에 초점을 맞출 때 교육에 대한 새로운 질관리 개념을 도출할 수 있다. 이 점에서 새로운 교육의 질관리 개념은 다음과 같은 요소를 담고 있어야 한다.

① 학습자 중심의 교육환경에 대한 이해가 필요하다. 교육을 실시하는 공급자가 아니라 학습자의 눈으로 보았을 때 우수한 교육이란 무엇이며, 이러한 질 높은 교육이 이루어지기 위한 교육환경은 어떻게 조성되어야 하는가 등에 대한 고려를 통해 새로운 교육의 질의 원리를 발견할 수 있다. 예를 들어, 교육의 여건보다는 교사의 자질, 교육시설보다는 동료 학습자들과 상호작용 기회 제공 등이 교육의 질의 중요한 준거가 될 수 있다.

② 투입요소에 대한 양적인 접근이 지양될 필요가 있다. 교육의 질은 투입량으로 설명될 수 없는 정성적인 부분을 포함한다. 예를 들어, 교사와의 상호작용, 자율적인 학습문화, 학습과정에 대한 만족도 등의 교육의 질을 높일 수 있는 중요한 투입요소일 수 있다.

③ 학습성과에 대한 종합적인 이해가 필요하다. 프로그램의 성격에 따라 자격증 취득률이나 이수율 등이 중요한 학습성과 지표로 활용될 수 있겠지만, 이러한 성과지표로 환원될 수 없는 학습자의 내적인 학습성과도 존재

하기 때문이다. 따라서 가시적인 성과 위주의 학습성과에 대한 관리보다는 학습자의 다양한 학습성과에 대한 이해 위에서 적절한 성과관리가 이루어져야 한다.

④ 개방적이고 입체적인 질평가를 통한 질관리가 되어야 한다. 총제적 질관리이론에서 살펴보았던 것처럼 새로운 질관리 패러다임의 특징은 입체적이고 수평적이며 종합적이다. 마찬가지로 교육의 질관리에서도 단선적이고 이차원적인 질관리가 아니라 투입·과정·산출의 요소를 두루 고려할 뿐만 아니라 학습자 및 교수자를 포함한 조직의 전 구성원이 참여할 수 있는 질평가와 이에 대한 환류 시스템 구축을 통한 개방적이고 입체적인 질관리 체계가 구축될 수 있도록 노력해야 한다.

2) 평생교육기관의 질관리와 프로그램 질관리

학습자는 평생교육 프로그램을 매개로 평생교육기관과 관계를 맺는다는 특성을 고려할 때 평생교육기관의 질관리에서 평생교육 프로그램에 대한 질관리는 무엇보다 중요하다. 평생교육기관의 정체성은 교육 프로그램에 의해 드러난다고 했다. 그 만큼 교육 프로그램은 기관의 사활이 걸려있는 부분이다. 그러기에 평생교육기관의 목적인 삶의 질 개선을 위해 학습요구를 충족시키기 위한 양질의 교육 프로그램 제공은 기관의 총체적인 노력을 수반할 수밖에 없다.

이 점에서 평생교육기관의 프로그램 질관리는 다음과 같은 원리를 따른다. 우선 교육적 원리로서 학습자 존중, 민주주의, 공공성의 원리를 들 수 있다. '학습자 존중의 원리'를 반영한 평생교육 프로그램 질관리를 위해서는 학습자의 요구 및 의지가 투입–과정–산출 과정에 반영될 수 있도록 하고, 적절한 동기부여와 성과관리를 통해 학습목표가 달성될 수 있도록 한다. 교육 프로그램 질관리를 위한 민주주의는 학습자가 학습운영에 권력을 가지며 자유, 평등, 다수결의 원칙에 입각한 참여과정을 통해 구체화된다. 여기서 평생교육기관의 공공성의 원리로 공동체를 위한 참여와 헌신으로 사회에 기여하는 것으로 이어져야 한다. 평생교육의 성과가 개인적인 학습성과뿐만 아니라 사회적 공공성에 대한 기여로 이어질 수 있도록 한다.

다음으로 기관의 성과를 극대화하기 위한 프로그램 질관리의 원리로는 효율성의 원리와 경쟁력의 원리를 들 수 있다. 평생교육 프로그램 질관리를 위한

'효율성의 원리'를 실현하기 위해 프로그램 운영에 들인 노력에 비례한 성과가 높게 나올 수 있도록 해야 한다. 그러기 위해서는 제한된 자원을 외부자원(인적 물적자원, 공모사업을 통한 자금)으로 충원하는 노력이 적극적으로 수반되어야 한다. 그리고 나서 프로그램 운영 목적에 부합하는 학습효과와 기관 경영개선의 성과를 이루어야 한다. 간혹 프로그램 운영에 최소의 투입을 전제로 하여 성과극대화를 이루려 하는 방향이 실체적인 성과를 무시한 페이퍼워크를 늘리는 말잔치가 되는 경우가 있어 주의해야 한다.

평생교육 프로그램에 대한 질관리는 이와 같은 교육적 측면에서의 원리(학습자존중, 민주주의, 공공성의 원리)와 경영적 측면에서의 원리(효율성의 원리, 경쟁력의 원리)를 고려하여 프로그램을 운영하기 위한 전 과정, 즉 프로그램 계획단계, 프로그램 실행단계, 프로그램 평가단계에서 이루어지는 총체적 질관리를 의미한다.

(1) 계획단계

평생교육 프로그램 질관리를 위한 '계획단계'에서의 과업은 크게 세 가지로 구분된다.

프로그램 관련 이해관계자의 의사가 충분히 반영된 프로그램의 기획이다. 프로그램 이해관계자는 학습자 집단뿐만 아니라 프로그램 운영을 지원하는 지방자치단체나 정부 또는 기업체도 포함된다. 특히 외부 공모나 위탁 형태로 프로그램을 기획할 때는 공모수주기관 및 위탁기관의 의도에 맞게 프로그램이 기획되었는지를 점검해야 한다. 물론, 이때 평생교육기관의 가치와 사명이 프로그램 기획에 포함되었는지도 확인해야 한다.

평생교육 프로그램 질관리를 위해 계획단계에서 필요한 것은 가장 알맞은 자원(인적, 물적, 지적자원)을 가지고 나누는 일이다. 이때의 투입자원은 교강사, 자원봉사와 같은 인적자원, 후원금·외부지원금과 같은 물적 자원, 그리고 운영 매뉴얼, 교육매뉴얼, 교재 등의 지적자원으로 구성된다. 이 단계의 질관리를 위해서는 이러한 각 자원의 확보 정도 및 배치, 배분의 적절성 정도를 점검해야 한다.

평생교육 프로그램 질관리를 위해서는 프로그램 실행을 위한 지지기반을 공고히 해야 한다. 프로그램 실행에 영향을 미칠 수 있는 기관 내부 및 외부의 역량을 파악하고 이러한 역량들이 프로그램 운영에 긍정적으로 작용할 수 있도록 한다. 기관 내부적으로는 기관 대표, 예산 집행부서, 운영 지원부서 등과 기관 외부적으로는 프로그램 재정 지원 및 홍보 등에 기여할 수 있는 지역사회 관공서, 기업 등의 협조를 이끌어 내야 한다. 이를 위한 구체적인 방법으로는 이들이 참여하는 프로그램 운영위원회 및 기획위원회 운영 등이 있다.

(2) 실행단계

평생교육 프로그램 '실행단계'에서의 질관리는 프로그램의 실시와 함께 시작되며, 크게 학습과정에 대한 질관리와 학습지원에 대한 질관리 그리고 기관운영에 대한 질관리로 구분된다.

'학습과정에 대한 질관리'란 학습자들이 공부하는 내용과 진행을 위한 학습내용, 교수방법, 학습자의 참여 등에 대한 관리를 의미한다. 이를 위해 현장에서는 체크리스트를 준비하여 구체적인 준비활동을 수행할 수 있으며, 기관은 교수학습 현장 모니터링으로 효과적인 관리를 이행할 수 있다.

'학습지원에 대한 질관리'는 학습자와 교강사 그리고 교육환경에 대한 지원이다. 학습자 지원은 학습자의 참여동기와 요구가 만족될 수 있도록 상담과 보충지도 등의 지원이 있을 수 있다. 그리고 교수자 지원은 회기의 프로그램인 경우는 교수자에게 이전 학습 관련 만족조사 및 학습자 의견을 전달하여 이후 강의들이 개선되어 가도록 할 수 있으며, 정기적인 교강사와의 회의를 통해 프로그램 운영상의 문제를 조기에 발견할 수 있도록 해야 한다. 또한 교강사와 운영인력에게 지속적인 관련 교육기회를 제공하여 교수를 포함한 서비스 질 제고를 위한 지속적인 대책과 방법을 세워 나가야 한다.

'기관 운영에 대한 질관리'는 경영측면으로 인사, 회계, 조직, 지역 대외협력, 건물관리 등에 대한 질관리를 의미한다. 이 단계는 교육 프로그램 운영에 있어서 조직 내부의 협업과 경영자의 리더십이 발휘되는 것으로, 하나의 프로그램이 성공적으로 운영되기 위해서는 조직에서 안정적으로 지원해야 할 부분으로 '운영인력'의 투입과 '운영자금'의 원활한 집행, 쾌적한 주변환경 유지 등이 속한다. 특히 본 사업이 외부 공모로 보조금 형태의 운영인 경우에는 관련 사업의 지침에 따라 운영되는 것이 중요하다.

(3) 평가단계

평생교육 프로그램 질관리를 위한 '평가단계'에서는 이미 전개된 프로그램 활동의 과정 및 결과에 대하여 기록·정리하고 평가·보고하는 일을 주로 한다 (권두승 외, 2009). 이 단계에서 기록이란 프로그램 실행단계에서 이루어진 전 과정에 대한 내용정리를 포함한다. 슬라이드, 동영상, 사진, 문서기록 등의 방법을 통하여 학습내용, 학습자의 실태 등에 대한 기록이 이루어지면 된다. 정리는 강의실, 교재, 게시물 등의 정리 및 일체 비용에 대한 경비의 처리를 포함한다. 평가는 학습자들의 학습성과의 적절성, 프로그램 실행의 효과성, 프로그램 운영의 효율성 등을 대상으로 하며, 최종적으로 결과보고서를 작성한다.

평가단계에서의 프로그램 관리과업을 정리하면 표 12-4와 같다.

표 12-4 평가단계에서의 프로그램 관리과업

구분	기록	정리	평가
중점 처리 사항	1. 기록, 보고 - 내용정리 - 학습자의 실태파악 2. 기록방법 - 슬라이드, VTR, 사진, 문서, CD 등	1. 장소, 강의실, 기구, 게시물 점검, 정리 2. 경비의 처리	1. 학습성과 파악 2. 평가실시 및 분석 3. 결과보고

평가는 프로그램의 기획에서 실행으로 이어지는 모든 이행과정을 점검하여 개선해 나가려는 것으로, 이후 이행에 반영되는 환류시스템을 갖추어야 한다. 이 시스템은 평생교육기관이 제공하는 프로그램 및 서비스의 질적 수준이 일정 수준을 유지하고 개선될 수 있도록 하는 것을 목적으로 한다.

여기에서 평가는 초기 목표와 목적, 실행계획에 기반한 학습과정, 학습지원, 경영활동이 적절하였는지에 대한 성과지표에 의한 측정을 말한다. 환류시스템은 직접적으로 드러난 성과에 의한 보상과 교육을 말하며 보상은 사전에 공유되어 성과달성 관련 내부적인 동기가 마련되어 있어야 한다. 평가와 환류를 통해 평생교육기관의 질적 수준이 점진적으로 향상될 수 있는 체제를 갖춰야 한다.

평생교육기관을 경영하기 위해서는 기관 평가가 필수적이다. 기관이 어느 정도의 수행능력이 있는지, 프로그램이나 예산, 인적 관리에 문제는 없는지, 기관장과 직원, 학습자 간의 소통은 어떤지를 정기적 또는 부정기적으로 평가하는 과정을 통해 평생교육기관은 새로운 투입을 모색한다거나 과정의 효율성을 기하게 된다. 평가는 일종의 발전 '계기'로 볼 수 있다.

평생교육기관에서의 평가는 기관의 특성상 엄격하고 계량적인 평가보다는 상호적이고 질적인 평가를 중심으로 이루어진다. 대부분의 평생교육기관은 예산과 인력이 부족한 상황에서 기관을 운영해야 하기 때문에, 평가는 기관의 활력화 또는 세력화(empowering)와 긴밀하게 연결된다. 예산을 절감할 수 있는 방안이나 인력을 학습 조직적으로 운영하기 위한 아이디어, 지역사회에서의 네트워크에 의한 효율성 제고 등 평생교육기관의 상황을 개선하기 위한 방안모색의 차원에서 평가는 중요하다.

몇몇 학자들은 평가자를 비판적 친구, 대화와 성찰을 촉진하는 교육자, 프로그램 팀구성원, 사회변화를 위한 주창자로 규정한다. 평가자는 기술적 전문가나 판단자가 아니라 프로그램에 참여하고 촉진하며, 민주적으로 기관을 발전시키기 위해 조직구성원의 일원으로 참여한다는 것이다(Rallis & Rossman, 2000). 이런 특성으로 인하여 평생교육기관에서의 평가자는 엄격한 잣대로 기관의 위상과 효과성을 평가하는 외부 평가자보다는 기관의 발전을 위해 함께 고민해 나갈 수 있는 기관 관련자가 되는 경우가 많으며, 이런 점에서 평생교육기관에서는 지나치게 주관적인 평가가 되지 않기 위해 주의를 기울여야 한다. 구체적으로 평가자에게 요구되는 역할을 정리해 보면 다음과 같다.

① **촉진자**: 평생교육기관 교육자들은 대부분 소명의식을 가지고 있으며, 예술·문화·생태 등 다양한 영역의 전문가이다. 따라서 평가자는 프로그램의 기능이나 성과의 효율성을 따지기에 앞서 교육을 통해 무엇을 하고자 했는지에 대한 검토가 이루어져야 할 필요가 있다. 또한 평가자는 기관의 실무팀들이 공동의 인식에 도달할 수 있도록 돕는 촉진자 역할을 해야 한다. 평가자는 의문을 제기하고 토론을 유도하며, 구성원들이 공동의 인식에 도달할 수 있도록 질문을 던져야 하고, 프로그램과 평가에 관한 기대를 재형성해야 한다.

② **이론안내자**: 대부분의 평생교육기관에서는 평가에 적합하게 성과를 정리하고 제시하는 일에 어려움을 느낀다. 기관의 목적이 뚜렷하지 않다거나, 기관의 교육자들이 본연의 교육활동 외의 행정적 기술은 부족한 경우가

많기 때문이다. 따라서 평가자는 평가과정을 통해 직원들이 평가에 사용하는 이론이나 체계적 방식에 익숙해지도록 안내할 필요가 있다. 이렇게 학습한 이론들은 교육자들 스스로가 목표를 세우고 성과를 관리하는 데 도움을 줄 수 있을 것이다.

③ **사례전문가**: 평가자는 평생교육기관의 다양한 프로그램에 정통한 사례전문가여야 한다. 평가자가 평생교육 현장에 대한 지식이 부족할 경우, 평생교육기관 고유의 성과를 제대로 이해하지 못하거나 평생교육기관 성장에 도움이 되는 평가가 아닌 평가를 위한 평가, 즉 형식적인 평가가 될 위험성이 있다. 평가자가 다양한 평생교육기관의 사례에 정통할 경우, 해당 기관이 안고 있는 문제에 대한 적절한 해법을 제시해 줄 수 있어 컨설턴트로서의 역할도 겸비할 수 있다.

④ **내부조언자**: 평가자는 프로그램은 물론 기관 전체의 차원에서 기관의 발전을 위해 조언해 줄 수 있는 사람이어야 한다. 평생교육기관은 대개의 경우 재정이 부족하기 때문에 이를 자기 기관 내 또는 다른 기관과의 파트너십을 통해 해결해야 하는 상황에 놓여 있다. 능력있는 평가자는 프로그램과 조직들 간의 관계와, 기관과 기관 간의 관계를 잘 설명하여 기관 운영의 효율성을 제고할 수 있다. 즉, 평가자는 기관관리 전반과 관련된 내부조원자로서, 관리자의 직원과의 소통을 통해 기관의 소명을 전면화할 전략을 제시할 수 있어야 한다.

평생교육기관의 평가는 활용가치가 어디에 있을까? 평생교육기관의 가치를 높이기 위한 평가의 활용은 도구적 차원, 개념적 차원, 설득적 차원 등 세 가지 차원으로 구분된다.

① **도구적 차원**: 평가결과는 프로그램의 구조와 기능을 결정하고 개선하기 위해 사용된다. 예컨대, 환경교육 프로그램에 현장학습을 함께하는 것이 유용하다는 평가가 나왔다면, 이후 프로그램을 기획할 때 기본방법론으로 현장학습을 함께 사용하도록 권해야 한다.

② **개념적 차원**: 평가결과는 프로그램이나 주제와 관련된 문제들에 관해 의사결정자를 교육하거나 의사결정자에게 도움을 주기 위해 사용된다. 평생교육기관에 영향을 미치는 상위기관의 의사결정자가 학교교육방식의 평가를 고집할 경우, 성인학습자에 대한 학습결과 평가를 제시하여 결정자

의 마음을 바꿀 수 있도록 하는 것이 여기에 속한다.

③ **설득적 차원** : 평가결과는 후원자나 학습자 등 기관 외의 사람들에게 영향을 미치거나 설득하기 위해 사용된다. 알킨과 토트(Alkin & Taut, 2003)는 설득적–상징적 차원의 활용이 "특정한 의사결정을 정당화하거나 기관의 프로그램이 평가받을 만한 것임을 드러내어 기관의 평판을 높이고 싶을 때 평가를 활용한다고 보았다. 이런 목적은 다분히 정치적인 것으로 부정적인 효과를 가진다고 비판을 받기도 하는데, 이는 사실과 다른 '홍보'에 집착하게 되기 때문이다.

프로그램의 신설, 폐지 및 품질 개선을 위해서 프로그램 질관리를 위한 평가 준거를 마련하는 일은 매우 중요하다. 특히 프로그램 신설 및 폐지에 대한 명확한 기준이 제시되지 않을 때에는 프로그램 운영에 따른 손실이 예측됨에도 불구하고 내외 변수에 따라 프로그램 운영을 지속하게 되는 경우가 발생하며, 이 경우 피해는 고스란히 기관이 떠안게 되는 경우가 많다. 프로그램 질관리를 위한 평가지표를 제시할 때 고려할 수 있는 주요 요소로는 프로그램의 가치성, 시장성, 교육성, 잠재성, 결과의 질을 들 수 있다(정민승·허준, 2016). 유의할 점은 모든 기관에 이러한 요소가 동일하게 적용되지는 않는다는 점이다. 예를 들어, 사회적 사명을 우선시하는 경우 프로그램의 시장성보다는 가치성을 우선시할 것이며, 반대로 영리를 추구하는 평생교육기관의 경우 무엇보다도 시장성을 먼저 고려할 것이다. 따라서 기관의 특성과 환경 등을 고려한 평가지표 설정이 중요하다.

질관리를 위한 평가방법을 '내부평가'와 '외부평가'로 나누어 살펴볼 수 있다. 내부평가는 평가와 관련하여 이해관계가 있는 내부인사가 학습과정, 학습지원, 경영관련 전 과정을 평가하게 되는데, 질관리와 이를 통한 개선이 이루어질 수 있다는 장점이 있지만 객관성을 담보하기 힘들고 매너리즘에 빠져 제대로 된 평가 및 개선이 이루어지지 못할 위험성이 있다.

외부평가의 방식은 평가와 관련한 지표에 전문성을 갖춘 외부전문가의 객관적인 시각으로 과정과 성과를 평가받는 것으로 향후 개선점에 있어서 전문적인 컨설팅을 받을 수 있는 장점이 있으나, 내부평가에 비해 비용이 많이 들고 기관 경영에 부적합한 평가결과를 받을 수 있는 한계가 있다. 일반적으로 이러한 두 가지 평가방식을 모두 병용하여 상호보완적인 평가가 이루어질 수 있도록 한다.

먼저 내부평가에 대해 살펴보면, 평생교육기관의 프로그램 질관리를 위한 내부평가방법에는 평가의 목적 및 방식에 따라 '수업관찰 및 참관', '학습자면담', '교강사면담', '설문조사' 등의 방식이 있다.

프로그램 질관리를 위한 첫걸음은 수업을 직접 참관하거나 관찰하는 일이다. 학습자 입장에서 프로그램이 본래의 기획의도에 따라 운영되고 있는지를 수업관찰 및 참관할 수도 있지만 강의자와 학습자에게 부담이 될 수도 있으므로 캠코더 등으로 녹화한 기록물을 분석할 수 있다. 이때 체크리스트를 미리 준비하여 수업진행과정에서 확인하여 체크하도록 한다.

주기적인 학습자 면담을 통하여 프로그램 운영이 기획의도에 맞게 운영되고 있는지를 파악하여 이에 적절한 조치를 취하도록 한다. 학습자면담은 시기에 따라 사전면담, 중간면담, 사후면담으로 구분하여 진행한다. 사전면담에서는 주로 학습동기와 목적을 확인하며, 해당 프로그램이 그러한 동기와 목적에 부합하는지 확인한다. 만약 그렇지 않을 경우에는 다른 과정을 안내하거나 목표를 수정한다. 또한 사전학습 정도를 확인하여 관련 정보를 교수자에게 전달한다. 중간면담 과정에서는 학습자의 학습상황 점검을 통해 학습목표 달성 여부를 체크하도록 한다. 이때 교·강사에 대한 만족도 및 학습 장애요소에 대한 파악도 이루어지도록 한다. 마지막으로 사후면담에서는 학습자가 소기의 학습목표를 달성했는지 여부를 확인하고 보충학습이나 심화학습 또는 취업이나 창업과 같은 후속활동에 대한 상담을 실시한다. 그리고 학습과정에 대한 전반적 평가도 실시하여 프로그램 질 개선에 반영한다.

프로그램 질 제고를 위한 내부평가방식으로 교·강사 면담을 통한 평가방식도 활용할 수 있다. 교·강사 면담은 프로그램을 운영하기 전, 프로그램 운영과정, 프로그램 운영 이후에 실시한다. 프로그램 운영 전에는 프로그램 기획의도를 공유하고 기본방향에 대한 공동평가를 실시하여 사전에 개선할 수 있는 부분은 미리 조치할 수 있도록 한다. 또한 프로그램 운영 과정 중 발생하는 문제를 지속적으로 모니터링함으로써 프로그램 개선이 이루어질 수 있도록 한다. 프로그램이 종료된 이후에는 학습자에 의한 교·강사 평가 내용을 공유하고 향후 프로그램 개선에 기여할 수 있도록 한다.

마지막으로 내부평가방식으로 널리 활용되는 방식이 설문조사 방식이다. 설문조사는 학습자, 교·강사 및 운영담당자 모두를 대상으로 실시할 수 있는데, 일반적으로 학습자를 대상으로 실시한다. 면담조사와 마찬가지로 설문조사도

시기에 따라 사전조사, 과정 중 조사 및 사후조사로 나눌 수 있다.

사전조사의 경우 면담보다는 구조화된 형태로 학습자의 사전학습 경험, 학습 요구 및 수준을 파악하기 위하여 실시한다. 프로그램 운영 과정 중에 이루어지는 설문조사의 경우 애초의 기획의도에 맞게 과정이 운영되고 있는지를 평가한다. 사후조사의 경우 보통 '만족도 조사'의 형태로 이루어져, 직접 경험한 프로그램에 대하여 전체적으로 만족하는지의 여부를 평가한다. 학습자를 대상으로 실시되는 만족도 조사의 경우 교육내용, 교육방법, 교수자, 행정서비스 등에 해당하는 항목을 포함한다.

외부평가의 경우 기관의 자발적인 선택에 의해서 이루어지기도 하지만 공모사업이나 위탁사업의 경우 사업 실행의 필수조건이 되기도 한다. 기관이 자체적으로 외부평가를 의뢰하여 실시할 경우에는 평가의 객관성과 공식성을 부여하기 위한 경우가 많다. 이 경우의 외부평가 실시단계는 일반적으로 평가기획, 평가단 구성, 평가단 회의, 평가실시, 보고서 작성 및 후속조치의 순서로 이루어진다(정민승·허준, 2016). 평가기획, 평가단 구성 및 후속조치는 평생교육기관이 담당한다. 평가의 공식성을 강화할 경우 평가단 구성도 외부 전문기관에 의뢰할 수 있다.

각 단계별 주요 내용을 살펴보면 평가기획단계에서는 평가일정을 정하고, 평가단 구성 계획을 수립한다. 그리고 평가방법과 향후 일정을 정한다. 평가지표를 평가기획 단계에서 개발할 수도 있으며, 평가단에게 지표 개발까지 일임할 수 있다. 평가단은 교육전문가, 재정전문가, 지역전문가 등 평가의 내용을 고려하여 전문가로 구성한다. 평가단이 구성되면 평가단 회의를 통해 평가위원장을 선출하고, 평가의 목적을 공유하며, 평가지표를 검토·확정하고 평가방법과 향후 일정 등을 협의한다. 평가단계에서는 평가가 원활히 진행될 수 있도록 지원하며, 평가 후 평가 결과를 반영할 수 있는 후속조치를 수행한다.

이때 다음 세 가지 사항에 유의하여 평가가 이루어지도록 해야 한다.

첫째, 평가자의 편견이 개입되어 객관성을 잃지 않도록 외부전문가를 대상으로 평가관련 적응교육(오리엔테이션)을 실시하여야 한다. 사전 오리엔테이션은 평가단에게 왜곡된 정보를 통하여 유리한 평가를 도출해 내기 위한 것이 아니다. 오히려 객관적인 평가를 할 수 있는 정보를 제공하고, 평가 자체를 위한 것이 아니라 개선을 위한 평가라는 점을 주지하여 평가가 기관의 질관리에 기여할 수 있도록 해야 한다.

둘째, 평가가 향후 기관운영 개선에 이바지할 수 있도록 피평가자를 상대로 상담이 이루어질 수 있도록 기획해야 한다. 평가가 불필요한 경쟁을 부추기고 성과 위주의 업무환경을 만든다면 장기적인 프로그램 질 담보는 어려워질 수 있다. 따라서 평가결과를 개인이나 부서의 근무평점에 연결시키는 등의 일은 피하고 업무개선의 기회가 될 수 있도록 세심한 주의를 기울여야 한다.

셋째, 객관적인 평가가 이루어질 수 있는 여건을 마련해야 한다. 이를 위해서는 편안한 환경에서 외부평가가 이루어질 수 있도록 최소한의 지원을 하되, 과도한 환대나 개입은 자제해야 한다.

(4) 질관리 환류 시스템

평가결과에 대해 적절한 조치를 취함으로써 취약한 부분에 대한 품질 개선이 유도되도록 하는 것이 품질관리 환류 시스템의 일차적 목표이다. 또한 현재 높은 평가를 받고 있는 영역에 대한 보상을 통해 장점을 강화하는 것도 중요한 목표로 삼는다.

질관리 환류 시스템은 기관의 특성과 환경에 따라 다양한 형태로 나타날 수 있다. 이때 중요하게 고려해야 하는 점을 보면 다음과 같다.

① 평가와 환류의 공정성이다. 질관리 환류시스템은 평가결과를 토대로 현 체제를 개선하기 위한 시스템이기 때문에, 환류 시스템의 결과는 조직구성원 개개인에게 영향을 미칠 수밖에 없다. 만약 평가 및 환류 과정이 공정하지 않다면 누구도 평가에 따른 질 개선 방안에 동의하지 않을 것이다. 따라서 평가에 의한 환류, 특히 보상과 교육 등이 사전에 모든 구성원에게 공유되어 공정하게 이루어져야 한다.

② 평가와 환류의 개방성이다. 평가의 방법과 보상 또는 보완의 과정이 투명하고 공개적으로 이루어져야 한다. 이는 앞서 말한 공정성과 연결되는 것으로, 공정한 평가와 환류는 과정의 개방성과 투명성에서 비롯된다.

③ 평가와 환류 과정에서의 민주성이다. 평가와 환류는 구성원들의 경쟁을 촉발하여 업무성과를 높이기 위한 것이 아니라, 현재의 상태를 평가하고 향후 개선방안을 '함께' 모색해 나가기 위한 것이다. 따라서 구성원들의 자발적 참여와 민주적 의사결정이 중요하다.

질관리 평가에 따른 환류의 방법은 다양하게 고려할 수 있다. 여기에서는 공개, 보상, 보완의 세 가지 방법을 살펴보도록 한다.

① '공개'란 평가결과와 관련한 내용을 관계자들에게 공개하는 것으로 이는 향후 명확한 개선과 결과 수용이 이루어질 수 있도록 하는 방법이다. 이때 공개는 다양한 방식으로 이루어진다. 우선, 내부 또는 외부평가가 이루어졌을 경우 그 결과보고서를 완전히 공개하는 방식이다. 이 경우에는 구성원들이 기관의 전반적인 질적 수준을 종합적으로 검토할 수 있다는 장점은 있지만, 구체적인 개선안이 제시되지 않을 경우 실제 질 개선에 반영될 가능성은 높지 않다. 따라서 중요한 몇 개 영역의 평가결과를 구체적으로 공개하는 방법도 있다. 교·강사 평가결과의 공개나 프로그램별 만족도에 대한 공개가 한 예가 될 수 있다. 이 경우에는 중요한 부분을 집중 부각시켜서 해당 영역에 대한 질 개선 노력을 추동할 수 있다는 장점이 있다. 그러나 해당 평가결과의 공개가 개인 신상에 대한 평가로 이어질 경우 저항에 부딪힐 수 있다. 이 경우에는 높은 평가를 받은 영역만 부분 공개하는 방법을 따르기도 한다.

② '보상'을 통해 우수한 질관리 성과에 대해 적절한 환류를 하는 방식이다. 보상의 방식은 성과급 지급, 프로그램별 인센티브 제공, 포상 등으로 다양하다. 우수한 실적을 보인 교·강사 및 직원에게 성과급을 제공함으로써 구성원들이 질 개선을 위해 노력할 수 있도록 동기를 부여할 수 있다. 프로그램별 인센티브 제공은 우수 프로그램이라고 평가받을 경우 운영비를 증액하는 식으로 이루어질 수 있다. 포상의 방법은 일반적으로 많이 활용되는 방식으로 '우수 교·강사' 또는 '우수 직원', '우수 자원봉사자'를 정하여 일 년에 1~2회 정도 수상하도록 하는 방법이다. 이 경우 단순히 포상에만 그치는 것이 아니라 우수 사례를 정리하여 다른 구성원들 사이에서도 공유될 수 있도록 하는 것이 중요하다. 우수 사례집, 수기집 등을 제작하여 배포하는 경우가 여기에 해당한다. 학습자들에게도 우수한 성과를 낼 경우 장학금을 지원하거나 수강료를 할인해 주는 방법 등을 통해 학습성과를 극대화할 수 있는 보상체제를 마련할 수 있다. 학습 성취도가 낮은 경우에도 학습동기를 부여할 수 있는 보상이 주어질 경우 큰 효과를 볼 수 있다는 점에서 학습자에 대한 보상이 반드시 우수 학생에 대한 보상만을 의미하는 것은 아니다.

③ '보완'의 방식이다. 평가를 통해서 드러난 문제점과 개선방안 등이 수렴되어 개선되어야 한다. 단기적으로 부족한 것을 보충할 수 있는 것도 있지만, 평생교육기관의 상황에 따라서는 중장기적인 대응이 요구되는 부분도 있다. 이런 면에서 지속 가능한 개선이 이루어질 수 있도록 전략적 방안 마련이 필요하다. 때론 내부적으로 보완점을 찾기에 어려움이 있는 경우의 사안은 컨설팅을 지원하여 해결할 수 있도록 문제해결의 수준에 맞춘 접근이 요구된다.

제3절 평생교육기관의 고객만족

1. 고객만족의 개념

만족도는 그 정도를 측정하기에는 매우 주관성이 있는 상태를 의미하며 만족 정도를 다루는 문항의 척도로 정량화를 시도한다. 교육에서 강사, 시설, 운영 등 전반적인 상태만족을 측정할 때 평가지표 외에 응답자의 기분과 인간관계에 의해 평가값이 달라질 수 있다.

최근 평생교육기관에서의 만족도 조사는 단순히 수업에 관한 강의만족도 조사를 넘어 CS(customer satisfaction, 소비자만족) 관점에 교육시설, 행정서비스, 강의, 고객제안 등 광범위한 문항을 갖추고 지속적으로 개선점을 찾아 효과적인 교육서비스가 제공되도록 하고 있다.

2. 관계마케팅과 학습공동체

한국의 평생교육기관은 초기 여성과 노인 등 복지차원에서 공공부문에서 지원하여 나감으로써 특정한 마케팅이 요구되거나 경쟁이 있지 않았다. 그러나 일반기업과 공공부문의 위탁 및 보조금 지원방식으로의 전환은 평생교육기관 간의 경쟁과 효율적인 경영방식 도입으로 전개되면서, 고객만족을 위한 마케팅을 도입하게 되었다.

마케팅 개념이 시장에 등장하고, 발전하고, 고도화되기까지 수많은 마케터들과 경영자들은 고객을 사로잡고 시장을 소유하기 위한 마케팅을 위해 끊임없이 고민해왔지만, 시시각각 변하는 고객의 기호, 매 순간 달라지는 경영환경, 나날이 심화되는 경쟁 속에서 최적의 마케팅 전략을 수립하고 실행하는 것은 매우 어려운 일이 되었다. 특히 1983년 베리(Berry)에 의해 고안된 고객과의 관계를 개발하고, 유지하고 강화시키는 관계마케팅(Relationship Marketing)은 기존의 거래 마케팅의 한계에 대한 비판으로 시작되었다(김흔, 2011).

관계 마케팅이란 고객과 기업, 고객과 고객이 서로 관계를 형성하고 유지하며 돈독히 하는 것이며, 동시에 장기적인 상호작용을 통해 서로 간에 이익을 극대화할 수 있는 다양한 마케팅활동을 말한다(김흔, 2011). 이러한 관계 마케팅은 실제 평생교육기관 현장에서 심화학습 그룹 또는 동아리 등에서 나타날 수 있고, 기관과 장기적인 상호작용을 하며, 평생교육기관이 지역사회와 연계하여 봉사와 축제 등을 이어가는 데에 함께하는 방안이었다.

이 점에서 최근 사람과 지역 그리고 평생교육기관을 이어주는 개념으로 '학습공동체'가 부각되었다. 학습공동체는 스나이더(Snyder, 2002)가 말한 동일한 관심사 문제나 주제에 관한 전문성과 열정을 공유하고 지속적으로 상호작용하여 이 분야에서 자신의 지식과 전문성을 높이는 사람들의 집단과 일맥을 같이 한다. 이러한 학습공동체는 학습을 개인적 학습의 차원을 넘어서, 사회·문화적 맥락 속에서 조직적이고 협동적인 차원으로 발전시키는 데 기여하였다. 그리고 공동체 의식에 영향을 주는 요인들로는 소속감, 영향력, 욕구통합 및 충족, 정서적 유대감이 있으며, 평생교육기관을 사용하고 있는 학습자들과 기관 간, 또한 그 기관을 사용하는 학습자들 간의 공동체 의식이 중요해지고 있다. 이런 점에서 평생교육기관은 단순히 단선적으로 제품서비스를 제공하는 곳에서 지역의 관계 맺기로 확장된다.

연구문제

1. 기관경영 평가자는 촉진자, 사례전문가, 내부조언자로서의 역할이 요구된다. 이와 관련한 업무를 생각해 봅시다.

2. 요구분석방법 중에 짧은 시간에 많은 자료를 수집할 수 있고 분류와 해석이 용이한 설문조사를 활용한 서비스 질 조사에 대하여 사례를 설명해 봅시다.

3. 대표적인 교수설계 모형인 ADDIE를 통해 교육 프로그램의 질을 높일 수 있을지에 대하여 단계(분석 - 설계 - 개발 - 실행 - 평가)로 적용해 봅시다.

4. 총체적 질관리는 최종 프로그램뿐만 아니라 과정을 중시하는 프로세스라고 할 수 있다. 교육기관에 참여한 경험을 생각해 보고 관련 과정에서의 질 관리에 대하여 생각해 봅시다.

5. 평생교육 프로그램 질관리를 위한 평가방법으로 내·외부평가를 진행할 수 있다. 각각의 평가에 적합한 내용을 고려해 봅시다.

CHAPTER 13

평생교육조직관리론

학습목표

조직의 지속적인 성장이 개인에게 어떤 의미가 있는가? 개인은 조직 안에 일정한 역할을 수행하며 사회 전체와 연결되어 있다. 평생교육조직관리는 구성원의 개인특성 및 업무관리와 두 사람 이상의 집단에서 발생하는 여러 사안에 대한 관리, 조직 전체가 위기상황에 대처하기 위한 변화관리 등을 다루며 개인과 조직의 비례적인 성장에 관심을 갖게 된다.

제1절 인적자원관리

조직활동의 기본단위는 사람이며 조직에서 활동하는 것은 결국 사람이다. 조직을 혁신시키고 변화시킬 수 있는 사람을 어떻게 관리하느냐에 따라 성패가 결정된다. 하지만 아무리 훌륭한 인적자원이 적재적소에 배치되더라도 일하고자 하는 의지나 욕구가 없다면 궁극적으로 조직목표나 성과를 달성할 수 없다(최규현, 2018). 따라서 조직구성원 개인의 역량과 태도, 기술이 그대로 조직에 발휘되는 것이 아니라 관리라는 의도적인 개입이 요구되며, 이를 통해 역량을 최대치로 올리고 근로의욕을 높이고 조직에 필요한 기술이 빠르게 습득될 수 있도록 이끄는 노력이 필요하다.

1. 인적자원관리의 개념

현대적 의미에서 '인적자원관리'가 탄생한 지가 100년이 훌쩍 넘었다. 미국의 필라델피아의 미드베일 철강회사에 근무하던 테일러라는 엔지니어가 산업계의 열악한 생산여건을 개선하여 생산효율을 높이고자 시도했던 몇 가지 방법들이 과학적 인적자원관리의 효시가 된 이래 사람들은 직장내 인적자원의 중요성에 주목하게 되었고, 인재를 잘 발굴하고 개발하여, 동기부여시키면 엄청난 힘을 낼 수 있다는 것을 알게 되었다.

평생교육기관은 사람이 교육을 통해 좋은 방향으로 변화될 수 있도록 운영되는 곳이다. 이러한 점에서 평생교육기관에 종사하는 구성원들의 자질이라든가 동기 등이 매우 중요하고, 이에 따라 조직관리 차원에서 이들에 대한 체계적인 관리가 필요하며, 이는 평생교육기관 뿐만 아니라 거의 대부분의 조직에 있어서도 공통적 사항이라고 할 수 있다.

즉, 인적자원은 조직이 활용하는 가장 중요한 요소 중의 하나로서 경영활동이 효율적으로 이루어지고 경쟁력이 있기 위해서는 인적자원관리가 필수적이라고 할 수 있다.

평생교육기관에서의 인적자원관리는 그 대상이 소속 직원뿐만 아니라 봉사자, 자원활동가, 교수자 등 폭넓은 인적자원을 확보하고 역량을 개발, 유지하며 고성과가 창출되도록 하는 것이다. 주로 일반조직에서 다루는 종업원의 인사,

복지, 교육 등의 관리활동이 수반된다.

표 13-1 인적자원관리활동

구분	내용
확보	채용은 기업의 사활이 걸린 문제로 적합한 인재선발을 위한 활동
개발	확보된 인재를 조직에 적응하도록 지원하고 능력을 향상시키는 훈련, 배치, 전직 등이 기능수행
유지	구성원이 안정적으로 업무에 추진할 수 있도록 안전위생, 고충처리, 제안제도 등을 통한 직무환경이나 작업분위기를 유지하는 기능
보상활동	성과평가를 토대로 직무에 몰입할 수 있도록 동기를 부여하는 환류체계의 과정

평생교육기관의 운영과 관련한 인적자원의 기본적인 역량을 확보하는 데에는 평생교육사 자격증을 통한 관리로 기초적인 취득에서부터 경력에 따른 자격 심화 체계를 확보하는 것이 중요하다. 평생교육기관의 인적자원 개발과 관련하여 기관 자체 내의 현장교육(OJT), 직장연수(Off-Job Train) 등이 있으며, 평생교육센터라든가 기타 관련단체 차원에서 전개되는 평생교육 담당자 연수 등이 있다.

대부분의 평생교육기관은 교육을 전문으로 하는 기관이면서도 자체적으로 구성원의 인적자원 개발을 위한 체계적인 지원체제는 확보하지 못하고 있는 실정인데, 인적자원 유지 및 보상체제와 관련하여 현재 대부분의 교육기관이나 평생교육기관은 구성원의 역할담당에 따라 부분적으로 계약직 종사자를 채용하고, 그에 따른 일부 성과급 제도를 도입·운영하는 곳도 있다. 하지만 대부분은 부서 순환배치제에 의하여 움직이거나 연공서열제에 의하여 직원들을 관리하고 있는 것으로 나타나고 있다.

인적자원관리는 조직구성원을 경영에 있어서 주요한 자본으로 인식하고 지속적인 투자와 가치창출을 위하여 관리해야 하는 것을 의미한다. 이와 같은 인식은 인적자원을 효과적으로 관리하면 조직의 효과성에 절대적으로 이바지함으로써 조직의 경쟁력을 높일 뿐만 아니라, 구성원들의 근로생활의 질을 향상시킬 수 있다는 데 그 바탕을 두고 있다.

2. 직무만족

직무만족은 조직구성원이 책임지고 담당하고 있는 개인 사무에 대하여 가지는 만족의 정도로 가치관과 태도, 일을 통해 얻고자 하는 성취감 등이 일치함으로 느끼는 만족상태이다.

직무만족도는 산업 및 조직심리, 사회심리, 조직행동, 조직사회학, 인적자원개발, 조직관리 분야 등에서 많은 관심을 보여 온 개념으로 자신이 바라던 것과 실제의 결과를 비교하는 데서 오는 직무에 대한 정서적인 반응이라든가 개인이 직무와 직무 경험을 통해서 기쁨을 얻는 유쾌한 정서 상태 등과 같은 의미이다(최원실·권재현, 2007). 직무만족도가 높은 경우, 협업과 생산성이 높고 이직률이 낮아지므로 경영성과에 영향을 미치는 주요한 기준이 된다.

조직의 경영자들은 종업원들의 직무만족도를 측정하고 관리하는 것을 중요한 과업으로 인식하고 있으며, 직무만족도가 높을수록 일에 대한 동기가 유발되고, 질 높은 직무수행이 가능하여 이로 인해 고객서비스가 증대되는 것으로 이해할 수 있다.

따라서 직무만족도에 영향을 미치는 요소로써 어떠한 것이 있는가를 알아보는 것은 효과적인 조직 관리를 위해서 필요한 과업이라고 판단되고, 이에 따라 기존의 연구들은 많은 조직들에 있어서 직무만족도에 영향을 미치는 변인들을 연구해 왔다.

평생교육 담당자를 대상으로 한 직무만족 조사를 살펴보면 근무하는 기관의 유형(정부기관, 재단, 위탁기관, 개인기업 등)이 직무만족도에 영향을 미치는 것으로 나타났다. 정부 주도형 평생교육기관에 근무하는 평생교육 담당자들에게는 직업기대 일치도만이 직무만족도에 영향을 주는 것으로 나타났다. 이것으로 정부주도형 평생교육기관에 근무하는 평생교육 담당자들에게는 업무량, 상사와의 관계, 조직의 질이 직무만족도에 중요하지만, 민간 주도형 평생교육기관에 있는 성인교육 담당자들에게는 직업 기대 일치도만이 중요하다는 것을 알 수 있다.

한편, 자기효능감이 직무만족도와 어떤 관계가 있는지에 관한 연구도 부분적으로 수행되어 왔다. 그 결과 교사효능감(교사효능감이란 교수행위와 학생들의 학습에 영향을 미칠 수 있다는 교사의 기대를 말함)이 교사의 직무만족도에 영향을 주는 것으로 나타났으며, 이는 교사효능감은 직무만족도와 밀접한 관계를 가진다는 것을 알 수 있다. 이는 역할을 수행하는 과정에서 타인에게 선한 영향력을 미쳤을 때에 대부분의 자기효능감은 높아지기도 한다. 그러나 다른 한편으로 낮은 자기효능감을 가진 사람의 경우, 과중된 역할과 감당하기에 넘치는 책임감으로 스트레스를 받고 직무만족이 떨어지기도 하지만, 높은 자기효능감을 가진 사람은 그 반대로 조직에서 주변화되고 핵심적인 일에서 멀어질 때 스트레스를 받는 경향이 있다. 여기서 주목할 것은 자기효능감이 직장에서의 스트레스를 감소시키는 역할을 할 수도 있다는 것이고, 직장에서의 스트레스가 감소된다면 직무만족도가 향상될 수 있다는 가정을 할 수도 있다.

3. 조직헌신

1) 조직헌신과 성과

헌신이라는 용어는 개인이 할 수 있는 데까지 힘을 다하는 것으로, 조직에서의 헌신은 근면과 성실을 수반한 일에 대한 몰입 또는 조직에 충성하는 애사심으로 표현되기도 한다. 이것은 주로 'Commitment'로 사용되고, 때로는 'Involvement'를 사용하는 경우도 있다.

조직헌신은 1960년대 조직행태론에서 그 개념을 사용한 이래로 현재는 조직학, 심리학, 경영학, 행정학, 교육학 등 여러 학문분야에서 다루어지고 있다(김지훈, 2019).

조직헌신은 개인적으로는 일에 적극적이고, 일을 통해 보람과 만족을 얻는 것이며, 이는 높은 개인의 생산성으로 이어져 조직발전에 기여하게 된다.

즉, 구성원의 조직헌신은 개인의 성과가 조직의 효율성에 미치는 영향이 크며, 구성원 간의 유대감과 조직소속감이 큰 특징이 있다. 개인이 맡고 있는 업무에만 충실한 것이 아니라 실제 조직이 전개하고 있는 전략과 개인의 직무가 연계되고, 조직의 비전이 공유되며, 이를 통한 목표와 가치를 함께 하는 조직문화로까지 확장된다고 할 수 있다.

조직 내에서의 인간행동을 설명하는 동기에는 두 가지가 있는데, 생산하겠다는 동기, 즉, 근로동기(work motivation)와 참가동기(decision to participation)가 있다(박수진, 2012).

즉, 조직헌신이란 ① 조직과 개인의 동일시하는 과정에서 조직구성원에게 나타나는 애착심과 같은 감정이고, ② 조직의 요구와 개인의 욕구가 상호작용하여 발생하는 것이며, ③ 조직에 대한 강한 소속감과 충성심을 느끼며 조직의 목표 달성을 위해 노력하는 개인의 자발적인 행동이라고 할 수 있다(김지훈, 2019). 조직헌신도가 높은 사람은 적극적으로 조직에 참여하여 조직을 위하여 자발적이고 창조적인 행동을 하며, 조직헌신도가 낮은 사람에 비해 직무수행에도 능숙한 것으로 보고되고 있다(이정미, 2015).

2) 조직몰입

기술변화가 급격한 4차 산업혁명과 전염병이 전 세계적으로 유행하는 팬데믹 등 불확실성이 커지는 상황에서 조직이 고용을 지속할 수 있는 인력의 수와 필요로 하는 역량은 시시각각으로 변화되고 있으며, 이런 상황에서 구조조정은 피할 수 없는 근무환경이 되어 개인들은 자신의 역량을 지속적으로 개발하여야 한다. 그리고 평생직장이라는 개념에서 벗어나 독자적으로 전문역량을 개발하여 조직을 선택할 수 있는 직업전문성을 갖추어야 하는 시대가 되었다. 즉, 평생직장에서 평생직업으로 장기적인 관점에서 '직장'이 아닌 '직업'으로의 경력계획이 중요해지고 있다.

평생교육기관은 성인학습자와 조직구성원들이 장기적인 경력계획을 가지고 성공적인 삶을 살아가도록 하는 데에 사회적 책임을 가지고 지원하여야 한다.

그렇다면, 일에서 성과를 내고, 지속적으로 전문적인 역량을 만들어가는 사람들에게서 나타나는 것은 무엇인가? 그 하나로 몰입을 들 수 있다. 몰입은 개인이 어떠한 동기에 의해 깊이 파고드는 활동에 빠져있는 상태이다. 실제 하는 일에 많은 시간이 주어지더라도 집중이 떨어질 때는 결과가 만족스럽지 않은 경우가 허다하다. 이렇듯 몰입은 일터에서 만족스러운 결과물을 갖기 위해 필요되는 활동상태로 즐거움을 제공하는 동시에 성취감을 주게 된다.

이러한 몰입 경험 상태는 대개 창작활동을 하는 예술가의 작업 중에, 고도의 경쟁 상태에 있는 운동선수들에 의해서, 어려운 수술을 수행중인 외과의사들에 의해서, 전문적인 연구 활동을 수행하는 연구자들에 의해서, 전문적이거나 특정 강의활동을 하는 교육자들에게서 발생할 수 있다(권두승, 2007).

그렇다면 조직의 미션과 비전을 품고 전문적인 직무에 몰입의 상태가 이루어지려면 어떠해야 하는가? 혹자들은 개인의 주도적인 참여와 강한 정신집중 그리고 자신이 해야 하는 일에 대한 명확한 조직 내 공감과 보상이 수반되어야 한다고 한다. 그러나 지나친 성과급제의 도입은 내적 보상체제를 저해하고 그들의 몰입을 제한할 수 있다는 것에 주의해야 한다.

평생교육기관의 전문가는 평생교육사이다. 평생교육사는 성인 학습자를 대상으로 하여 교육이론, 교육방법 등을 체계적으로 배우고 평생교육기관에서 경력을 쌓는 전문직 종사자로서 평생교육기관은 평생교육사가 직무에 만족하여 성과를 창출할 수 있도록 지원관리하여야 하는 평생교육기관의 정체성을 만드는 전문 인적자원이다. 따라서 이들 평생교육사의 조직몰입은 평생교육기관의 정체성과 성과와 관련해서 매우 중요하다.

평생교육기관의 인적자원관리는 개인의 지속적인 성장과 사회참여를 유도할 수 있는 장기적이고 심리적 지원이 동반된 인간존중의 토대에서 진행되어야 한다.

제2절 관계를 통한 조직관리

1. 의사결정과정

의사결정은 일상생활에서 수없이 발생하는 선택 중에 보다 성과지향적이며 의도하는 바가 부각되는 사회적 활동이라고 할 수 있다. 일반적으로 '의사결정 과정이라는 '과정'의 과학적 접근으로 합리적인 선택이 이루어지는 것을 지향하고 있다. 즉 어떤 사안에 최적 경로를 선택하는 것으로 일반적으로 '탐색', '설계', '선택', '수행'의 4단계 과정을 제시하기도 한다. 이러한 4단계의 의사결정과정을 수행하는 요소로 커뮤니케이션(의사소통)이 어떠하였는지가 의사결정 이후의 생산성에 지대한 영향을 미치게 된다. 초기 조직구성원들 간의 커뮤니케이션을 적극적으로 할수록 일치된 의사결정을 내릴 가능성이 높아진다.

커뮤니케이션은 조직의 가장 기본적인 구성 요소 가운데 하나이며, 정보를 전달하는 양방향(a two-way process)의 과정이고 개인 간의 이해를 도와준다. 커뮤니케이션 과정에서는 발신자와 수신자가 있어야 하며 효과적으로 메시지를 이해할 수 있어야 한다. 알버트 메라비안(Albert Merabian)의 연구에 의하면 의사를 전달하는 방법의 비중은 다음과 같다.

표 13-2 의사전달 비중

비중	내용
55%	Nonverbal communication(비언어적 커뮤니케이션 : 얼굴 표정, 제스처, 자세, 공간 범위)
38%	tone(목소리, 말투, 어조)
7%	verbal(말, 언어)

① face to face: 가장 효과적인 것

② face to group: 집단 또는 사람들에게 전달하는 것이며 많은 사람들에게 전달해야 하거나 거리가 떨어져 있을 때 효과적이다.

③ Phone: 급하거나 일대일 커뮤니케이션을 가질 만한 시간이 부족할 때 강력한 메시지를 전달할 때 효과적이다. 비언어 커뮤니케이션을 사용할 수는 없으나 피드백을 얻을 수는 있다.

④ Written: 조직에서 흔히 사용되며 하나의 메시지를 다수에게 전달할 때 동시에 많은 사람이 같은 메시지를 받을 수 있다. 전반적인 이해가 없다면 피드백의 지연 또는 오해를 불러 올 수 있다.

⑤ Third-Party: 제3자를 통해 이야기가 전달되는 것

Note 의사소통 유의사항

- 사람들이 당신이 무엇을 말하는지 알고 있다고 가정하지 마라.
- 다른 이들에게 정확한 의미를 전달했다는 확신 없이 상대방의 답변을 확신하지 마라.

조직의 의사결정과정에서 조직구성원들의 의사결정과 만족도 그리고 생산성의 관계가 관심을 받게 되었다(최정훈, 2011).

조직구성원 간에 대화가 활발한 조직일수록 그것이 일로써만이 아니라 공사 간의 경계가 허물어진 인간 대 인간의 삶이 이야기가 오기며 서로를 알아가고 이해하게 되는 풍성한 대화가 만들어진다. 업무적으로 주요 의사결정 사안이 나왔을 때, 조직구성원들은 그동안의 대화경험으로 인해 긍정적인 반응을 보이

고 의사결정과정에서 가장 중요한 상대방에게 경청하는 것과 주변적인 사전 정보를 충분히 수집한 상태에 있다.

최근 공공기관의 경영평가에서 경영자의 의사결정과정에서의 공론화와 직원 의견수렴의 과정이 중요시되고 있다. 이는 경영자와 직원 쌍방의 이해와 협조를 이끌어내는 의사결정과정이 사회적 책임과 지속가능한 성장을 향상시키기 때문이다.

의사결정과정의 합리성의 증가가 조직성과의 증가를 가져온다. 의사결정과정의 합리성과 조직성과 간의 관계는 다음의 몇 가지 점에서 설득력을 갖는다(현선해, 2002).

① 합리적인 의사결정을 위하여 정보를 수집하고, 목표를 명확히 설정하며 문제를 체계적으로 분석하는 과정에서 조직구성원들은 상황변화를 공감하게 되고 어떠한 대처를 해야 하는가를 인식하게 된다.

② 급변하는 환경 속에서 의사결정의 불확실성을 줄이기 위한 방편으로 의사결정의 합리성이 강조되며, 조직구성원들은 체계적 분석방법을 도입하게 된다. 내재화된 체계적 분석은 조직이 적절히 환경변화에 대응할 수 있도록 하며 이러한 능력은 성과와 연계된다.

2. 갈등관리

개인이나 집단에서 서로 상반된 목표나 이해관계로 적대시하고 대립하는 상황이 자주 연출되며, 민주적으로 운영되는 곳일수록 갈등은 보다 많이 표출된다. 갈등은 심리적인 것과 대립적 행동을 포괄하는 것으로 조직 간 또는 개인, 집단이 서로 곤란을 겪는 상황이라고 할 수 있다. 갈등의 심리적인 발단은 개인의 욕구가 상호간에 대립되거나 경합되는 경우이다. 조직, 집단 간에는 두 개 이상의 목표가 공존함으로써 실제 명료하지 못한 목표와 기대가치로 인해 발생된다.

최근 직장내 성희롱, 괴롭힘 등이 극심한 스트레스를 불러와 자살로까지 가는 사건이 연이어 발생했고, 이를 예방하기 위한 사회적 합의로 '직장 내 괴롭힘 금지법'이 제정되었다. 조직 안에서의 갈등이 초기에 적절하게 관리되지 않았을 때에 법적인 제재를 받게 되므로 갈등해결은 조직관리에서 매우 주요한 사안이 되었다. 초기 갈등해결을 위해서는 리더의 역할이 매우 중요하며 정기적인 직원면담을 통해 자연스럽게 고충을 이야기할 수 있는 장이 마련될 필요가 있다. 이때 면담의 목적은 공개적으로 사전에 공유되어야 하며 내부적으로 갈등과 관련한 적극적인 해결을 양자간에 초기에 희망할 수 있어야 한다. 또한 갈등 사안에 따라서는 외부 코칭전문가, 갈등해결자를 두어 협상방안을 객관적으로 제시하고 해결하는 방법을 취할 필요도 있다.

일상 조직생활에서 기분이 태도가 되지 않도록 하는 것을 흔히 '프로'답다고 한다. 그러나 서로 간에 양립할 수 없는 갈등으로 인해 개인의 정서가 대다수 업무를 대하는 태도에 반영되며, 조직성과에 영향을 미치게 된다.

즉, 갈등을 해결하기 위한 커뮤니케이션 능력은 조직성과를 좌우하게 되며, 서로 간에 갈등해결을 위한 목표지향적 차원의 효율과 상대방을 존중하는 태도로 '효율'과 '적절성'을 상호간에 인지하고 영향을 주어야 한다.

조직갈등은 어떠한 형태로든 발생하고 조직원 간에 영향을 미치고 있으며, 갈등의 관리는 경영에 있어서 반드시 고려되어야 할 항목이다. 갈등의 부정적 측면(문제회피적, 태만, 결근, 이직 등)은 해결하고, 필연적으로 발생되는 갈등이 조직 내에 긍정적인 영향(상호이해와 신뢰, 소통, 협업 등)을 미칠 수 있도록 하는 갈등관리가 필요하다.

제3절 변화를 통한 조직관리

슘페터(Schumpeter)는 '마차를 아무리 연결해도 철도가 되지 않는다'는 유명한 말을 남겼다. 급격한 변화상황에 어떻게 대응해야 하는가의 예시로써 과감하게 새로운 혁신의 방법을 시도해야만 하는 때를 이야기하고 있다. 이 새로운 방식의 혁신을 불러오기 위해서 조직이 해야 할 첫 번째 과업은 구성원이 공감하는 '비전'이 제시되는 것이며, 사회가 무엇을 지향하는지를 명확히 하여 미래를 만들 수 있도록 하는 것이다.

1. 조직변화의 개념

조직은 시간의 흐름에 따라 도약, 성장, 쇠퇴, 재도약 등의 변동을 겪는다. 변화에 대응하는 것은 기업의 사활이 걸린 일이며 이를 위해 경영자들은 직접 혁신을 부르짖으며 대내외적으로 조직이 탄력적으로 일사불란하게 변화에 대응하는 것 뿐만 아니라 선제적으로 변화를 이끌어 가고 있음을 선언하고 있다. 조직변화와 관련해서 개혁(reform), 발전(development), 개선(improvement), 개편(reorganization), 혁신(innovation), 변화(change) 등으로 표현하고 있다.

조직변화는 그 성격에 따라 계획되지 않은 변화와 계획된 변화로 구분할 수 있다. 계획되지 않은 변화는, 이를 테면 자연적 변화란 조직이 단순히 변화가 일어나는 것을 사후적으로 수용하기만 하고, 사전에 변화를 고안하거나 변화의 방향에 영향을 줄 수 있는 노력을 강구하지 않음에도 불구하고 자생적으로 일어나는 변화를 의미한다. 이는 조직변화의 동력이 조직내부에 있는 것이 아니라 조직의 외부에 있다는 것을 의미한다.

계획된 조직변화란 조직관리에서 언급하는 조직변화는 계획된 변화로서 경영자는 조직이 성장하는 상황에서부터 조직변화를 위한 체계적이고 의도적인 목적을 수립하여 전략적으로 변화를 이끌어 나가야 한다. 이 경우 조직구성원의 변화 필요성에 대한 수용이 수반되기 위해서는 경영자가 인식하는 위기와 기회에 관한 지속적인 의사소통이 요구되며, 최근 들어 빈번하게 발생되는 기술변화와 산업변화에 민감할 수 있도록 직원교육에 투자하여야 한다.

우리 사회가 급속하게 변화하는 것과 같이 이러한 변화도 우리에게만 한정되는 것이 아니라 전지구적이고, 동시다발적이라고 할 수 있으며, 앞으로 이삼십년 동안에는 사회의 모든 부문에서의 경쟁이 더욱 치열하게 될 것이라고 할 수 있다. 이는 영리기관이냐 비영리기관이냐를 막론하고 공통의 현상이며, 이에 따라 과거와 같은 조직운영 형태로 변화하는 시대의 요구를 제대로 수렴할 수 없을 뿐만 아니라, 변화를 앞질러 가기는 커녕 변화에의 적응마저도 어렵다. 현재의 구조, 시스템, 제도운영방법, 조직문화 등이 그러한 변화를 촉진하기보다는 방해하는 역할을 할 수 있다.

조직은 일정한 목표를 달성하기 위해 구성된 하나의 유기체이며, 유기체로서 조직은 끊임없이 진화하기 마련이며, 이는 조직 그 자체의 생존본능이라고 할 수 있다. 하지만 이러한 생존본능마저도 외부환경변화에 둔감하거나, 내부환경변화를 제대로 인식하지 못하고 대처하지 못하게 될 때가 있으며, 이러한 조직은 생존 자체가 어렵게 될 수 있다. 조직의 변화관리가 보다 체계적이고 적극적일 때 조직은 생존뿐만 아니라, 성장을 보장받게 된다. 이 점에서 조직이 어떠한 단계를 거쳐서 변화하게 되는지를 살펴보는 것이 필요하며, 이는 적극적인 변화관리를 체계적으로 수행하기 위한 필수적인 과제라고 할 수 있다.

2. 조직변화의 단계

사람들은 개인의 태도, 경제적인 이유, 비공식조직의 변화, 타성, 필요에 대한 인지 부족, 미지에 대한 두려움, 믿음의 부족 등으로 변화에 저항한다. 조직에서 변화에 저항하는 태도로 잦은 결석, 생산성 저하, 퇴행/퇴보, 사직(resignation), 이직(transfer), 사보타주/파괴행위가 나타날 수 있다.

레빈(Lewin)은 장이론(field theory)을 통해 조직의 변화단계와 관련하여 체계적으로 정리하였으며, 해빙(unfreezing)과 변화이행(moving) 그리고 재동결(refreezing)의 조직변화의 3단계 모형을 제시하였다.

그림 13-1 레빈의 조직변화단계

1) 해빙단계

조직이 만들어져 도약하고 성장단계에 이른 조직은 현 성장을 유지하기 위하여 매뉴얼 개발에 착수하고 성장상황이 안정적으로 유지되기 위한 관리를 하게 된다. 그러나 경기변동과 외부적인 변화 추세에 민감한 리더는 선행적으로 변화와 관련한 대응상황을 감지하고 준비하게 된다. 그러나 변화에 참여해야 할 구성원이 수용하고 함께 해 주기에는 시간적으로 부족한 부분이 많다. 그러기에 일상적으로 변화를 이끌어내기 위해서는 우선적으로 단단한 빙산을 녹이기 위한 해빙작업이 필요하다.

변화를 위한 해빙과정은 현재 상황에 대한 구성원들의 참여를 이끌어내기 위한 변화의 필요성에 관한 체계적인 상황진단과 변화를 통해 조직이 도달하고자 하는 방향이 어디인지에 대한 명확한 그림이 제시되어야 한다. 최근 급격한 변화에 민감해진 현장에서는 통상적인 변화주기를 5년 또는 3년으로 잡아 중장기전략을 수립하여 방향성과 비전을 정비하기도 하지만 시시각각 변화되는 상황에서 즉각적인 해빙작업이 요구된다.

이를 위해서는 현상유지를 하는 것에 대한 불안이나 의문이 개인이나 집단의 내부에서부터 생겨나야 하고, 현상에 대한 신념이나 가설의 존재가 적응에 필요한 새로운 태도나 행동패턴의 학습에 있어서 내부적 장애가 될 수 있음을 인지해야 한다.

2) 변화단계

변화단계에서는 변화에 공감한 구성원들의 태도와 지식, 역할의 변화를 밟아나가는 단계로서 학습과 문제해결을 위한 방안제시가 구성원들로부터 생성되는 시기라고 할 수 있다. 일단 개인은 변화에 대한 동기가 유발되면, 새로운 행동유형을 받아들일 준비태세가 갖추어지게 되며, 이 과정은 동일시와 내면화에 의해 일어나게 된다. 즉, 어떤 모범적인 역할을 가진 사람과의 동일화 메커니즘을 통해서 그 사람의 태도나 행동패턴을 학습한다든가, 변화를 스스로 자기 것으로 받아들이게 될 수 있다.

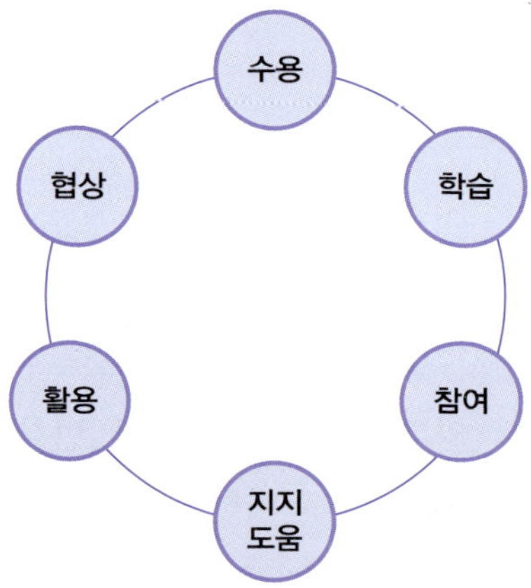

그림 13-2 **변화대처방법**

변화를 일으키려면 그림 13-2와 같이 우선적으로 구성원이 수용할 수 있도록 변화를 학습(Learning)하여 친근해져야 한다. 변화에 두려워하지 않는 방법을 배우고, 알게 되는 것으로, 두려움을 없애는 것 이외에도, 변화의 긍정적인 면을 찾을 수 있도록 도와준다. 참여(Participation)를 하는 것은 변화를 만드는 데 도움이 된다. 조직원으로 변화관리에 참여할 기회가 주어진다면 처음부터 참여하는 것이 현명한 결정일 것이다. 또한, 참여는 활용의 첫 걸음이 될 수 있다. 이 단계는 순서가 있는데, 변화를 받아들이고, 그것을 배우고, 그것을 활용하는 것이다(수용-학습-참여-활용). 그러나 변화를 개인이 적용하는 데에 있어서 상황에 맞게 수용될 수 있도록 협상의 여지가 있어야 한다. 이때, 꼭 기억해야 할 것은 변화는 불가피하며 변화에 싸우는 것은 그렇게 이득이 되지 못한다는 선례를 잊지 말아야 한다.

3) 재동결

새로운 정책을 수립하고, 필요한 제도전환을 시도하고, 새로운 상태를 안정화시킨 다음에 다시 견고하게 만드는 과정을 의미한다. 어떤 조직이나 개인이든 균형을 찾으려는 본성을 가지고 있기 때문에 새로운 태도나 행동양식이 습득되어도 만약 그것이 전체의 퍼스낼리티의 체계에 통합되지 않고 안정된 구조로서 견고화되지 않으면 습득된 변화는 지속되지 않는다. 성공적인 재동결 과정의 조건은 새롭게 습득한 태도나 행동양식이 본인의 퍼스낼리티와 조화하고 그것에 의해 잘 수용되도록 하는 것이다.

이러한 변화에 대한 조직차원의 변화관리가 요구된다. 변화관리의 추진관련 이론으로 하버드대 경영대 교수로 세계적인 변화관리 석학인 존 코터(John Kotter)의 변화관리 8단계 모형이 있다. 단계적 순서로는 "긴박감 조성(Sense of Urgency, 위기감)", "강력한 변화추진 구심체의 구성", "변화에 상응하는 비전과 핵심전략 창조", "비전 전달(Vision Communication)", "비전에 따라 행동하도록 힘 실어주기(Empowerment)", "단기적 성과를 위한 계획 수립 및 실천", "달성된 성과향상의 통합과 후속 변화의 창출", "새로운 접근방법의 제도화(변화의 정착)"를 제시하였다.

Jhon P. Kotter의 변화관리 8단계 프로세스

단계	내용
① 위기 의식 고조	– 상황이 긴급하다는 사실을 절실히 느끼게 함으로써 실천적 행동 유도
② 변화선도팀 구성	– 능력과 기업에 대한 애착을 가진 사람들로 지도자 그룹 형성
③ 올바른 비전 정립	– 나아갈 방향에 대한 큰 그림(비전)과 이를 이루기 위한 전략 수립
④ 소통과 비전 전달	– 조직 구석구석에 반복적으로, 솔선수범을 통해 비전 전파
⑤ 권한 부여	– 직원들이 넓은 범위에서 의사결정권을 가지도록 과감한 임파워먼트
⑥ 단기성과 확보	– 단기적으로 눈에 보이는 성공체험으로 사기 진작과 도전적 열정 자극
⑦ 변화의 속도 유지	– 성공에 대한 자만과 안주를 경계하고 후속 변화 과제 도전
⑧ 변화를 기업문화로 정착	– 위의 일곱 단계가 확고한 조직문화로 정착되도록 함

자료: John P. Kotter, Leading Change, HBR Press, 1996.

그림 13-3 코터의 변화관리 8단계 모형

1단계는 "긴박감 조성(Sense of Urgency, 위기감)"으로 기업의 위기적 상황을 구성원에게 설명하여 함께 해결하고자 하는 제안과정이며, 이때 내부인력에 의한 긴박감 조성이 어려운 경우는 외부전문가를 통한 컨설팅으로 기업위기를 객관적으로 보여주고 구성원이 변화에 참여하도록 하는 초기단계이다. 2단계 "강력한 변화추진 구심체의 구성"은 실제 조직의 중간관리자에 해당하는 핵심인력관리와 연계된 부분으로 구성원 중에 직원리더에 해당하고 적극적으로 변화에 앞장서서 맡고 있는 소집단의 구성원에게 변화동참을 이끌 주요 추진 조직이 필요하다. CEO와 같은 생각을 하고 힘든 과정을 함께 넘겨갈 변화 추진의 구심체를 구성하는 것은 중요하며 교육과 훈련을 통한 인력양성이 뒤따른다. 3단계는 명확하고 설득력 있는 변화비전을 창조하는 것으로 이어서 시급성과 중요성을 기준으로 비전달성에 적합한 핵심전략을 창조한다. 4단계는 직원들에게 창조된 비전을 충분히 설명하고 이해시키며 비전에 따라 일관되고 목표와 정렬된 행동을 할 수 있도록 환경을 조성하는 것이다. 변화관리가 수행되는 전 과정에서 끊임없이 변화 모멘텀을 유지시켜 나가는 것이다. 5단계 "비전에 따라 행동하도록 힘 실어주기(Empowerment)"는 임파워먼트로서 직원이 자발적으로 비전에 합당한 선택을 할 수 있도록 하는 것이며 실제 변화에 따른 각각의 일터의 변화는 상황에 따라 맥락에 맞게 적용되어야 하므로 실무자들에게 일임되어야 한다. 그래야 비로써 변화가 조직에서 나타나게 된다. 6단계 "단기적 성과를 위한 계획 수립 및 실천"은 성공적인 체험을 통한 자신감과 긍정적인 변화동참을 유발하기 위한 방안으로 중장기적인 비전과 관련한 단기계획 수립으로 자신의 일과 연계되도록 하고 실행하여 체험토록하는 것이다. 이때 변화추진체계도에서 각자의 단기계획이 위치하는 것을 명확하게 제시할 필요가 있다. 이를 통해 변화추진체계를 섭렵하고 지속적으로 변화가 일어나게 된다. 7단계 "달성된 성과향상의 통합과 후속 변화의 창출"는 구성원이 단기계획을 통해 변화를 추진하고 성공을 경험한 이후에 상위 변화추진체계의 목적과 목표를 염두해 둔 보다 진지하고 과감한 과제에 도전하여 변화를 실천해 나가는 과정이다. 이 과정이 누락되는 경우, 현장에서는 표피적인 단기계획수립으로 변화의 모양만을 갖추고 실제 조직변화에 영향을 미치지 못하는 사태가 일어나기도 한다. 단기계획의 성과들이 후속적으로 보다 규모의 사업으로 피드백되어야 한다. 8단계 "새로운 접근방법의 제도화(변화의 정착)"는 변화를 위해 수립된 비전과 전략이 연간계획과 평가 등 환류체계를 갖추어서 일상적인 수행되게 하는 제도화 단계이다.

연구문제

1. 조직관리는 개인관리, 집단갈등, 조직변화를 포함하고 있다. 이때 직원들이 직무에 몰입할 수 있도록 동기를 부여하는 일련의 보상활동에 대해 분석해 봅시다.

2. 직무만족이란 개인의 직무자체에 대한 감정적, 정서적인 만족상태로 조직발달에 어떠한 효과를 주는지를 관련 주제 논문을 찾아봅시다.

3. 조직헌신에서 직무몰입이 강조되는 사회적 배경에 대하여 분석해 봅시다.

4. 수평적 조직과 수직적 조직의 의사전달 관련 방식을 비교해 보고, 현대사회에서 더욱 중요시되는 것이 무엇인지 정리해 봅시다.

5. 레빈의 장이론은 해빙과 변화이행, 재동결이라는 조직변화순서를 설명하고 있는데, 실제 이러한 사례를 주변에서 찾아보고 설명해 봅시다.

CHAPTER 14

지역사회 평생교육 네트워크

학습목표

평생교육 네트워크는 교육사업의 품질을 향상하고 기관 간 상호 이해 증진 등을 통해 경쟁력을 강화하며, 더 나아가 지역교육 공동체를 구축하기 위해 필요한 핵심전략이다. 평생교육 네트워크를 구축하는 과정은 종합적이고 총체적인 일련의 프로세스이기 때문에 수많은 시행착오를 거치게 되며, 이 과정에서 네트워크가 와해되기도 하고, 참여 주체들이 합의했던 비전과 목표가 변하기도 한다. 이를 방지하기 위하여 네트워크 구축 및 공동사업 실행과정에 대한 세밀한 기록과 분석이 요구된다.

제1절 지역사회와 평생교육

지역사회는 작게는 마을로 생각할 수 있고 또는 행정단위의 시, 군, 구로도 또는 국제사회에서 나라별로도 묶을 수 있는데, 그 범위를 잡는 기준은 일정범위 안에서 생활하는 사람들을 구심점으로 한 공동체를 염두해 둔 용어이다. 평생교육기관의 역할에 따라 공동체의 범위가 달라질 수는 있지만 지역사회에서 평생교육이 해야 할 인간 삶의 질 개선이라는 목표, 그리고 성인은 교육을 통해 좋은 방향으로 변화될 수 있다는 확신은 모든 지역사회와 평생교육의 연결점이라고 생각된다.

이 점에서 평생교육은 사람이 중심이 되는 지역사회를 벗어날 수 없으며, 공동체의 삶을 보다 나아지게 하려는 지역사회는 평생교육을 포기할 수 없다. 2020년 1월말에 발생한 코로나19 펜데믹은 한해를 넘겨 2021년까지도 비대면이라는 상황을 만들고 교육서비스의 양극화를 초래하였다. 현장수업보다는 온라인 수업이 진행되면서 그에 맞는 디지털장비를 갖춘 지역과 그렇지 못한 지역 간에 차이가 발생하고 교육소외가 확대되었다. 이러한 문제의 대안으로 오직 정부의 개입에만 의존할 수 없는 상황이다.

평생교육기관경영에서 지역사회와의 효과적인 관계는 평생교육기관의 역할 및 목표에 대한 존재가치를 발전시키고, 이를 실천하기 위해 그들의 이해나 협조를 구하기도 하고 나아가 그에 따른 진전 및 성과를 알림으로 책무성을 효과적이고도 효율적으로, 매력적으로 달성할 수 있다는 인식에서 비롯된다.

평생교육기관과 지역사회와의 관계는 평생교육기관의 지속적 성장과 발전을 담보하는 데 있어서 필수적이며, 지역사회 내에서 평생교육기관의 위치와 존재가치를 획득하고 확장하게 만들며, 학습자의 학습효과를 극대화하기 위한 관련 학습 환경의 연계와 활용에 필요로 한다.

성인의 학습과정에서 지역사회의 사회적·교육적 환경은 매우 중요한 의미를 지니고 있으며, 이 점에서 지역사회와 평생교육기관의 상보적인 관계는 평생교육기관경영에서 상호 불가결한 것으로 인식되어 왔다.

평생교육기관경영자는 학습자들의 지속적인 유치라든가 기관의 성장·발달에 관련된 가정 혹은 지역사회와의 관계에 적극적인 관심을 가져야 하며, 긍정적으로 발전시켜 나가는 일은 평생교육기관경영의 기본적인 과제가 된다. 평생교육기관경영자가 이를 어떻게 받아들이느냐에 따라 지역사회 관계의 실제는 접근 입장이나 관계의 정도를 달리해 왔으며, 두말 할 나위 없이 평생교육기관경영자의 리더십이나 의지에 따라 지역사회로부터 많은 영향을 받기도 한다. 좋은 기관을 넘어 훌륭한 평생교육기관을 만들어 나가려면 이들과의 적절한 관계를 수립해 책임을 분담하고 지역사회의 자원을 유기적으로 활용하는 일이 기본요건이며, 이를 통해서만 평생교육기관은 지역사회 내에서 정체성을 드러내고 도약할 수 있다.

1. 학습경험과 학습공동체

1) 학습경험

듀이(Dewey)는 교육을 경험 내에서의, 경험에 의한, 경험을 위한 발달이라고 강조하였다. 즉, 사람은 경험을 통하여 획득한 지식, 기술, 신념, 태도, 능력, 사상 등이 경험에 의해서 계속적으로 재구성된다(김경희, 2000)는 것을 의미한다. 1970년대에 가르치는 자 중심에서 학습자의 경험을 학습과정의 중심에 두는 경향이 나타났다.

노울즈(Knowls, 1980)는 성인학습자에게 있이서 자신의 전생애적인 경험을 공유하고 반성하는 것이 중요하다고 하며, 이를 지원하고 격려하는 학습자 중심의 교육과정에 대한 필요성을 강조하였다. 프레이리(Freire, 1997)는 교육의 참된 목적을 개개인의 삶을 새롭게 보고 변형시킴으로써 이를 통해 사람들이 더욱 충만한 삶을 영위해야 한다고 주장하였다. 즉, 경험은 지금까지 성인이 학습을 하는 데 있어서 중요한 핵심요소로 인식되어 왔으며(Merriam & Caffarella, 1999; Merriam, Caffarella & Baumgartner, 2007) 이러한 경험이야말로 최고의 가치를 지닌 자원이자 성인학습자의 살아있는 교과서가 될 수 있다고 강조되었다(Knowls, Holton & Swanson, 1998). 따라서 사람들은 인생을 살면서 자신이 경험한 것들에 대하여 성찰하는 과정 속에서 지식을 만들어내고 의미를 형성해 나간다(Kolb, 1984)고 할 수 있다.

이러한 차원에서 성인학습자들에게 일어나는 경험을 통한 학습은 표 14-1과 같은 세 가지 특징으로 정리할 수 있다.

표 14-1 경험을 통한 학습의 특징

특징	내용(학자)
경험을 통한 학습	학습의 중요한 재료이자 학습과정 자체가 경험(Kolb, 1984)
무형식적인 학습	경험을 통한 학습은 특정한 형식이나 형식화된 프로그램으로 존재하지 않는 경우가 많다(Enos, Kehrhahn, & Bell, 2003).
개인 스스로의 성찰(reflection)	메지로우(Mezirow, 1998)는 경험을 통한 학습이란 경험의 의미를 새롭게 수정하여 해석하는 과정이라고 정의하면서 비판적 성찰(critical reflection)이라는 과정을 통해서 경험의 의미를 새롭게 찾아내고 재해석하여 현실의 기저에 존재하는 원리나 가정을 수정하는 데 초점을 둠

콜브(Kolb, 1984)는 이러한 경험을 통한 학습의 과정을 네 단계로 설명하였다. 그림 14-1의 반성적 관찰단계에서는 학습자 자신의 삶이나 자신이 속해 있는 조직, 환경에 대하여 새로운 관점을 도입하려 하고 새로운 아이디어를 찾으며 새로운 사고방식의 적용에 대하여 고민하게 된다.

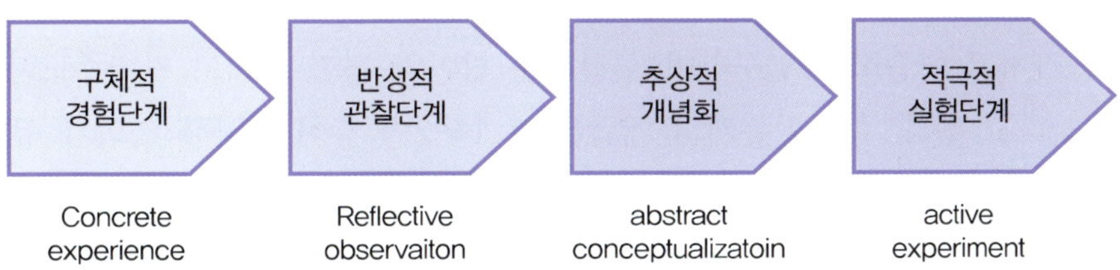

그림 14-1 경험을 통한 학습의 과정

① **구체적 경험단계**: 사람들은 일상적인 생활을 통해 지식과 기술 그리고 태도를 보고 듣고 행동하므로 주관적인 경험을 쌓는다.

② **반성적 관찰단계**: 개인의 주관적 경험을 이론이나 사회의식 등을 통해 비추어보는 의식적 단계이다.

③ **추상적 개념화단계**: 자신의 경험을 반성적으로 성찰하는 것으로 인해 재구성된 경험을 통해 새로운 관점을 갖게 되는 과정

④ **적극적 실험단계**: 경험을 재구조화하여 의식적으로 깨달은 앎을 본인의 일상에 적용하여 외부로 전환하는 과정(Kolb, 1984)이다. 즉, 이 단계는 반복적으로 일어나게 되며 자신의 경험을 통해 외부의 변화를 이끌어내는

연속적인 경험학습의 과정이다.

이와 같이 모든 학습은 경험에서 시작되며 경험은 사회적 맥락에서 환경과의 상호작용 속에서 이루어지고 학습과정은 형식적인 학습보다 비형식적인 것에 의해 더 많이 이루어진다(Jarvis, 2006). 따라서 경험은 개인의 정체성을 형성하는 풍부한 학습자원이며, 성인들은 이러한 그들의 경험으로부터 자아정체성을 완성한다고 볼 수 있다(한우식, 2011).

2) 학습공동체

학습공동체에 대한 논의는 성인교육의 진원지라고 인식될 수 있는 영국에서 사회적 네트워크와 학습에 대한 욕구를 충족시키기 위하여 19세기 중반부터 시작되었다(정민승, 2000). 이러한 학습공동체 차원에서 성인교육을 통한 시민의식을 갖추기 위한 자발적 학습 운동으로 시작된 것이 지금의 학습동아리(studycircle) 운동이다(Blid, 1989).

한승희(2001)는 학습공동체가 지역공동체 속에서 학습자들이 모여 공동관심사를 가지고 학습하고 연구하며 실천하는 참여와 경험 그리고 자기주도학습을 해나간다고 했다. 학습공동체의 개념은 표 14-2와 같이 다양한 정의가 있으며, 종합해볼 때 학습공동체는 배움과 실천이 함께 하는 실천적 조직으로 서로 간의 협력과 문제에 대한 공감을 통해 새로운 변화를 위한 가치창출을 해나가는 모임으로 정의할 수 있다. 학습공동체 구성원은 상호간의 공동관심사를 공유하고 관련된 내용을 학습하며 집단의 목표를 이루기 위한 협력을 만들어 가면서 터득하는 경험을 성찰하는 과정을 겪는다.

표 14-2 학습공동체의 개념

학자	개념
샤프 (Sharp, 1997)	학습공동체란 효과적인 업무의 진행을 위해 나타난 비공식적인 네트워크의 한 유형이며, 다양한 형태의 대화를 통해 자신의 지식이나 경험을 함께 공유하고자 하는 소규모의 사람들이 모인 집단
브라운, 듀기드 (Brown & Duguid, 1996)	일상적인 구성원들의 업무활동 속에서 업무수행이 자연스럽게 이루어지면서 새로운 창조물이 나올 수 있도록 지원하는 모임
벵거, 스나이더 (Wenger & Snyder, 2000)	학습공동체는 지식창출집단으로 개인적 학습성과와 관련 업무수행을 통한 노하우가 집적되어 체계화되고 지속적으로 새로운 것을 획득하는 집단
램버트 (Lambert, 1997)	구성원들이 실제로 실천해 보는 과정을 통해 반성적으로 성찰해가는 기회를 가지며 이러한 실천이 지속적으로 일어나는 학습집단

2. 지역사회 학습동아리

지역사회(local community)는 주민의 거주 공간적인 구분으로 크게는 국가, 작게는 그 속에서의 행정적 구분으로 특별시, 광역시·도, 기초자치단체, 읍·면의 형태로 나누어진다. 이러한 형태는 공식적인 네트워크를 이루고 있으며, 현재의 지역사회는 인위적·행정적 단위로 성립되어 지역사회가 정치단위로서의 의미가 커지고 자연스럽게 지역사회의 문제는 곧 지방자치의 문제로 이어지고 있다. 현재의 지역사회 인위적·행정적 단위는 그림 14-2와 그림 14-3과 같이 행정, 공공서비스를 이루고 있으며 평생교육기관은 이들과 교류하고 소속된 지역사회문제를 다루고 있다.

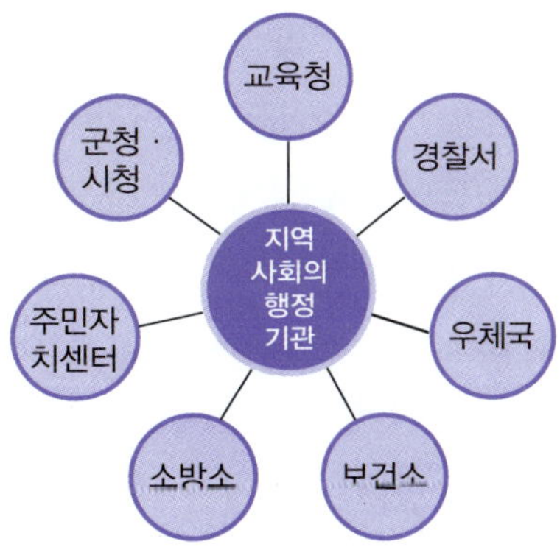

그림 14-2 지역사회의 행정기관

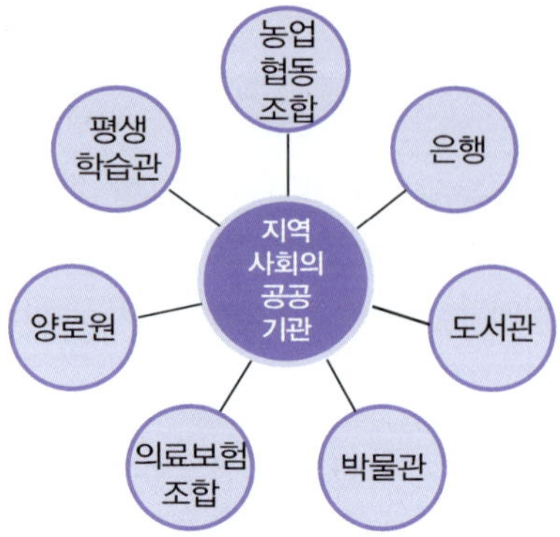

그림 14-3 지역사회의 공공기관

공식적인 네트워크로 행정기관과 공공기관이 있다면, 지역사회 안에 개인들이 모여 운영하는 비공식적인 네트워크인 학습동아리가 최근 지역주민참여 활성화 또는 풀뿌리 자원조직 지원으로 다시금 관심을 받고 있다.

학습동아리는 말 그대로 학습을 위해 결성된 모임이다. 학습동아리는 학습자들이 자발적으로 학습을 위하여 결성한 집단 또는 학습하고자 하는 주제가 동일한 사람들이 모여 자기들끼리 학습조직을 운영하는 모임(오혁진, 2006:246) 또는 소모임 중에서도 '학습'과 '토론'을 주 목적으로 모이는 집단(이지혜, 2004:58)을 지칭한다.

학습동아리는 학습을 목적으로 모인 집단인 학습공동체(learning community)의 한 형태로 스웨덴과 같은 북유럽 지역에서는 100년 넘게 이어져온 스터디서클에서 비롯했다고 알려지며 미국에서는 지역사회문제 해결을 위한 토론모임의 형태로 사용되고 있으나(Oliver, 1995; Bjerkaker, 2014), 한국에서 사용되는 학습동아리의 영역과는 다소 차이가 있다(오혁진, 2014).

한국에서의 학습동아리에 대한 유래는 농민들의 두레활동, 서민들의 계(契), 사설(私設)교육기관인 서원(書院) 중심의 활동 등에서도 찾아볼 수 있다. 특히 1950년대부터 경제적, 생활적인 이유로 조직된 여성 위주의 계모임과 같은 소모임들은 부녀회로 발전되기도 하며 근대교육을 통해 행정과 마을을 연결하는 역할도 담당했다(강수연, 2018). 이 장에서 학습동아리란 성인들이 자발적으로 일정한 인원이 모임을 구성하여 정해진 주제에 대한 학습과 토론을 위해서 정기적으로 만나는 모임을 의미한다. 그리고 최근 들어 학습동아리의 지속 및 활성화에 영향을 미치는 요인을 분석한 연구를 정리해 보면, 평생학습 지원기관의 장소 및 경제적 지원, 기관 및 담당자의 관심 등에 내용이 빠지지 않고 있어 평생학습 관련 기관의 역할이 크다고 할 수 있다.

3. 평생교육기관의 학습조직

1) 학습조직

학습조직(Learning Organization)이라는 용어를 처음 소개한 학자는 가렛과 헤이스(Garratt & Hayes, 1987), 윌라잇과 클라크(Wheel-wright & Clark, 1988) 등이었고, 셍게(Senge, 1990)가 시스템이론에 입각하여 학습조직을 논의하면서 학습조직이 이상적인 조직유형으로 자리잡게 되었다(박성원, 1999).

학습조직에 대한 정의를 정리한 표 14-3에서 실상 학습조직에 대한 공통된 개념을 도출하는 것이 매우 어렵지만 종합해 보면 학습조직은 조직의 바람직한 이상형으로서, 개인이나, 팀, 조직차원의 학습을 지속적으로 유지해 나가는 조직으로 볼 수 있다.

표 14-3 학습조직에 관한 정의

학자	학습조직에 관한 정의
셍게(Senge, 1990)	구성원들이 진실로 바라는 결과를 성취하기 위해 역량을 계속적으로 확장시키며, 새롭고 확산적인 사고방식이 육성되고, 집합적 열망이 자유롭게 표출되며, 함께 학습하는 방법을 계속적으로 학습하는 조직
왓킨스, 마식 (Watkins & Marsick, 1990)	계속적으로 학습하고 그 자신을 변화시켜 나가는 조직
게하트, 마식, 밴뷰런(Gephart, Marsick, Van, Buren, 1996)	학습하고 대응하며 변화하기 위해 향상된 역량을 보유한 조직이며 학습과정이 혁신 및 발전목표와 연계되고, 분석, 관리 및 개발되는 조직
가빈(Garvin, 1993)	지식의 창조, 습득, 변화를 성취해 나가는 조직
마르쿠아르트 (Marquardt, 1997)	변화하는 환경 속에서 보다 더 잘 적응하고 성공하기 위해 학습을 확대하고 구성원들을 격려하며, 테크놀로지 활용과 지식을 잘 관리해 나가기 위해 자신을 계속적으로 변화시켜 나가는 조직

지속적인 학습을 통해 학습조직의 활성화가 가능하고 환경의 변화에 효율적으로 대응할 수 있는 역량을 개발할 수 있다.

그림 14-4와 같이 셍게(Senge, 1990)는 학습조직은 계속적으로 발전하고 개발해 나가므로 모든 학습조직이 동일한 유형이 될 수 없고, 어떤 조직이 학습조직이 되기 위해서는 다섯 개의 원리(개인숙달, 정신모델, 공유된 비전, 팀학습, 시스템 사고)가 개발되어야 한다고 주장한다(Senge, 1990).

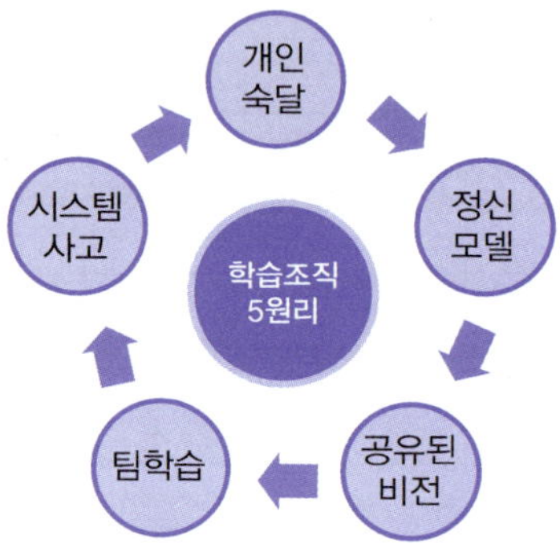

그림 14-4 셍게(Senge, 1990)의 학습조직이 되기 위해 개발되어야 할 다섯 가지 원리

2) 실천공동체

실천공동체(Community of Practice : Cop)는 레이브와 벵거(Lave & Wenger, 1991)에 의해 처음 소개되었다. 실천공동체는 비공식적인 형태로 실무를 공유하는 사람들의 모임이다. 동일한 관심사, 문제나 주제에 전문성과 정보를 공유하고 지속적인 상호작용으로 이 분야에서 지식과 전문성을 높이는 집단으로 정의한다.

실천공동체는 비공식적인 형태로써, 개인의 지식을 조직의 지식으로 전환하여 조직과 개인의 향상을 목표로 하는 공동체이다(이은숙 외, 2008).

실천공동체는 구성원이나 리더가 갖고 있는 관심분야를 따라 다양한 공동체를 설립할 수 있으며, 니컬스(Nickols, 2000)는 표 14-4와 같이 실천공동체가 추구하는 부분에 따라 구분하여 특징을 설명하였다.

표 14-4 실천공동체의 특징

분류	영역
목적 측면	학습촉진과 전문성 개발목적, 이익창출과 개선목적, 관심분야 공유목적에 따른 분류
활동 측면	지식공유의 종류, 개인 또는 공동체 간의 상호작용정도, 업무관련성에 따른 영역
형성 측면	자생적 실천공동체, 후원받는 공동체로 분류

실천공동체는 자연스럽게 공동체활동을 통해 서로의 실천을 공유하고 새로운 것을 창출하여 그들만의 공유된 자산을 토대로 공동체구성원들이 필요에 따라 그것을 표현하는 특징을 가지며 실천공동체를 활성화하기 위해서는 개인과 조직 간의 명확한 목표설정, 문화형성, 구성원 간의 친밀감과 상호작용이 필요하다.

실천공동체가 형성되고 유지, 발전하기 위해서는 그림 14-5와 같이 사람과 관심사(주제영역) 그리고 실천이 있어야 한다.

실제 평생교육기관에서는 흔히 강좌에 참여한 사람들이 동아리를 결성하여 공통된 경험을 쌓아가다 주변 상황에 대한 문제의식 또는 개선해야 할 필요성을 느껴 조직적으로 활동하는 단계에 이르는 경우가 있다. 이렇게 공통된 관심주제로 사람들이 모여 활동하는 것이 실천공동체이다.

그리고 자신의 지식을 활동을 통해 기꺼이 공유하므로 상호간 체험을 통한 새로운 지식을 더하는 것이 실천이다. 벵거(Wenger, 2002)는 실천은 공동체활동을 통한 실질적인 지식의 형태, 즉 공동체구성원들의 관점을 반영하여 실무자들에게 유용한 형태의 지식을 의미하며, 실천공동체에 3가지 구조적 요소뿐만 아니라 합치된 목적, 상호적인 작용, 공유된 자산의 특징 또한 포함하고 있어야 한다고 했다.

그림 14-5 실천공동체의 성립요건

제2절 평생교육기관 네트워크

평생교육기관경영에서 지역사회와의 적절한 관계를 수립해 공동체 문제 해결을 위한 책임을 분담하고 지역사회의 자원을 유기적으로 활용하는 일이 기본요건이며, 이를 통해서만 평생교육기관은 지역사회 내에서 지속적인 성장은 물론 새로운 도약을 위한 발판을 만들 수 있다(권두승 · 최운실, 2014).

최근에 평생교육 분야에서 평생교육의 기본원리로 파트너십, 네트워킹이란 용어가 많이 쓰이고 있으며, 이는 자원의 한계를 극복하여 주민의 다양한 요구에 응답하기 위한 평생교육기관의 노력으로 이해될 수 있다.

1. 네트워크의 기능

1) 연결망 사회

세계화와 정보화의 영향력에 의해서 전 세계가 하나의 지구공동체가 되고 지구 온난화와 같은 공통된 관심사와 공동문제 해결을 위한 인류현안에 대한 논의장으로 협업 네트워크가 정부 또는 민간단체 주도로 구조화되고 있다. 작은 지역사회에서도 촘촘한 연결망을 통해 소외되고 혜택을 받지 못하는 사각지대가 없도록 면밀히 네트워크를 구성하고 있다. 연결망 사회는 복잡하고 다양한 요구를 가진 시대에 맞게 대처하기 위한 방법으로 학문적으로 다양한 분야에서 연구되고 그 실효성을 입증해 나가고 있다.

마찬가지로 사회운동 단체들 사이에 자원 동원과 자원 배분의 효과 때문에 연결망에 대한 중요성이 대두되었다. 대표적인 자원동원 이론가인 틸리(Tilly, 1978)의 핵심적인 주장은 연결망으로 연합된 조직들이 동원한 자원을 어느 정도 효율적으로 사용(배분)하는가에 따라 운동의 성패가 갈라진다는 것이다. 동원된 자원을 효과적으로 사용하지 못한다면 동원된 자원은 낭비되고 운동이 실패할 위험성이 있다. 운동이 성공하려면 동원된 자원이 정책 결정을 담당하는 핵심집단에 제대로 전달되거나 압력으로 작용해야 하는데, 그러기 위해서는 운동집단과 정책결정 사이에 연결망이 필수적이다. 결국 사회운동 연결망은 자원을 획득하거나 이를 효과적으로 사용하는 수단일 뿐만 아니라 제도적인 후원과 정당성을 획득하는 도구가 되는 것이다.

그림 14-6 **다양한 종류의 연결망에 의한 사회변동**

다양한 연결망이 우리의 삶에 깊숙이 파고드는, 연결망사회의 출현은 사회변동의 큰 흐름이 된다. 이러한 사회적 결과는 거시적으로 그림 14-6과 같이 수직적 위계의 경계를 무너뜨리며, 수평적인 네트워크로 전환되는 것은 장기적으로 '권력이동'을 야기한다. 이러한 네트워크사회의 출현은 분산화와 비주류화로 있던 여성, 청소년 그리고 장애인, 다양한 소수자의 인권문제를 다루는 등 긍정적인 측면도 있으나 실체적 문제해결을 위한 조정과 사회적 합의를 이끌어 줄 네트워크의 부재로 지속적인 사회적 갈등구조를 갖는다.

바야흐로 복잡성과 혼돈 현상에 주목하는 네트워크는 시대적 전환 국면을 맞고 있으며, 개인주의와 집단이기주의로 자신과 소속집단의 이익을 극대화하기 위해 진격하는 사회에 대하여 공동체성 회복을 통한 평등사회 구현을 이야기하고 있다.

네트워크의 구성요소인 각각의 노드(node)는 정보교류와 자원공유를 통해 상호작용이 일어나며 그 이전에 서로 간의 요구가 합치될 때 강력한 결합이 형성된다. 그러기에 네트워크를 지속가능하게 운영하려면 비전과 단기적인 목표를 구체화할 필요가 있다.

현대사회에서 네트워크라는 개념은 일상생활(IT), 산업, 복지 등 전방위적으로 사용되고 있는 용어로 조직특징과 사업목적에 따라 광범위하고 다양하게 인식되어 하나의 정의로 단순화할 수 없으며, 실제 지역사회와 평생교육기관의 네트워크는 거버넌스와 밀접한 관계를 가진다.

거버넌스란 공동의 목표를 달성하기 위해 정부, 민간부문 그리고 사회단체 등이 주어진 자원 제약 하에서 각자의 책임감을 가지고 권한을 배분하여 투명하게 의사결정을 수행하는 장치로 전통적 행정이 위계 형태를 취한다면, 신사유주의와 신공공관리(NPM)는 시장(market)을 모델로 하고, 거버넌스 시대는 연계(network)를 모델로 한다(문정수, 2010).

또한 사회학에서는 상호호혜, 신뢰, 규범에 바탕을 둔 사회 네트워크를 사회적 자본(social capital)이라고 하였고, 일반적으로 네트워크를 "규정된 범위의 사람, 대상 또는 사건들을 연결하는 특정 유형의 관계"로 정의하였다. 네트워크 이론은 각각의 노드의 연결로써 사람뿐 아니라 조직 등의 개별적 부분이 연결되어 발휘되는 효과를 설명하고 있다. 평생교육과 인접한 인적자원 개발 분야에서도 이해와 실행의 개념적, 실증적 도구로서 사회적 네트워크를 인적자원개발에 접목하려는 시도가 일고 있으며, 사회 네트워크 관점에서 인적자원개발이 적절한 네트워크 구조들과 실행을 위한 적절한 기회와 조건들을 개발하는 데 초점을 둘 것을 제안하고 있다(문정수, 2010).

OECD는 네트워크를 "참여자들 간의 공동의 이해와 목적을 추구하기 위한 연계의 형식"이라고 보았다. 어느 사회마다 재화가 부족한 상황에서 최우선적으로 자원을 투입해야 할 분야를 순서적으로 선택적 자원투입을 하게 된다. 이것이 누적적으로 진행되다 보면 중복 또는 소외되는 서비스가 발생하게 된다. 이럴 때 먼저 형성된 서비스를 활용할 수 있는 통합적인 컨트롤 기구가 있어야 효과적으로 지역자원을 재분배하고 관리할 것이 제시되면서 네트워크를 강조하게 된다.

2) 평생교육 네트워크

지역사회 내 교육자원이 주민들에게 유용하게 쓰임받기를 원하는 상황에서 평생교육의 네트워크가 부각되고 중요한 과제로 자리매김하고 있다. 이러한 네트워크의 필요성에 대하여 양흥권(2007)은 지역사회 평생학습 활성화를 위해서는 지역사회 내의 평생학습기회 제공 주체 간의 네트워크 활성화의 필요성을 지적하였다. 평생학습 자체가 네트워킹의 연속(이희수 외, 2005)이기도 하다.

평생교육 네트워크란, '상호작용, 상호보완적 협력적인 관계 등 여러 관계 간의 연결체계'라고 정의되며 교환 및 상호협력, 공통이해, 공유된 신념과 전문적 시각을 통한 유대와 같은 공식, 비공식적 연계를 포함하며(평생교육진흥원, 2009). 기존 학교의 체제를 혁신할 수 있는 방식으로 제시되기도 한다(OECD, 2003). 평생교육 네트워크의 의미에 대하여 살펴보면 **표 14-5**와 같다.

지역사회는 평생교육 네트워크를 통한 정보교류와 협력사업, 제휴를 통해서 운영된다. 지역사회 다수의 이용자들이 지역자원을 원활하게 사용하기 위해 여러 교육시설들이 네트워킹되어 적절하게 그들의 요구에 대응할 필요가 있다. 지역 평생학습 기반 정비라는 관점에서 시급한 일은 교육부와 지청 소속의 교육기관과 중앙정부와 지방자치단체에 소속된 평생교육기관 및 일반 지역사회 교육자원을 망라하여 교육자원을 조사, 발굴하고 이에 기초하여 많은 지역주민들의 사용요구에 부합되게 공동 활용을 위한 지역학습 네트워크(learning network)를 구축하는 일이 요구된다. 네트워크의 개념은 다음과 같은 의미로 함축할 수 있다.

표 14-5 평생교육 네트워크의 의미

구분	내 용
주민 서비스 향상	장기적, 종합적인 관점에서 판단했을 때, 네트워크화 결과가 평생학습과 관련하여 주민에 대한 서비스 향상
단독시설의 한계 극복	서비스 영역, 시설 규모, 직원의 능력 등 한계를 넘어서서 보다 넓은 기반을 평생학습으로 제공
새로운 가능성 추구	지식정보화 사회변화에 따른 평생학습사회에서의 사회적인 요청은 이후에도 계속 발생
새로운 조건의 활용	정보기술의 발달, 여가의 증대 등은 평생학습의 장래에 새로운 조건을 초래
행정의 효율화	네트워크에 의해서 소프트와 하드 양면의 불필요한 중복 해소로 서비스 향상
민간 평생학습 시설의 발전	민간시설과 공적 시설에서는 운영이념에서 공통된 것이 많고, 기능에서도 양자가 서로 보완
지역 정체성의 형성에 공헌	불필요한 중복을 배제할 수 있다면 그 남은 여력을 지역의 특성에 합치한 시설의 독자성을 발휘

출처: 한국교육개발원(2006).

① 학교를 포함하여 모든 평생학습 관련 시설 간의 교육자원 공동 활용을 위한 협약이 강화되어야 한다.

② 지역사회 시설이 공유화되어 효율적으로 활용도를 높일 수 있도록 행정적 경계를 허물 필요가 있다.

③ 이용 대상을 제한하고 용도를 특정하는 시설을 최소화하여 지역 시민을 대상으로 복합화되고 활용성이 높아지도록 지역학습 네트워크가 유기적

인 체계를 갖추어야 한다. 다른 기능을 갖고 있는 시설 간에는 서로 보완점을 찾아 상호간에 교차적으로 활용할 수 있도록 하여 특수시설에 대한 시민의 접근성을 높여야 한다.

사회과학적 의미에서 네트워크는 공유 목적을 성취하고 목표들을 이행하기 위해 개인이나 조직 및 기관 간 상호작용하고 자원을 교환하는 사회적 체계이며 긴급한 지역사회문제 개입, 상이한 욕구와 문제를 지닌 자원 간의 교류와 상호작용을 통해 문제를 해결하는 지역사회조직화의 중요한 실천전략이라고 할 수 있다(한재랑, 2001). 네트워크는 하나의 사회적 구성체와 다른 구성체 간에 연계된 체계(김용학, 2004) 혹은 상호작용 관계의 영향이 미치는 망을 의미한다(우수영, 2008).

2. 네트워크 구축과 운영

평생교육기관·단체의 네트워크 영역과 관련하여 시설·설비, 사업, 인재, 단체 등 네트워크 영역 간 자원과 요소가 교환될 때 여러 항목에 있어 기관·단체 간 네트워크가 가능하다. 우선적으로 중요한 것은 이러한 체제를 만들기 위한 의식의 변혁인 것이다. 평생교육기관 간에 경쟁적인 관계를 유지하고 있는 상황에서 물적, 인적자원교류를 하기는 실제적으로 매우 어려운 부분이다.

그러기에 평생교육기관·단체 간 네트워크 구축은 상호 간에 네트워크 구축의 필요성에 대한 공감대를 기반으로 참여 주체들 간의 공동 비전과 목표를 설정하고 그에 따른 구체적인 네트워크 계획을 수립하는 것이 중요하다.

구체적인 평생교육 네트워크의 구축은 우선적으로 지역사회 요구를 파악하는 것으로부터 그림 14-7과 같이 이슈를 중심으로 한 '과제'와 지원 '대상'을 확인해 가며, 그와 관련한 파트너를 찾아 함께 실행계획을 세워야 한다.

네트워크 구성원의 역할은 네트워크 사업이 개발되고 실행되면서 돌발적인 상황이 발생하고 불확실한 전개 방식으로 역할변화가 필요되기도 한다. 그러한 변화 속에서 함께 하는 구성원은 네트워크의 미션과 비전을 공유하여 상황에 맞는 유동적인 역할과 책임관련 수용성을 높혀야 한다. 그렇지 않으면 돌발상황에서 발생한 일에 대한 책임 소재가 불분명해지고 매순간마다 협의를 거쳐야 하는 소모적인 회의가 진행되기 때문에 포괄적인 책임이 수반되고 그에 따른 투명한 정보공개와 신뢰가 필수적이다. 포괄적이고 변화가 많은 구성원의 역할과 책임에 대하여 모든 것을 초기 협약에 담는 것은 어렵고 서로 간에 인식이 다를 수 있어 소통과 기록, 관련 피드백이 수시로 일어나야 한다.

초기 네트워크 간에 체결되는 협정서는 뜻을 같이 하기 위한 성명서처럼 작성되고 포괄적인 정보교류와 자원공유에 서명하게 된다. 최근에는 보다 구체적인 협정을 체결하는 방향으로 선회하였는데, 참여하는 기관들마다 자신들의 역할을 표기하고 정량적인 목표를 제시하여 하나의 프로젝트로 진행되는 경우도 있다. 그러나 평생교육기관의 네트워크 의미는 파트너십으로 서로 간의 신뢰를 바탕으로 사안마다 함께 하며, 지역사회 공동체를 위하여 헌신해야 하는 목적을 이루기 위한 공식적이고 상시적인 수단이 되어야 한다.

구분	세부단계	주요 내용
네트워크 준비	지역사회 요구 및 자원 검토	•시행 가능한 평생교육사업 기획 •주민교육 요구 및 프로그램 제공기관 확인 •시행 가능한 평생교육사업 기획 •자기 기관의 요구와 자원 검증
	네트워킹 파트너 찾기	•지역 평생교육 관련 기관들이 파트너십을 추구하는 이유 검토 •지역 평생교육 지도 그리기 •잠재적 파트너 접촉을 위한 정보 준비
	네트워킹 파트너 접촉	•유선 및 기관 방문
	기관 간 회의 조직	•모임 기획(준비 및 접대) •효율적 회의 운영(신속성, 정확성, 절차성 등)
네트워크 구축	자문 위원회 구성	•지역사회 내 여러 분야 대표자 구성
	공유된 비전과 네트워크 사업 목표 개발	•공유 비전의 개발 및 단기적 목표 검증 •개인과 기관의 참여 유도를 위한 통합된 목적과 관심 구성
	사업 타당성 검토	•지역사회 적합성, 현실성 검토 •프로그램 및 서비스의 존재 여부 확인 •관계 기관 및 개인의 참여 유도
	실행 계획 세우기	•과제 목록, 시간계획, 개인의 역할 명시 •주변 환경을 고려한 세부적 실행 계획 수립

그림 14-7 **평생교육 네트워크 구축절차**

출처: 한국직업능력개발원(2016).

3. 평생교육 네트워크 관리

평생교육 네트워크는 교육 사업의 질 향상, 기관 간 상호 이해 증진 등을 통해 경쟁력을 강화하고 더 나아가 지역교육공동체를 구축하기 위해 필요한 핵심 전략이다. 평생교육 네트워크를 구축하는 과정은 종합적이고 총체적인 일련의 프로세스이기 때문에 수많은 시행착오를 거치게 된다. 이 과정에서 네트워크가 와해되기도 하고, 참여 주체들이 합의했던 비전과 목표가 변하기도 한다. 이를 방지하기 위하여 네트워크 구축 및 공동사업 실행과정에 대한 세밀한 기록과 분석이 요구된다.

평생교육 네트워크 관리는 네트워크 장애요인을 파악하고 해결방안을 모색하기 위한 것으로 네트워크의 성과를 평가하고 성과를 참여주체 간 공유하여 지속적으로 네트워크를 발달시켜 나가는 것이다. 평생교육 네트워크는 상시 또는 수시로 모이게 되면 각 기관의 리더모임과 실무모임으로 구분하여 진행되기도 하는데, 그 운영모델이 동일한 것은 아니다. 그러기에 각 평생교육기관은 연간계획에 대외협력이라는 부분을 두어 지역사회와의 협업계획을 매년 세우고 관련 사업에 대하여 계획, 목표수립, 성과평가 등의 내부적 절차로 전개해 나갈 필요가 있다. 언제나 일련의 과정 중에 있기 때문에 프로그램 평가와 같은 절차를 적용하기는 어렵고, 대신 구조적인 차원에서 네트워크 성과 평가를 위한 준거를 단계적으로 적용할 수 있다.

평생교육 네트워크의 상태를 측정하기 위하여는 구체적으로 비전·인식, 관계 형성, 사업 내용의 3개 범주(양병찬, 2012)를 기준으로 가늠하여 평가해 볼 수 있다. **표 14-6**과 같이 네트워크의 단계별 발달과정은

① 비전·인식은 네트워크에 참여한 구성원들이 공동의 비전과 목표를 위해 나아가는 과정을 의미한다.

② 관계 형성은 "따로 또는 같이"의 적절한 실천을 의미하는 것으로 네트워크에서 수립한 비전과 목표에 부합되는 관계를 확장하는 것이다.

표 14-6 네트워크의 단계별 발달과정

구분	수준	내용	현상
비전/인식	1수준	개별 기관 간의 경쟁적 인식	
	2수준	네트워크에 대한 중요성 및 필요성 인식	
	3수준	상생을 위한 기관 간의 인·물적 교류 및 정보 소통	
	4수준	네트워크 구축을 위한 소통 체계의 형성	
	5수준	공동의 비전과 목표의 정립을 통한 지역 과제 공동 해결	
관계 형성	1수준	개별 기관의 독자적 실천	
	2수준	유사한 기관들이 의례적인 연계	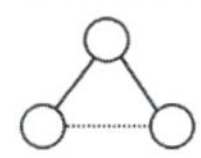
	3수준	유사한 기관들의 중심 기관을 필두로 한 주변 기관의 규범적 연계	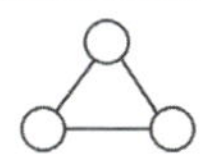
	4수준	지역 안에서 네트워크가 활성화되어 다양한 개별적 관계망 탄생	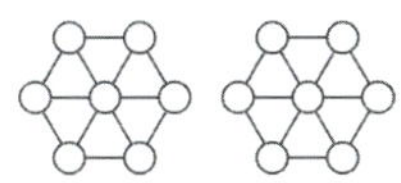
	5수준	기관의 유사성을 벗어나 지역 안에서 행위자 중심의 다원적 관계망 형성	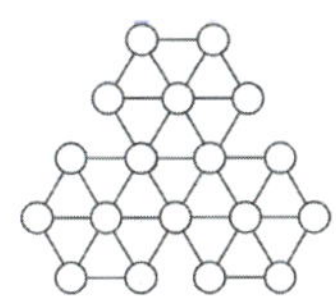
사업 내용	1수준	기관 개별사업	
	2수준	기관 개별사업에 유관 기관의 간헐적 협력	시설 공유, 강사 교류 등
	3수준	소규모 권역사업에서의 역할 분담	특정사업 논의, 역할 분담 등
	4수준	충분한 논의를 거쳐 기획이 있는 공동사업과 책임성 공동 프로젝트 수행 등	
	5수준	지역 전체 민관 협력을 통한 중·장기적 지속성 확보 지역 종합계획 수립 등	

출처: 양병찬·박성희·전광수·김은경·신영윤(2012). 시흥시 평생학습 네트워크 사업 컨설팅 결과 보고서. 시흥시·공주대학교.

③ 사업 내용은 네트워크라는 이름의 역할 분담 여부 및 활동의 확장여부를 중심으로 한 발달을 말한다. 네트워크 각각의 개별사업 계획은 공유되고 공통된 사업은 프로젝트 성격으로 추진된다.

평생교육 네트워크활동에서는 다수의 구성원들의 동의를 수반한 체계적인 계획이 수립되어야 한다. 네트워크의 상태에 따라 초기 구축단계의 경우는 포괄적이지만 지속유지되는 네트워크의 경우는 계획서를 통한 비전과 목표를 명료화하고 공유한다. 지속유지되는 네트워크의 계획 수립은 다음 사항을 고려하여야 한다.

① 이전의 성과 평가내용이 다음 계획수립에 반영되도록 계획되어야 한다. 드러난 문제점을 극복하고 대응하기 위한 공개적인 협의결과가 구체적인 방안으로 전개되어 나감으로써 지속가능한 네트워크 운영이 될 수 있다.
② 네트워크의 의사결정과정은 투명하게 공유되어야 하며, 특히 계획수립의 과정은 네트워크 참여자들의 주도적 참여로 실행력을 확보할 수 있기 때문에 모두가 알 수 있도록 공개하는 것이 중요하다. 특히 네트워크에 적극적인 일부 단체 또는 실무자에 의해 수립되는 계획은 속도적인 측면에서 효율적일 듯 보이지만 실상은 네트워크를 와해시키는 원인을 제공한다.

더불어서 여느 계획서와 마찬가지로 네트워크 계획수립 시에 구성원 간에 목표달성을 위한 점검과 평가를 위한 성과 지표를 도출하고 핵심성과를 관리하는 활동이 추가되어야 한다.

네트워크의 파트너십은 코로나19와 같은 외부적인 거대 위기상황과 가치경영이 강조되는 시대에 있어서 반드시 추진해야 할 하나의 과업이다. 이것은 특정 담당자가 해야 할 일이 아니며 기관 전체가 함께 추진해야 할 전략이어야 한다.

제3절 평생교육기관의 의사결정

1. 평생교육기관경영에의 주민 참여체제

주민참여는 학자와 시대에 따라 여러 가지 의미로 해석되고 사용되고 있다. 주민참여의 공통된 내용은 주민들이 지역의 정책결정과 집행 과정에 본인들의 요구를 합리적인 체제 속에서 반영하게 하는 일련의 행태를 말한다. 이러한 주민참여는 참여민주주의에서 더욱 강조되고 활성화되고 있다.

실제 초기 정부의 대민서비스를 높이는 분야로 주민참여가 주민의견청취로 중앙정부 및 교육, 국방, 지방자치 등에서 진행되었으나 이후 주민생활과 밀접한 환경, 문화, 복지, 주민공동체의 사업수립에서도 적극적으로 주민참여가 활성화되는 추세이다.

이에 따라 일반적인 주민참여의 유형을 구분하여 살펴보는 선례가 많지만 실제 주민이 참여하는 분야와 권한의 정도에 따라 다양한 유형으로 구분하고 있다. 지역사회 주민참여와 관련한 유형을 살펴보면, '제도적 참여'와 '목적적 참여' 그리고 '가치적 참여'로 구분할 수 있다.

① 행정분야에서 의사결정을 진행하기에 앞서 주민의 의견을 대표로 선정된 사람에게 받아서 진행되는 형태를 '제도적 참여'라 할 수 있다.

② 행정 정책에 반대하는 주민들의 요구운동으로써 '목적적 참여'가 있다.

③ 주민과 행정이 함께 사업을 결정하고 실행하는 형태의 참여로 '가치적 참여'라고 하는데, 현재 진행되고 있는 지역문화 정책사업에서의 주민참여 형태가 여기에 속한다고 볼 수 있다(이연성, 2015).

최근 들어 정부는 '국민의 나라, 정의로운 대한민국'이라는 국가 비전을 토대로 다섯 가지의 국정 목표를 설정하였고, 그중 '국민이 주인인 정부'와 '고르게 발전하는 지역'의 세부 국정 전략, '권력기관의 민주적 개혁'과 풀뿌리 민주주의를 실현하는 자치분권'을 두고 있다. 평생교육경영의 주민참여는 '가치적 참여'로 지역주민의 요구사항과 대안을 수렴하여 실제 경영에 반영하고 관리하는 것으로, 흔히 '운영위원회'에 지역주민의 목소리를 대변할 수 있는 학습자, 통장, 주민자치위원, 상인연합회장 등을 포함하여 구성하고 사업성과를 공유하며 관련 사업추진에 대한 의견을 구하는 것으로 진행되기도 한다. 또는 개별적인 지역축제 또는 프로그램에 공개적으로 주민이면 누구나 본인들의 의견을 자유롭게 제시하여 직접 프로그램 운영에 참가하는 것도 가능하다.

주민자치 활성화와 풀뿌리 민주주의 가치 실현을 위해서는 평생교육자치를 강화할 필요가 있다. 4차 산업혁명, 코로나19 등 전 세계는 전례없는 변화의 시기에 접어들었고 그에 맞는 새로운 지식을 습득해야 하는데, 이를 위한 지역의 평생교육 수요에 대응하고 평생교육 서비스제공 다원화를 위한 연계와 협력체제가 더욱 강조되고 있다.

2. 평생교육기관의 의사결정

의사결정이란 문제를 해결하기 위한 여러 대안 중 가장 적합한 대안을 선택하는 과정을 의미한다. 예를 들어, 평생교육기관에서 흔히 발생하는 문제로는 강의실 부족에 의한 자원배분의 문제인데 이때 내부(각 과정담당자와 시설관리인 등)와 외부(강사와 시설공유 기관간) 문제를 확인하고 관련된 사실정보를 수집하여 통합적 갈등을 분석하고 나서 관계자들과 함께 대안을 생각해 보는 시간이 요구되며 도출된 대안을 최종 결정으로 통보하는 것이 아니라 그와 관련한 양자적 갈등 소지가 있는지를 재차 확인하여 선정한 대안을 실행에 내는 의사결정이 요구된다. 의사결정과정에서 주의할 점은 선택되지 않은 대안들은 포기되고 의사결정과정에 찬성과 반대뿐만 아니라 타협의 과정도 있다는 것을 생각해야 한다.

표 14-7 일반적인 주민참여의 단계별 목표

참여단계	목표
문제의 정의	이해관계자들이 문제를 어떻게 바라보는지 이해, 공공 관심 수준 규명
평가 기준의 수립	대안을 평가할 수 있는 가능한 기준들을 제시, 평가 기준에 대한 합의
대안의 규명	실행 가능한 모든 대안 개발
대안의 평가	주민 관점에서 다양한 대안들의 영향에 대한 이해, 다양한 이해관계별 대안의 상대적 장점 평가
행동 경로 선택	가장 수용할 만한 대안에 대한 합의와 결정

출처: 이승종·김혜정(2011). p.264; 제임스 크라이튼(2005). p.62.

최근 지역사회와 밀접한 공공 평생교육기관은 예전의 이용자가 기관을 통해 갖춘 역량을 심화하는 동아리활동을 넘어, 지역사회 현안 발굴 및 의제설정을 위한 기획회의 등을 마련하여 공동의 관심사, 예를 들어 '안전한 밤길조성' 또는 '환경개선' 등에 시민이 참여하고 그들로 하여금 지역모니터링과 공동학습을 통해 행정부서에 제안의결서를 제출하여 지역공동체를 만들어가는 의사결정 참여프로그램을 추진하고 있다.

하버마스가 자본주의적 경제정책이 그다지 사람의 삶의 질을 높여주지 못하며, 시스템적인 사회 속에서 자신을 보호하고 인간성을 회복시키는 것은 시민사회와 민주적 공론장을 통하여 실현될 수 있다고 한 점을 들어, 평생교육의 목적인 개인 삶의 질 개선이라는 입장을 연계한다면, 공론장의 구성원 역량강화를 통해 시민들이 더욱 풍요로운 생활을 누릴 수 있다는 점에서 평생교육기관은 시민교육과 의사결정참여를 위한 통로로써 지역사회 역할이 강조된다.

연구문제

1. 지역사회에 있어 왔던 학습공동체는 어떠한 것인가? 평생교육기관에서 심화학습자 중심의 학습동아리와는 어떠한 차이가 있는지를 살펴보고, 지역사회 학습공동체와 평생교육기관 학습동아리가 지향하는 가치를 분석해 봅시다.

2. 비형식 네트워크로 운영되는 학습공동체, 학습동아리, 학습조직 등과 함께, 평생교육기관경영에 관하여 논의할 수 있는 이슈가 무엇이 있는지 찾아 나열해 봅시다.

3. 평생교육기관 네트워크를 통해 시설자원이 주민에게 공유되는 사업을 확인해 보고, 참여한 기관의 목록을 작성해 보고 관련 기사 및 내용을 정리해 봅시다.

4. 코로나-19와 같은 프로그램 운영 정지와 같은 상황에서 지역사회 네트워크가 협심하여 사회문제 해결에 나선 활동을 찾아봅시다.

5. 평생교육기관의 경영에 주민들이 참여할 수 있는 방안은 무엇인가? 기관운영위원회에 주민이 참여하는 경우, 그와 관련한 대표성과 운영방식에 대하여 생각해 봅시다.

참고문헌

강경애(2019). 평생교육기관의 동형화와 탈동형화 현상 분석 연구. 평생교육학 연구, 26(1), 23-53.

강은이(2018). 평생교육기관의 서비스마케팅에 의한 군집화와 특성 분석. 동의대학교 박사학위논문.

강일국(2015). 프레이리 다시 생각하기. 서울: 교육비평.

강일규(2001). 지역공동체 형성을 위한 지역평생교육추진기구의 현황과 역 할 개선 방향. 지역공동체 형성을 위한 평생교육의 과제. 한국평생교육 학회 추계학술대회, 47-84.

경기도평생교육진흥원, 오산시(2018). 오산시 평생교육 중장기 발전계획 (2019- 2023). 연구보고서 GLR 2018-14.

고영상 외(2011). 시도-시군구 평생교육 연계체제 구축방안 연구. 서울: 평생교육진흥원.

교육부·E한국교육개발원(2016). 평생교육통계자료집. 한국교육개발원.

교육부·국가평생교육진흥원(2012). 2011 평생교육백서. 서울: 국가평생교육진흥원.

교육부(2018). 제4차 평생교육진흥기본계획. 교육부.

교육부, 한국교육개발원(2020). 2020년 국가평생교육통계 자료집.

국가법령정보센터. http://www.law.go.kr(2020.11.16. 검색).

국가평생교육진흥원 홈페이지(2020). https://www.cb.or.kr/creditbank/im-partion /nImpartion3_1.do(2020.12.30. 검색).

국가평생교육진흥원(2020). 2019 평생교육백서. 서울: 국가평생교육진흥원.

국가평생교육진흥원(2021). 2020 평생교육백서. 서울: 국가평생교육진흥원.

국가평생교육진흥원 홈페이지. http://www.nile.or.kr(2020.11.16. 검색).

권두승(2007). 성인교육자의 교수동기, 몰입 및 주관적 안녕감 간의 관계. 평생교육학연구, 13(1), 161-185.

권두승(2017). 통합의 시대를 위한 새로운 평생교육 체제 구축. 전국평생학습연석회의. 모든 국민을 위한 평생교육제도·정책 개선 국회공청회, 11월 14일. 서울: 국회도서관.

권두승, 최운실(2009). 평생교육경영론. 경기: 교육과학사.

권두승, 최운실(2014). 평생교육경영론(2판). 경기: 교육과학사.

권용석(2015). 헌법상 선생님의 수업권과 학생의 수학권 중 어떤 것이 더 우선할까. 학부모뉴스 24(HYPERLINK "http//www.sptnews24.com" http://www.sptnews24.com) 2015.05.01.일자 (2021.05.14. 검색)

권인탁(2006). 지방자치 수준에서의 평생교육체제 구축 방안. 평생교육학연구. 12(4). 121-147.
권인탁(2009). 평생교육경영론. 서울: 학지사.
권인탁(2014). 대학평생교육 참여자의 학업적 자기효능감과 프로그램 만족도와의 관계: 프로그램 마케팅의 매개효과를 중심으로. 평생교육학연구, 20(3). 57-83.
권인탁(2014). 지역평생교육 활성화를 위한 광역수준 지역평생교육체제화의 분석과 발전과제. 교육종합연구, 12(1), 129-157.
권인탁, 임영희(2017). 평생교육경영론. 서울: 학지사.
김경희(2000). 평생교육과 삶의 태도: 듀이 경험철학의 평생교육적 함의. 평생교육학연구, 6(2), 159-186.
김난경(2017). 교육훈련, 인재확보 방식이 연구개발 인력 직무수준과 기술 혁신에 미치는 영향. 서강대학교 기술경영전문대학원 석사학위논문.
김남선(2005). 평생학습도시론. 경북: 대구대학교출판부.
김민호(2011). 지역사회기반 시민교육의 필요성과 개념적 조건. 평생교육학연구, 17(3), 193-221.
김민호(2016). '시민성 학습의 일상화': 의미, 조건 및 과제. 평생학습사회. 12(3), 1-28.
김신일(1999). 학습권의 정당성과 위상. 교육이론과 실천, 9, 6-13.
김신일(2005). 평생학습사회의 교육학 패러다임. 평생학습사회, 제1권 제1호. 한국방송통신학교 원격교육연구소.
김신일, 박부권 편(2005). 학습사회의 교육학. 서울: 학지사.
김영규(2002). 경영학원론. 서울: 박영사.
김왕근(1995). 시민성의 내용과 형식으로서의 덕목과 합리성의 관계에 관한 연구. 서울대학교 박사학위논문.
김용현 외(2011). 평생교육경영론. 경기: 양서원.
김용현(1998). 사회교육과 열린 평생학습. 서울: 독자와 함께.
김지현(2011). 교육서비스품질이 고객만족 및 재구매에 미치는 영향에 관한 실증적 연구: 평생교육센터(기업소속) 중심으로. 서경대학교 대학원.
김지훈(2019). 교정공무원의 전문성 인식이 조직헌신과 경력몰입에 미치는 영향. 경기대학교 대학원 박사학위논문.
김진화(2001). 평생교육 프로그램개발론. 경기: 교육과학사.
김진희, 백영아, 김진규(2020). 2019 대전시 평생교육기관 운영실태. 대전평생교육진흥원 정책연구 DILE 2020-02.
김진희, 백영아, 김진규(2020). 2019 대전평생교육백서. 대전평생교육진흥원 정책연구 DILE 2020-01.
김창엽(2005). 시민단체와 시민교육의 지향성에 대한 논의. 한국교육문제연구

(21), 31-48.
김창엽(2012). 평생교육경영. 서울: 청목출판사.
김흔(2011). 관계마케팅접근에 의한 평생교육기관경영 연구. 이화여자대학교 대학원.
남정걸(2007). 평생교육경영학. 경기: 교육과학사.
노기호(2008). 학생의 학습권 보장을 위한 국가 교육권한의 범위와 한계. 원광법학, 24(4), 9-36.
노일경(2002). 스웨덴과 덴마크의 노동교육을 통해 노동자의 학습권. 교육비평(9), 208-218.
박경희, 신지은(2019). 토픽 모델링을 활용한 국가 평생교육진흥기본계획 탐색. 한국교육, 46(2). 93-116.
박선희, 조계표(2020). 평생교육정책의 정부별 변천과정 탐색. 한국행정사학지, 제49호, 171-194.
박성원(1999). 학습조직화의 장애요인 규명을 위한 탐색적 연구-지방자치단체를 중심으로-. 전북행정학회.
박인섭(2007). The Labour Market, Skill Formation and Training in the 'Post- Developmental' State: The Example of South Korea, Journal of Education and Work, 20(5), 417-435.
박인섭(2009). 국제화, 평생학습, 그리고 대학에의 새로운 도전: 한국의 평생학습시스템 변화에 대한 정치경제 및 사회적 접근을 향하여. 2009 교육학회 춘계학술대회 프로시딩.
부경희(2000). 사이버 교육을 통한 인적자원개발 방안 연구. 서울: 한국직업능력개발원.
설규주(2001). 탈국가적 시민성의 대두와 시민교육의 새로운 방향. 시민교육연구, 32, 151-178.
성낙돈, 김창엽(2010). 평생교육 프로그램 개발론. 서울: 성목출판사.
세종특별자치시(2016). 세종특별자치시 평생교육 중장기 발전계획(2017~2022) 수립 연구.
손은호(2006). 호텔기업의 핵심역량과 경쟁전략 간의 적합성이 경영성과에 미치는 영향. 경기대학교 박사학위논문.
신길수, 홍금순(2006). 교육서비스 품질의 각 차원이 고객만족과 고객충성도에 미치는 영향에 관한 연구: 대학 교육서비스 품질을 중심으로. 經濟論叢, 24, 1-41.
신다은(2015). 성인학습자의 평생학습성향성에 관한 연구. 동의대학교 석사학위논문.
신다은(2018). 평생교육조직의 지적자본과 지식경영, 조직성과의 구조관계분석. 동의대학교 대학원 석사학위논문.
안병환 외(2018). 평생교육경영론. 서울: 동문사.
여운승(2007). 최신마케팅관리론. 서울: 한양대학교 출판부.
오혁진(2003). 평생교육경영학. 서울: 학지사.
오혁진(2014). 지역공동체와 평생교육. 서울: 집문당.
오혁진(2015). 평생교육경영학. 서울: 학지사.
옥주수(2009). 가족기업의 외부네트워크 특성 및 경영전략과 경영성과간의 관계에 관한 연구. 경성대학교 박사학위논문.
윤정구(2010). 진정성이란 무엇인가? 서울: 한언.
윤정구(2015). 진성 리더십. 서울: 라온북스.
윤정구(2018). 황금수도꼭지. 경기: 쌤앤파커스.
이경아(2008). 평생학습 참여의 사회적 자본 형성 효과에 관한 실증 연구. Journal of Lifelong Education, 14(2), 117-146.
이관춘(2011). 호모 키비쿠스. 서울: 학지사.
이병호(2009). 지역사회 발전을 위한 평생교육정책 과정추이 분석: 새마을교육과 평생학습도시 정책을 중심으로. 숭실대학교 대학원 박사학위 논문.
이병희, 박형민, 안성신, 정현주(2019). 지능정보사회의 학교평생교육 운영 모형 개발 연구. 경기도교육연구원.
이상호, 박수정(2019). 지역 평생교육 진흥을 위한 지방자치단체와 교육청의 정책 연계·협력 사례 현황 분석: A광역시 사례를 중심으로. 교육연구 논총, 40(3), 103-130.
이상환, 이재철(1998). 우수 서비스기업의 특성에 대한 문헌적 고찰. 經濟論叢, 26(1), 127-144.
이수광(2000). 학생인권 신장방안 연구. 강원대학교 대학원 박사학위논문.
이은미, 진성미(2014). 시민교육의 확장을 위한 평생교육의 의의: 지역사회기반 시민교육을 중심으로. 시민교육연구, 46(3), 195-221.
이은숙, 정재삼(2008). Cop에서 공동체 의식: 몰입과 지식경영활동과의 관련성 연구. 교육공학연구, 24(4), 319-350.
이장우, 장수덕(1999). 성공벤처기업 특성에 관한 탐색적 연구. 중소기업연구, 21(2), 105-133.
이정미(2016). 보육교사의 조직헌신도에 영향을 미치는 관련 변인들의 구조모형 분석. 한국열린유아교육학회, 21(6), 83-109.
이종근(2012). 교사의 교육권, 학부모의 자녀교육권, 학생의 학습권의 내용 및 상호관계. 법과인권교육연구, 5(3), 47-68.
이지혜, 허준, 김지현(2021). 평생학습도시 사업 실행 과정에 나타난 성과와 한계: G도 사례를 중심으로. 평생학습사회, 17(1), 49-80.

이지혜, 홍숙희, 박상옥(2001). 성인여성의 학습동아리 활동 시범지원방안에 관한 연구.

이창기(2017). 세종시 평생학습 추진체제의 발전방안. 사회과학논문집, 36(2), 201-222. 대전대학교 사회과학연구소.

이형교(2002). 평생교육이론. 서울: 원미사.

인수범(2000). 덴마크와 스웨덴의 노동교육체계. 노동사회, 11월호. 한국노동사회연구소.

임창희(2010). 조직론. 경기: 학현사.

임채원(2006). 신자유주의를 넘어 사회투자국가로. 경기: 한울아카데미.

임해규(2011). 교육에서 학습으로: 학습권과 그 보장 원리. 경기: 교육과학사.

임해규(2018). 임해규의 미래학교. 서울: 글통.

장춘익(2006). 의사소통행위이론. 서울: 나남.

전기창(2015). 평생교육 진흥정책의 로컬 거버넌스 분석: 경상북도를 중심으로. 대한정보학회보, 23(4), 163-188.

선현심(2004). 능동적 시민성 교육의 사회학적 고찰: 시민회와 사회운동의 맥락에서. 성신여자대학교 박사학위논문.

정기수(2009). 내부마케팅에 의한 대학평생교육기관경영. 평생교육학연구, 15(4) 299-325.

정민승(2000). 온라인 학습공동체에 대한 성인 교육학적 해석. 박사학위논문. 서울대학교 대학원.

정민승(2016). 평생교육경영론. 서울: 한국방송통신대학교출판문화원.

정민승, 허준(2016). 평생교육경영론, 한국방송통신대학교출판문화원.

정성지, 최수정(2018). 평생학습도시 연구동향 : 2013년-2017년 국내 학술지 게재 논문 대상으로. 농업교육과 인적자원개발, 50(2), 73-104.

정순원(2019). 21세기 교육을 받을 권리의 개념과 법적성격. 교육법학연구, 31(3), 125-152.

정현승(2001). 교사의 교육권과 학생의 권리간의 상충과 조화. 한국교원대학교 박사학위논문.

조민(2014). 한국 해운기업의 자원 및 역량이 전략과 경영성과에 미치는 영향에 관한 연구. 충남대학교 석사학위논문.

조석호, 최운실(1986). 평생교육 진흥방안. 한국교육개발원.

조태원(2012). 학생의 학습권과 교원의 교육권의 범위와 한계. 성균관대학교 박사학위논문.

조태원(2013). '자유롭게 교육을 받을 권리'로서의 학습권의 범위와 한계 연구. 법과인권교육연구, 6(2), 109-131.

진광영(2013). 경영전략이 조직문화와 경영성과에 미치는 영향에 관한 연구.

경희대학교 석사학위논문.
채재은, 변종임(2014). 지역평생학습정책 집행에 영향을 주는 요인 분석. 평생교육학연구, 20, 89-119.
최규현(2018). 공무원의 동기부여가 직무성과와 조직시민행동에 미치는 영향. 고려대학교 대학원 석사학위논문.
최돈민, 윤여각, 노기호, 강대중(2017). 평생직업교육학원의 평생교육법 소관 평생교육시설 전환 추진방안 연구. 교육부.
최선주(2006). 학습사회에서 노동자의 평생학습권에 관한 고찰. 노동사회, 108권, 126-134.
최운실, 권재현(2007). 평생교육사의 직무만족도와 조직헌신도 영향 요인에 관한 위계적 회귀 분석. 평생학습사회, 3(2), 75-91.
최은수, 배석영(2008). 평생교육경영론. 경기: 양서원.
최은수(2006). 성인교육자 리더십과 리더십 개발 연구를 위한 이슈의 개념화와 이론적 틀. Andragogy Today, 9(3), 107-143.
최은수(2011). 성인교육 리더십의 새로운 패러다임으로서의 '온정적 합리주의'에 대한 개념화. Andragogy Today, 14(3), 61-85.
최은수, 배석영(2008). 평생교육경영론. 경기: 양서원.
최정훈(2011). 조직의 커뮤니케이션 도구가 구성원의 커뮤니케이션, 갈등 관리, 의사결정에 미치는 영향에 관한 연구. 건국대학교 정보통신대학원 석사학위논문.
하연섭(2016). 제도분석: 이론과 쟁점(제2판), 서울: 다산출판사.
한승희(2001). 평생학습과 학습생태계 : 평생교육론의 새로운 패러다임. 서울: 학지사.
한승희(2010), 평생학습사회연구. 경기: 교육과학사.
한우식(2011). 학습동아리 참여노인의 학습경험 과정과 지속요인에 관한 연구(국내박사학위논문).
한준상(2001). 학습학. 서울: 학지사.
함정식(2014). 경영환경 변화에 따른 경쟁전략과 내부역량의 적합성이 경영성과 및 후속투자 지속에 미치는 영향 : 한국 기업의 대중국 직접투자를 중심으로, 충북대학교 박사학위논문.
허태규(2016). 경영환경과 경영전략 및 경영혁신기법이 전략적 성과관리시스템과 경영성과에 미치는 영향. 동아대학교 박사학위논문.
현선해(2002). 조직환경이 의사결정과정의 합리성에 미치는 영향과 의사결정과정의 합리성과 조직성과의 관계에 대한 연구. 한국인사관리학회, 25(2), 117-140.
황선영(2015). 학습자의 참여지속과 확대에 영향을 미치는 평생교육기관의 마케팅 전략요인 분석. 공주대학교 교육대학원 석사학위논문.
황준성(1998). 교육의 권리성에 관한 연구. 연세대학교 석사학위논문.
홍영란(2017). 교육개혁 전망과 과제(Ⅱ). 한국교육개발원.

A. L. Molinsky, A. M. Grant, and J. D. Margolis. "The Bedside Mannerof Homo Economicus: How andalusite Why Priming an Economic SchemaReduces Compassion," *Organizational Behavior and Human Decision Processes* 119, no. l: 27–37.

Abraham son, E.(1991). Managerial fads and fashions: The diffusion and rejection of innovations. *Academy of Management Review*, 16(3), 586–612.

Al mandoz, J.(2012). Arriving at the starting line: The impact of community and financial logics on new banking ventures. *Academy of Management Journal*, 55(6), 1381–1406.

Almandoz, J., Lee, Y., & Ribera, A.(2018). Unleashing the power of purpose: 5 steps to transform your business. IESE Insight, 37, Second Quarter, 44–51.

Apps, J.(1989). Providers of adult and continuing education: a framework. In Merriam, S. B., & Cunningham, P. M.(eds.). *Handbook of adult and continuing education*. San-Francisco: Jossey Bass.

Arena, C.(2007). *The high purpose company*. Jakarta: Gramedia Pustaka Utama.

Avolio, B. J.(2003). Examing the Full Range Model of Leadership: Looking Back to Transform Forward. In D. Day, & S. Zaccarro (Eds.), *Leadership Development for Transforming Organizations: Grow Leaders for Tomorrow*(pp. 71–98). NJ: Erlbaum.

Avolio, B. J., & Gardner, W. L.(2005). Authentic leadership development: Getting to the root of positive forms of leadership. *The Leadership Quarterly*, 16, 315–338.

Avolio, B. J., Gardner, W. L., Walumbwa, F. O., Luthans, F., & May, D. R.(2004). Unlocking the mask: A look at the process by which authentic leaders impact follower attitudes and behavior. *The Leadership Quarterly*, 15, 801–823.

Bartlett, C. A., & Ghoshal, S.(1995). Changing the role of top management: Beyond systems to people. *Harvard Business Review*, 73(3), 132-142.30. https://medium.com/the-ready/the-org-chart-is-dead-e1d76eca9

Bass, B. M.(1985). *Leadership and performance beyond experience.* New York: Free Press.

Birkinshaw, J., Foss, N. J., & Lindenberg, S.(2014). Combining purpose with profits. MIT Sloan Management Review, 55(3), 49.

Blake, R. R. & Mouton, J. S.(1964). *The managerial grid.* Houston, TX: Gulf Publishing.

Blau, P. M. & Scott, W. R.(1962). Formal Organizations: A Comparative Approach, San Francisco: Chandler.

Blid, H.(1989). Education by the people's Study circle. Sweden: TryckeriAB Plimo.

Bono, J. E., & Judge, T. A.(2003). Self-concordance at work: Toward understanding the motivational effects of transformational leaders. Academy of Management Journal, 46(5), 554-571.

Boyle, B. & Dwyer, F. R.(1992). Influence strategies in marketing channels: Measures and use in different relation ship structures. Journal of Marketing Research, 54(3), 68-81.

Brown, J. S. & Duguid, P.(1996). Practice at the periphery: A reply to steven tripp. In H. Mclellan(Ed.), Situated learning perspective, 169-174. Englewood Cliffs, NJ: Educational Technology.

Brown, P., Lauder, H. and Ashton, D.(2011). The Global Auction: The Broken Promises of Education, Jobs and Incomes. New York: Oxford University press.

Brundrett, M., Burton, N., & Smith, R.(2003). Leadership in education. London: SAGE Publications.

Burns, J. M.(1978). *Leadership.* N. Y.: Harper and Row, 24-47.

Cardona, P., & Rey, C.(2008). Management by missions. New York: Palgrave Macmillan.

Carton, A. M.(2018). "I'm not mopping the floors, I'm putting a man on the moon": How NASA leaders enhanced the meaningfulness of work by changing the meaning of work. Administrative Science Quarterly, 63(2), 323-369. 7. Worldwide leading bakery Mexican multinational with more than 130,000.

Carton, A. M., Murphy, C., & Clark, J. R.(2014). A (blurry) vision of the future: How leader rhetoric about ultimate goals influences performance. Academy of Management Journal, 57(6), 1544-1570.

Chermiss, C. & Adler, M.(1999). *Promoting emotional intelligence in organizations.* Alexandria, VA: American Society for training & Development.

Claudine Gartenberg, Andrea Prat, and George Serafeim(2019). "Corporate Purpose and Financial Performance," Organization Science 30(1), January-February 2019, 1~18.

Collins, V. L.(2001). *Emotional intelligence and leadership success.* [Diss], Lincoln, Nebraska: University of Nebraska. UMI: 3034371.

Conor Shine.(2018). "Southwest's Heavy Heart: How the LUV Airline Is Responding to the Worst Accident in Its History," Dallas News, April 22.

Covey, S. R.(1989). The 7 habits of highly effective people: Powerful lessons in personal change. New York, NY: Fireside/Simon & Schuster.

Craig, N., & Snook, S.(2014). From purpose to impact. Harvard Business Review, 92(5), 104-111.

Daft, R. L.(2001). *Organization theory and design.* Cincinnati: South-Western.

Dave, R. H.(1979). Foundation of life long education. Hamburg: UNESCO Institute for Education, and Oxford: Pergamon Press.

Dennis, R. S. & Bocarmea, M.(2005). Development of the servant leadership assessment instrument. *Leadership & Organization Development Journal, 26*(8), 600-615.

Dijksterhuis, M. S., Van den Bosch, F. A., & Volberda, H. W.(1999). Where do new organizational forms come from? Management logics as a source of coevolution. Organization Science, 10(5), 569-582.

Druck. Peter F.(1973). Management: Tasks, Responsibilities, Practices: New York: Harper & Row, Pub.

Edelson, P. J.(1992). Rethinking leadership in adult and continuing education. InP. J. Edelson(Ed.), Rethinking leadership in adult and continuing education(pp. 5-15). San Francisco, CA: Jossey-Bass.

Etzioni, A.(1958). The Comparative Analysis of Complex Organization, New York: John Wiley & Sons.(1968), The Active Society, New York: The Free Press.

Fiedler, F. E.(1967). *A theory of leadership effectiveness.* NY: McGraw-Hill Book Company.

Gareth R., R. Fevre, J. Furlong and S. Gorard(2006). History, Biography and Place in the Learning Society: towards a sociology of lifelong learning. in H. Lauder, P. Brown, J-A. Dillabough and A. H.

Halsey(eds.), Education, Globalization and Social Change, Oxford: OUP.

Garratt, R.(1987). The Learning Oragnization. London: Fontana/Collins. Gartenberg, C., Prat, A., & Serafeim, G.(2019). Corporate purpose and financial performance. Organization Science.

Garvin, D. A.(1993). Building a Learning Organization. Harvard Business Review, July-August.

George, B.(2003). Authentic leadership: Rediscovering the secrets to creating lasting value. San Francisco, CA: Jossy-Bass.

Gephart. M. A., Marsick, V. J., Van Buren, M. E., & Spiro, M. S.(1996). Learning organizations come alive. Training and Development, 50(12), 34-45.

Gilley, J. W. & Eggland, S. A.(1992). Marketing HRD within Organizations: Enhancing the Visibility, Effectiveness, and Credibility of Programs. California: Jossey-Bass.

Ginsberg and Venkatraman(1985). Contingency Perspectives of Organizational Strategy: A Critical Review of the Empirical Research, Academy of Management Review 10(3).

Goleman, D.(1998). *Working with Emotional Intelligence*, New York: Bantam Books.

Goleman, D., Boyatzis, R. & Mckee, A.(2002). *Primal leadership: Realizing the power of emotional intelligence.* Boston: Harvard Business School Press.

Grant, A. M.(2012). Leading with meaning: Beneficiary contact, prosocial impact, and the performance effects of transformational leadership. Academy of Management Journal, 55(2), 458-476.

Grant, G. B.(2017). Exploring the possibility of peak individualism, humanity's existential crisis, and an emerging age of purpose. Frontiers in Psychology, 8, 1478.

Greenleaf, R. K.(1970). *The servant as a leader.* Indianapolis: The Greenleaf Center.

Gulati, R.(2018). Structure that's not stifling. Harvard Business Review, 96(3), 68-79.

H. Paarsch and B. Paarsch.(1996). "Fixed Wages, Piece Rates, and Incentive Effects". Quebec: mimeograph, University of Laval.

Hayes, R., Wheelwright, S. & Clark, K.(1988). Dynamic Manufacturing

Creative Learning Organization, New York: Free Press.

Heater, D.(2007). 시민교육의 역사. 김해성 역. 경기: 한울아카데미.

Hersey, P. & Blanchard, K. H.(1984). *The management of organizational behavior*, 4th ed. Englewood Cliffs, NJ: Prentice Hall.

Hollensbe, E., Wookey, C., Hickey, L., George, G., & Nichols, C. V.(2014). Organizations with purpose. Academy of Management Journal, 57(5), 1227-1234.

Holst, J.(2006). Globalization and the future of critical adult education. Global Issues and Adult Education. San Francisco. JOSSEY-BASS. Hurst, A.(2016). The purpose economy: How your desire for impact, personal growth and community is changing the world. Boise, ID: Elevate Publishing.

Illich, I.(2009). 학교없는 사회[Deschooling society]. (박홍규 역). 서울: 생각의 나무. (원전은 1970년에 출판).

In other words, we are not studying charitable foundations like the Bill and Melinder Gates Foundation.

Indeed recent research in economics has focused on econimic theories of corporate culture and trust. See Song Fenghua and Anjan Thakor, "Bank Culture," Journal of Financial Intermediation (forthcoming, 2019).

Jacobs, T. O., & Jacques, E.(1987). Leadership in Complex System. In J. Zeider(Ed.), Human Productivity Enhancement: Organization, Personnel, and Decision making, 2. NY: Praeger. pp.7~65.

Jarvis, P.(2006). From adult education to the learning society, NY: Routledge Taylor & Francis Group.

Johnston, R.(2006). Adult learning for citizenship In Jarvis, P.(ed.), *From adult education to learning society* (pp. 408-428). London: Routledge.

K. S. Cameron, Practicing Positive Leadership (Oakland, CA: Berrett Koehler, 2013), 11~13.

Kaplan, S.(2008). Framing contests: Strategy making under uncertainty. Organization Science, 19(5), 729-752.

Katz, D. & Kahn, R. L.(1966). The Social Psychology of Organizations, 2nd ed., New York : John Wiley and Sons.

Knowles, M. S., Holton, E. F. & Swanson, R. A.(1998). The adult learner. Texas: Gulf Publishing Company.

Knowles, M.(1980). The modern practice of adult educationf: From pedagogy to andragogy. Englewood Cliffs. NY: Cambridge Adult

Education.

Kolb, D. A.(1984). Experiential learning: Experience as the source of learning and development. Englewood Cliffs, NJ: Prentice Hall.

Kopaneva, I., & Sias, P. M.(2015). Lost in translation: Employee and organizational constructions of mission and vision. Management Communication Quarterly, 29(3), 358-384.

Kotler, P. & Fox, K. F. A.(1995). Strategic Marketing for Educational Institute. New Jersey: Prentice Hall.

Kotler, P. & Keller, K. L.(2012). Framework for Marketing Management: Global edition(5th edition). Pearson Education.

Kotler, P.(1991). Marketing Management(6th edition): Analysis, planning, implemantation, and control. Englewood Cliffs, NJ: Prentic.

Laloux, F.(2014). Reinventing organizations: A guide to creating organizations inspired by the next stage in human consciousness. Brussels: Nelson Parker.

Lambert, L., Collay. M., Dietx, M. E., Kent, K. & Richert, A. E.(1997). Who will save our school Teachers as constructivist leaders. Thousand Oaks, CA: Sage Publications.

Lave, J. & Wenger, E.(1991). Situated Learning; legitimate peripberal participation. Cambridge University Press, Cambridge. Learning in Adulthood: A comprehensive. (3rd ed.), SF: Jossey-Bass.

Litterer, J. A.(1973). The Analysis of Organizations, 2nd ed., New York: John Wiley & Sons. Parsons, T.(1960). Structure and Process in Modern Societies, New York : Free Press.

Longo, N.V.(2007). *Why community matters: connecting education whith civic life.* Albany: State University of New York Press.

Lorenzo Servitje(1918-2007). Management logics are principles or paradigms that transcend a specific organization and affect the management field. They are defined as "sets of macro level beliefs and values that strongly influence management practice and theory" and refer to "assumptions about the nature of organizations" embodied in certain dominant principles. Dijksterhuis, M. S., Van den Bosch, F. A., & Volberda, H. W.(1999). Where do new organizational forms come from? Management logics as a source of coevolution. Organization Science, 10(5), 569-582.

Marimon, F., Mas-Machuca, M., & Rey, C.(2016). Assessing the internalization of the mission. Industrial Management & Data Systems, 116(1), 170-187.

Marquardt, M. J.(1997). Building the organizaiton. 유영만(역). 초학습조직 구축법. 창헌 출판사.

Mayer, J. D., Dipaulo, M. J. & Salovey, P.(1990). "Perceiving affective content in ambiguous visual stimuli: A compoment of emotional intelligence". *Journal of Personality Assessment, 54*, 772-781.

Melé, D.(2003). Organizational humanizing cultures: Do they generate social capital? Journal of Business Ethics, 45(1-2), 3-14.

Merriam, S. B., & Brockett, R. G.(1997). The profession and practice of adult education. San-Francisco: Jossey Bass.

Merriam, S. B., & Caffarella, R. S.(1999). Learning inadulthood. SF: Jossey-Bass.

Merriam, S. B., Caffarella, R. S., & Baumgartner, L. M.(2006). Learning in adult hood: acomprehensive guide(3rd ed.). SF: Jossey-Bass.

Merriam, S. B., Caffarella, R. S., & Baumgartner, L. M.(2007). Mexican multinational company, one of the leading food companies in the world with the purpose: "Building a sustainable, highly productive and deeply humane company."

Mezirow, J.(1998). On Critical Reflection. Adult Education Quarterly, 48(3), 185-198.

Miles R. E. and C. C. Snow(1978). Organizational Strategy, Structure and Process. New York, NY: McGraw Hill.

Mourkogiannis, N.(2014). Purpose: The starting point of great companies. New York: St. Martin's Press.

Neff, T. J., Citrin, J. M. & Brown, P. B.(1999). *Lesson from the top: The search for america's best business leaders.* Double day.

Nickols, F.(2000). Community of practice: Overview.

OECD(1996). *Human capital investment: An international comparison.* Paris: Author.

Oege Dijk and Martin Holmen, "Charity, Incentives and Performance" (working paper, University of Gothenburg, November 2012).

Pascal, R. T. & A. G. Athos(1981). The Art of Japanese Management. NT: Penguin.

Patterson, K. A.(2003). *Servant leadership: A theoretical model.* Un Published Doctoral Dissertation, Regent University.

Paulo Freire.(1997). Pedagogy of the oppressed. 성찬성(역). 페다고지. 서울: 한마당.

Porter, M. E.(1980). Competitive Strategy : Techniques for Analyzing Industries and Competitors. The Free Press, New York.

Poplin, D. E.(1979). "The Concepts of Community, in Communities". *A Survey of Theories and Methods of Research*, 1-25. New-York: Macmillan Publishing Co. 신용하 옮김(1985). 공동체 이론. 서울: 문학과지성사.

Quinn, R. E., & Thakor, A. V.(2018, July-August). Creating a purpose driven organization. Harvard Business Review, pp. 78-85.

Rajiv Nag, Kevin G. Corley and Dennis A. Gioia(2007). The Intersection of Organizational Identity, Knowledge, and Practice: Attempting Strategic Change Via Knowledge Grafting. The Academy of Management Journal 50(4), pp. 821-847.

Richard J. Leider, The Power of Purpose(San Francisco: Berrett Koehler, 1997)

Richard, D., & Engle, S.(1986). After the vision: Suggestions to Corporate Visionaries and Vision Champions, In J. D. Adams(Ed.), Transforming Leadership. Alexandria, VA: Miles River Press, pp.199-215.

Robert E. Quinn and Aajan V. Thakor(2021). 목적 중심경영(한영수 역), 서울: 니케북스.

Rossman & Rallis.(2000). Critical Inquiry and Use as Action. New Directions for evaluation. SF: Jossey-Bass.

Scott Armstrong(1982). The Value of Formal Planning for Strategic Decisions: Review of Empirical Research. Strategic Management Journal 3, pp.197-211.

See A. M. Grant and J. M. Berg의 "Prosocial Motivation at Work: When, Why, and How Making a Difference Makes a Difference," in The Oxford Handbook of Positive Organizational Scholarship, eds. K. S. Cameron and G. M. Spreitzer (New York: Oxford University Press, 2012), 28~44.

See Benjamin E. Hermalin.(1998). Toward an Economic Theory of Leadership: Leading by Example. American Economic Review 88, no. 5 (December 1998): 1088~1120.

See Candice Prendergrast.(2002). The Tenuous Tradeoff Between Risk and

Incentives. Journal of Political Economy 110, no. 5 (October 2002): 1071~1102.

See for example: Hamel, G.(2011). First, let's fire all the managers. Harvard Business Review, 89(12), 48-60; Craig, N., & Snook, S. (2014). From purpose to impact. Harvard Business Review, 92(5), 104-111; Rey, C., Chinchilla, N., & Pitta, N. (2017). Objectives are SMART, missions are WISE: Employees with purpose. IESE Insight, No. 33, Second Quarter 2017, pp. 45-51.

See Incentive Contracts, Asset Ownership, and Job Design, Journal of Law, Economics, & Organization in special issue: Papers from the Conference on the New Science of Organization 7(1991): 24~52.

See James Mirrlees "The Optimal Structure of Authority and Incentives Within the Organization," Bell journal of Economics 7, no. 1 (February 1976): 105~31; Bengt Holmstrom, "Moral Hazard and Observability," Bell Journal of Economics 10, no. 1: 74~91.

See Kenneth E. Boulding, "Economics as a Moral Science,"American Economic Review 59, no. 1, 1969: 1~12.

See S. Fernie and D. Metcalf, "It's Not What You Pay, It's the Way You Pay It and That's What Gets Results: Jockeys' Pay for Performance" (mimeograph, London School of Economics, 1996)

Senge, P. M.(1990). The fifth discipline: The art and practice of the learning organization. New York & London: Doubleday Currency.

Shaker and Pearce(1990). Research Evidence On The Miles-Snow Typology. Journal of Management 16(4), pp.751-768.

Shamir, B., & Eilam, G.(2005). What's your story?: A life-stories approach to authentic leadership development. Leadership Quarterly, 16, 395-417.

Sharp, J.(1997). Communities of practice: A review of literature. Retrieved May 7, 2003 from http://friend.com/cop-lit.htm.

Sheldon, K. M., & Elliot, A. J.(1999). Goal striving, need satisfaction, and longitudinal well-being: The self-concordance model. Journal of Personality and Social Psychology, 76(3), 482.

Shore, D.(1997). Shore's Commandments for successful marketing Strategies. Medical Meeting, Dce.

Simerly, R. G. & Associates(1989). Handbook of Marketing for Continuing Education. San Francisco: Jossey-Bass.

Sims, B. J.(1997). *Servant-Hood: Leadership for the group effectiveness.* The Wharton School. University of Pennsylvania.

Sinek, S.(2009). Start with why: How great leaders inspire everyone to take action. New York, NY: Penguin.

Soysal, Yasemin(1998). “Toward a postnational model of membership”. In Shafir, Gherson(Ed.). The citizenship debates. Minnesota: University of Minnesota Press.

Spears, L. C.(1995). *Reflections on leadership: How Robert K. Greenleaf's theory of servant leadership influenced today's top management thinkers.* New York: John Wiley& Sons.

Stogdill, R. M.(1948). Personal factors associated with leadership: A survey of the litterature. *Journal of Psychology, 25*, 35–71.

Strother, G. B., & Klus. J. P.(1982). Administration of Continuing Education. Wadsworth Publishing Company.

Terry, R. W.(1993). Authentic leadership: Courage in action. San Francisco, CA: Jossey-Bass.

The Human Era @Work: Findings from the Energy Project and Harvard Business Review, 2014, https://uli.org/wp-content/uploads/ULI-Documents/The-Human-Era-at-Work.pdf.

The Ohio State University(n.d.). “Leader behavior Description Questionnaire (LEDQ)”. http://fisher.osu.edu/offices/fiscal/bdq.

This quotation was part of Walt Disney's pitch to Wall street while seeking founding to build Disneyland.

Tilly, Charles.(1978). From Mobilization to Revolution. Reading, Mass: Addison-Wesley. Weber, Max. Guenther Roth and Claus Wittich (ed.). 1978. Economy and Society: An Outline of Interpretive Sociology. Berkeley: University of California Press.

UNESCO(1997). *Fifth international conference on adult education.* Final report. Hambrug: Author.

Van den Bosch, F. A., & Volber da, H. W.(1999). Where do new organizational forms come from? Management logics as a source of coevolution. Organization Science, 10(5), 569–582.

Walumbwa, O. F., Avolio, B. J., Wernsing, T., S., & Peterson, S. J.(2008). Authentic leadership: Development and Validation of a Theory-Based Measure. *Journal of Management, 34(1)*, pp.89–126.

Watkins, K. & Marsick, V.(1990). Scupting the Learning Organization.

San Francisco: Jossey-Bass.

Weber, M.(1947). The theory of social and economic organization. Translated by Henderson, A. M., & Parsons, T. The Free Press.

Wenger, E. & Snyder, W. M.(2000). Communities of Practice: The organizational frontier. Harvard Business Review, 2000(February).

Wenger, E. C., McDomott, R. & Snyder, W. M.(2002). Cultivating communities of practice. Boston. MA: Harvard Business School Press. Wheaton, C. E.(1999). *Servant leadership and the public school superintendent.* Unpublished Doctoral Dissertation, Gonzaga University.

White, A., Yakis-Douglas, B., Helanummi-Cole, H., & Ventresca, M.(2017). Purpose-led organization: 'Saint Antony' reflects on the idea of organizational purpose, in principle and practice. Journal of Management Inquiry, 26(1), 101-107.

Woodworth, M., and Porter, S.(2002). In cold blood: Characteristics of criminal homicides as a function of psychopathy. Journal of Abnormal Psychology, 111(3), pp. 436-445.

Worldwide leading bakery Mexican multinational with more than 130,000 employees. https://www.youtube.com/watch?v=aPMnQHzqZGM&list=PLUOl1IsE77bwsfbV9IRbt4GYaFNRlaCCM&index=3. Retrieved January 30, 2019.

Wrzesniewski, A., LoBuglio, N., Dutton, J. E., & Berg, J. M.(2013). Jobcrafting and cultivating positive meaning and identity in work. In Advances inpositive organizational psychology(pp. 281-302). London: Emerald Group Publishing Limited.

Yukl, G. A.(2006). Leadership in organization(6th ed). Englewood Cliff, NJ: Prentice-Hall.

Zeithaml, V. A., Bitner, M. J., Gremler, D. D.(2013). 서비스마케팅 6판 (전인수, 배일현 역). 서울: 청람. (원저 2013년) http://www.tata.com/aboutus/articlesinside/Values-and-purpose. Retrieved November 8, 2018.

https://www.youtube.com/watch?v=xI1Cg2FkrxM. Retrieved January 30, 2019.

http://www.preservenet.com/theory/Illich/Deschooling/intro.html

https://www.youtube.com/watch?v=ejLoKiBzL94&t=237s. Retrieved January 30, 2019.

<블로그>

adipo.tistory.com
aristar.blog.me. 혁신을 리드하기
blog.naver.com. 평생교육기관의 경영자 요건과 과제
chk919.blog.me
dmlee05.blog.me
m.blog.naver.com
m.kapa21.or.kr
www.kapa21.or.kr

저자소개

강혜정

숭실대학교 교육학박사(평생교육전공)
현) 한국평생교육박사연구회 수석연구원
영남중학교 교감
경기과학기술대학교 겸임교수
(사)C·R 리더십 연구원 국제협력이사
전) 숭실대학교 겸임교수 역임

이승주

숭실대학교 교육학박사(평생교육전공)
현) 한국평생교육박사연구회 수석연구원
부천여성청소년재단 부장
고려대학교 노동문제연구소 객원연구위원
전) 숭실대학교 교육대학원 겸임교수
서울YWCA 간사

정진구

숭실대학교 교육학박사(평생교육전공)
현) 한국평생교육박사연구회 수석연구원
숭실사이버대학교 평생교육상담학과 외래교수
사단법인 미래준비 상임이사
(사)C·R 파트너즈 기획이사
전) 금성문화재단 교육사업본부 본부장

차혜경

숭실대학교 교육학박사(평생교육전공)
현) 한국평생교육박사연구회 수석연구원
신한대학교 교육혁신센터 연구교수
전) 한남대학교 괴테교육혁신원 연구교수
성결대학교 객원교수
성신여자대학교 시간강사 등

한영수

숭실대학교 교육학박사(평생교육전공)
현) 한국평생교육박사연구회 회장
(사)한국경영조직개발학회 진성경영연구원장
경기과학기술대학교 겸임교수 역임/외래교수
화성경영자 인문학습원장
주식회사첨단엔프라 대표이사

이 책의 저자 순서는 공저자들의 협의 하에 가나다순으로 기재합니다.

뉴노멀, 초연결, 플랫폼시대의

평생교육경영론

초판 1쇄 발행 / 2021년 7월 5일
초판 3쇄 발행 / 2026년 2월 6일

●

공저자 / 강혜정 · 이승주 · 정진구 · 차혜경 · 한영수
발행인 / 이 중 수
발행처 / **동 문 사**

●

서울특별시 서대문구 홍제원 1길 12
(홍제동 137-8)
Tel: 02)736-3718(대), 736-3710, 3720
Fax: 02)736-3719
등록번호: 1974.04.27. 제9-17호
가격: 20,000원

●

ISBN: 979-11-6328-293-8 (93330)
E-mail: dong736@naver.com
www.dongmunsa.com